本书获教育部人文社会科学基金项目（项目编号：10YJC860039）资助；
陕西省教育厅专项科研计划项目（项目编号：2010JK320）资助；
西北大学学术著作出版基金资助。

映入西方的近代中国

《纽约时报》驻华首席记者哈雷特·阿班中国报道研究

(1927-1940)

李莉 著

中国社会科学出版社

图书在版编目(CIP)数据

映入西方的近代中国：《纽约时报》驻华首席记者哈雷特·阿班中国报道研究：1927~1940 / 李莉著 . —北京：中国社会科学出版社，2015.3

ISBN 978-7-5161-5739-8

Ⅰ.①映…　Ⅱ.①李…　Ⅲ.①报纸—新闻报道—研究—美国—1927~1940　Ⅳ.①G219.712

中国版本图书馆 CIP 数据核字(2015)第 051248 号

出 版 人	赵剑英
责任编辑	凌金良
责任校对	周　昊
责任印制	张雪娇

出　　版	中国社会科学出版社
社　　址	北京鼓楼西大街甲 158 号
邮　　编	100720
网　　址	http://www.csspw.cn
发 行 部	010 - 84083685
门 市 部	010 - 84029450
经　　销	新华书店及其他书店

印　　刷	北京君升印刷有限公司
装　　订	廊坊市广阳区广增装订厂
版　　次	2015 年 3 月第 1 版
印　　次	2015 年 3 月第 1 次印刷

开　　本	710×1000　1/16
印　　张	17.5
插　　页	2
字　　数	242 千字
定　　价	65.00 元

凡购买中国社会科学出版社图书，如有质量问题请与本社营销中心联系调换
电话:010 - 84083683

目　录

序　言

　　来自西北大学的李莉是我调入上海大学执教后招收的第一位博士研究生，也是上海大学获准建立传播学专业博士点后该博士点招收的首批博士生之一。欣闻她的博士学位论文即将付梓出版，作为她博士生学习阶段的导师，我深感值得为她庆贺，因而当她提出希望我为之写序言时，我毫不犹豫地同意了。

　　当今时代，"全球化"与"信息化"已成为社会发展中的突出现象。全球化呈多维度发展态势强劲，信息革命一波又一波浪潮席卷全球，这些乃是当下世界范围的社会现实的重要特征。数字化信息传播技术的突飞猛进，国际互联网的横空出世和新一代互联网（移动互联网）的异军突起，把世界性交往推进到崭新的发展阶段。不同文化的交流、碰撞和融合的世界文化大潮不可避免地拍打着发展中国家的文化之岸，全球传播与跨文化传播的重要性日益凸显，国际环境空前开放。国际舆论对国家发展的影响日益重要。中国迫切需要加强对国际舆论的研究，加强对于在国际舆论的形成和发展中起着至关重要作用的国际新闻传播的研究。即将出版的李莉的博士论文《映入西方的近代中国：〈纽约时报〉驻华首席记者哈雷特·阿班中国报道研究（1927—1940）》正是国际新闻传播研究领域一项较为具体细致的研究。

　　作为国际传播研究方向的博士生，李莉关注国际传媒及其从业人员建构的中国形象可以说是理所当然的。但形成围绕《纽约时报》驻华首席记者哈雷特·阿班1927—1940年的中国报道之博士学位论文选题，却是她的"特别选择"，这种选择，既反映了她对于历史——中国近现代历史和西方传媒对中国的报道历史乃至美国这一西方头号强国的中国形象史——的浓厚兴趣，又体现了她对于博士论文创新性的追求，试图通过研究西方最具影响力的主流媒体机构之一的一名在中国报道中占据重要地位的驻华记者之中国报道，来为"揭示西方媒体如何报道（中国）和建构中国（形象）提供一个更加微观和细腻的视角"；而这位记者的驻华采访实践及报道作品又是中国大陆传播研究界对国际传媒人士的中国报道研究中当时较少考察的，这使得李莉的研究选题的展开，具有较大的开拓空间和较大的价值。

记得当初李莉首次提出这一博士论文选题时，作为导师的我曾经就这样一项微观细致的研究的工作量问题，与她进行沟通。在肯定这一选题的意义的同时，我向她指出了由于时隔数十年，对这位当年的《纽约时报》首席记者涉华报道的研究，可能会遇到这些报道的文本收集困难的问题；而这位记者在华时间跨度较长，且是一位勤于采访、写作的多产的传媒人士（数据统计显示，从他1927年供职于《纽约时报》起至1940年离开中国，这位记者发表了1000多篇涉华报道），其涉华报道又是英文的，对之研究工作量很大。令我欣慰的是，李莉没有遇困难而止步，而是坚持知难而上，着手资料的收集、处理，形成思路撰写以"映入西方的近代中国：《纽约时报》驻华首席记者哈雷特·阿班中国报道研究（1927—1940）"为题的开题报告，并孜孜矻矻地阅读哈雷特·阿班的涉华报道，在此基础上对之进行探讨，透视这位记者笔下的中国形象，将之归纳为一种"危机中国"形象，一种在当时历史语境下对外部世界的中国认知颇具影响力的西方媒体建构的中国媒介镜像。从博士论文应有的学理上的贡献的角度来说，更加值得一提的是，李莉的研究并非止于考察哈雷特·阿班报道文本的总体倾向与特征及其所折射出的"危机中国"的媒介镜像，而且还试图探讨分析这些报道、这种媒介镜像背后的多种影响因素和这些因素的共同作用，探析这样一位西方主流媒体的重要驻华记者为何在原有的中国传播学研究界对西方媒体的中国报道及其塑造的中国形象研究中并未受到高度关注，从而将这篇博士论文的研究推向了一定的深度。这些影响因素，被归纳为包括阿班作为一个美国人所接受和信奉的美国传统价值观、美国意识形态作为参照框架，美国的外交政策选择，美国新闻专业主义，《纽约时报》国际新闻生产的组织规范，其他利益集团的压力，等等。

可以说，李莉这篇博士论文的撰写过程，见证了她沉下心来，静心于案头功夫，扎扎实实地对选定的研究内容的文本进行阅读、梳理、整理的艰难尝试，也见证了她学而思，将研究内容置于历史语境下反复思考、挖掘其与多种影响因素的勾连的可贵努力，还见证了她为了使"美式'中国观'的历史发展轨迹显得更加完整和流畅"而所做的"拾遗补阙"式的细致工作。我以为，其博士学位论文的研究展示出了她的创新勇气，也展示出了她脚踏实地的工作精神。希望她在未来的学术生涯中继续保持这样的勇气和精神。

在传媒业高度发达的现代社会，传媒的国际传播是影响人们对世界的认知、影响国际舆论的重要因素。西方社会对中国的认知及其动态发展，同其传媒尤其是其主流媒体的长期中国报道实践紧密相连。而哈雷特·阿班作为供职于《纽约时报》的驻华记者进行国际新闻采访报道实践的十多年，正逢中国国内时局动荡纷杂、变化深刻而世界政治风云变幻的重要历史时期，正逢在这样的历史时期作为驻华记者从事涉华报道的阿班，对那段时期发生在中国的各种重大事件进行了报道，还创造了几个"第一"：根据李莉论文中征引的有关研究成果，阿班作为英美记者之一第一个向世界报道"西安事变"这一重大事件；他作为一名外国记者第一个在日本占领南京后把日本侵略者对待中国军民的暴行传播到国外媒体。此外，阿班的新闻传播实践中还表达出对中国问题、远东时局的见解和分析。显然，对这样一位外国传媒人士的中国报道和中国问题相关论著的研究，对其涉华报道当时所建构的"危机中国"形象的研究，有助于我们了解美国媒体的中国形象史上的一个重要部分。

　　然而，诚如李莉在其博士学位论文中所分析指出的，由于一系列原因，阿班的中国报道并未受到充分的关注，这些原因包括：时机因素和传统视野的局限。时机因素造成了对阿班及其涉华报道的一定程度上的"历史尘封"——他因离开中国于 1940 年末而没有赶上美国新闻传媒在中国有较大作为的 20 世纪 40 年代，而且他也不属于学院派（如"密苏里派"）的美国来华记者，他的中国报道实践展开于"美国还未把注意力真正地投向中国"的时期，因而他不像那些"被时代推向历史前台"的 20 世纪 40 年代学院派的美国记者那样在美国本土研究界对其驻华记者的研究中受到高度重视。而在中国大陆研究界对 1949 年前西方记者的涉华报道研究中，传统视野的局限则使研究界偏重对左翼立场的记者及其报道的研究，在相当长时间内传统的思维定式往往偏向于侧重选择研究明显具有同情"红色中国"的左翼立场的美国进步记者斯诺、斯特朗和史沫特莱等人及其中国报道实践，而阿班作为美国最具影响力的主流报纸的驻华记者，在传统视野下则未得到我国大陆研究界的充分关注。由此看来，李莉的这项研究的价值，在于可以为解读西方媒体国际新闻实践的多元化的特质起到一定的补充作用。

　　当今中国，改革开放的历程已走过 36 个年头。"让世界了解中国，让中国了解世界"的观念，已深入人心。了解世界包含如下部分：了解国外媒体传播的中国形象，了解这种媒介镜像折射出的外部世界对中国的认知。中国在外部世界的媒介镜像和外部世界对中国的认知，其形成的过程是同一批又一批国外传媒人士的涉华报道分不开的。在这个意义上来说，研究《纽约时报》历史上一度的驻华首席记者哈雷特·阿班的中国报道，可以为我们提供国外媒体传播的中国形象史上和外部世界对中国的认知史上的一个具体案例，从而有助于我们沿着这种形象、这种认知的历史轨迹，去对之获得深刻的了解。

　　博士论文完成后，李莉在通过学位论文答辩、获得博士学位，回到西北大学执教后，又对其博士论文进行了进一步的推敲修改，从而形成了今天的书稿。当然，李莉作为一名年青的研究者，还有待于在未来的学术生涯中不断增加研究积累，提升学术功力，在学术上不断进取，一步一步走向成熟。而中国社会科学出版社支持其书稿出版之举，无疑将鼓励她在学术道路上继续前行。

攻读博士学位的阶段有期限，学位论文或著作的撰写也有尽头，而学术研究却是无涯的。在学术的道路上不断寻找新起点、攀登新高峰理应是身在学术生涯中的人士之无悔选择与不懈追求，以及不可推卸的社会责任。愿以此与李莉共勉。

张咏华

2014 年 12 月 25 日于上海

第一章 研究缘起

国际新闻与国家形象塑造这一关系命题的形成并发展成为中国当代新闻传播研究领域的一项重要内容绝非偶然，而是深植于国际新闻传播社会影响力的日益彰显和提升以及在这一发展趋势下对国际新闻生产和传播活动所进行的时代性反思。本书选择哈雷特·阿班作为研究对象的原因主要有两个方面：一是缘于对中国当代西方涉华报道研究现状的反思。二是基于《纽约时报》和哈雷特·阿班本身所具有的研究代表性和典型性。

第一节 国际新闻生产与国家形象传播

纵观人类历史长河，不同国家之间的信息交往源远流长，从文字诞生，人类进入文明时代、国家建立伊始，国际间的信息交流现象便相伴而生。早期信息传播所依赖的方式主要是人际传播，一直到 17 世纪新闻事业的完整形态出现①，以报纸为代表的大众传播媒介才开始成为国家间信息沟通的主要渠道，国际新闻报道崭露头角。

国际新闻是新闻生产中的重要组成部分，它是指"超越了国家界线并具有跨文化性质的新闻，或者说国际新闻是新闻在国际间的流动"。② 根据洛特费·马赫兹（Lotfi Maherzi）的观点，国际新闻很

---

① 李彬：《全球新闻传播史（公元 1500—2000 年）》，清华大学出版社 2005 年版，第 71 页。

② 刘笑盈：《国际新闻史研究论纲》，载蔡帼芬、徐琴媛主编《国际新闻与跨文化传播》，北京广播学院出版社 2003 年版，第 94 页。

早就以外国消息的形式在早期的不定期报刊中存在，它不仅是报刊新闻内容中绝对重要的部分，而且对新闻本身的发展也发挥了关键的作用。① 从 15 世纪末一直到 19 世纪中期，在国际新闻早期发展的历史过程中，由于传播技术的限制，国际新闻对世界的影响力相对来说还非常有限。至 19 世纪中叶，在通信技术的引领之下，世界上出现了最早的一批西方新闻通讯社②，它们的诞生促使全球新闻传播体系得以迅速建立和发展，国际新闻传播的影响力日益扩大。20 世纪以来，伴随着海外传媒机构和驻外记者的不断出现和日渐增加，国际新闻发展成为传递国家之间信息的重要渠道和塑造民族国家形象的关键因素。

　　历史地看，西方民族主义和民族国家的出现与近代报刊和国际新闻的发展几乎同步。15 世纪以来的人类历史不仅见证了近代报刊的出现和发展，也目睹了世界范围内民族国家的出现和崛起。在这一历史过程中，国际新闻传播对民族意识的形成以及民族国家概念的建构和认同发挥了重要作用。③ 正是基于此，国际新闻生产与

---

　　① ［法］洛特费·马赫兹：《世界传播概览：传媒与新技术的挑战》，师淑云等译，中国对外翻译出版公司 1999 年版，第 208 页。

　　② 1835 年，世界上最早的通讯社哈瓦斯社（法新社前身）在法国巴黎成立，1848 年，美国"港口新闻联合社"（美联社前身）在纽约成立，1849 年，德国沃尔夫社在柏林成立，1851 英国路透社在伦敦成立。这四大通讯社在 1870 年达成了瓜分世界新闻市场的"三社四边"协定。

　　③ 西方的历史以及文化研究等领域的专家对民族国家形成的自然过程进行了驳斥，揭示了民族国家形成的社会建构过程以及在这一过程中信息传播的功能和意义。比如本尼克·安德森指出，"民族的存在，依靠的是人们对于这个'想象的共同体'的某种社会—心理归属，现代民族概念的形成，得益于机械印刷机的出现和由此所出现和产生的所谓'印刷资本主义'的社会形态。通过统一的印刷字体，形成了一种标准化的读写模式，所有归属于某一特定民族群体却永远都不能见面的成员因此联系在了一起，从而使得在各成员之间形成一种集体意识成为可能"。凯利在对美国形成的研究中提出，美国"直到铁路和电报把每个城镇随时随地联系在一起"、绘制出"一幅空间地图，同时也是一幅可往来的地图"之后，才巩固成一个大陆性的政治性政治和文化实体。（Carey，1997）这些研究都说明了传播和交通技术的发展是如何影响国家的形成和建构的。（参阅斯蒂芬·B. 科若伏特·威尔利《全球化语境中重新思考国家性》，钟瑾译，金冠军、孙绍谊、郑涵主编《亚洲传媒发展的结构转型》，上海三联书店 2009 年版，第 48 页。）

国家形象建构这一命题才具备了讨论的合法性基础，也就是说，国际新闻传播与民族国家形象之间具有一种客观的、历史的关联性。

需要说明的是，本书所讨论的国家形象主要以"民族国家"概念为基础的。众所周知，在西方的民族国家形成之前，所谓的国家形象实际上是指古代的封建帝国形象，并不具有现代意义上的民族国家的政治内涵，因为从 15 世纪开始到法国大革命这段时间，起源于拉丁文"natio"的"民族"才开始以"nation"（nacion，nazione）的面目出现在当地的语言中，且具有了政治的含义，到了波兰被瓜分和法国大革命时，"nation"开始成为"country"（国家）的同义词，而且开始具有了与人民（people 或 peuple）相对立的意义。①

有鉴于此，研究者们这样定义了国家形象的概念，比如"国际社会公众对一国相对稳定的总体评价"。②"一个主权国家和民族在世界舞台上所展示的形状相貌，即国际环境中的舆论反映。"③"国家形象是一个综合体，是国家外部公众和内部公众对国家本身、国家行为、国家的各项活动及其成果给予的总的评价和认定。"④"国家形象是一国国内公众和外部公众对该国政治（包括政府信誉、外交能力与军事准备等）、经济（包括金融实力、财政实力、产品特色与质量、国民收入等）、社会（包括社会凝聚力、安全与稳定、国民士气、民族性格等）、文化（包括科技实力、教育水平、文化遗产、风俗习惯、价值观等）与地理（包括地理环境、自然资源、人口数量等）等方面状况的认识与评价，可以分为国内形象和国际形象，两者之间往往存在很大差

① 王联：《世界民族主义论》，北京大学出版社 2002 年版，第 5 页。
② 杨伟芬：《渗透与互动——广播电视与国际关系》，北京广播学院出版社 2000 年版，第 25 页。
③ 李寿源：《国际关系与中国外交——大众传播独特的风景线》，北京广播学院出版社 1999 年版，第 305 页。
④ 管文虎：《国家形象论》，电子科技大学出版社 1999 年版，第 1 页。

异。"① "在物质本源基础上,人们经由各种媒介,对某一国家产生的兼具客观性和主观性的总体感知。"② 可以发现,当代研究者已经为国家形象进行了多种多样的界定。但是,无论这些有关国家形象概念的表述如何不同,国家形象的主体都是指具有政治民族主义意涵的主权国家,正如张昆、徐琼所言:"这种评定和认定,来源于主权国家的客观实在,是国家实在的主观反映。"③ 同时,国家形象在很大程度上也来自于世界交往中的国际舆论,是民族国家间交流互动的产物。可见,近代民族国家的形成和发展是国家形象建构和传播的前提和基础。

就中国而言,近代民族主义和国家概念的形成明显晚于西方社会。从 1840 年第一次鸦片战争开始,中国社会才开始真正进入封建帝国的瓦解和近代民族国家的形成阶段,也就是从"家天下"转变到中华一国。在这个过程中,中国的民族主义是相当复杂的④,它并不是西方那种以资产阶级革命为背景,以平等、自由、民主等政治认同为基础的民族主义,而更多的是一种缺乏政治底蕴的文化民族主义以及在传统的民族感情支持下"衍生出来的对'西方'的爱恨交加的感情,以及反传统的民族主义"⑤,这种民族主义虽不乏"对真理和价值的世界主义理解"⑥,却深植于中国传统文化。与此相关,近代中国的国家概念也具有独特性,它是以文化认同为基础的中华和以政治认同为基础的民族国家构成的复杂混合体,是古代中国的历史积淀以及包含历史变迁中新的政治和文化因素的认知统一体。可以说,特殊的历史背景使得近代中国的民族主义和国家概念的形成充满了矛盾性和复杂性,充分呈现了历史和

---

① 孙有中:《国家形象的内涵及其功能》,《国际论坛》2002 年第 3 期。

② 刘继南、何辉等:《中国形象:中国国家形象的国际传播现状与对策》,中国传媒大学出版社 2006 年版,第 5 页。

③ 张昆、徐琼:《国家形象刍议》,《国际新闻界》2007 年第 3 期。

④ 葛兆光:《中国思想史》,复旦大学出版社 2007 年版,第 546—547 页。

⑤ 同上。

⑥ 同上。

现实的冲突与博弈。

因此，相比与其他历史时期，近代中国的国家形象更具研究代表性，它拥有更加深厚的历史和文化意涵，这一时期的国家形象既不同于传统的中华帝国形象，也不同于今天完整而独立的当代中国，而是特殊时代背景下的一种典型话语的表达和呈现，是中国重大历史转折期的表征和见证。

特别是以中国的对外形象，比如西方的中国形象认知发展来看，中国的形象建构经历了不同的发展阶段。从13世纪到18世纪中叶，西方的商人、作家、学者和传教士等是中国形象建构和传播过程中的重要角色，而诸如文学、绘画以及宗教哲学思想著作等则构成了承载中国异域形象的重要文本，这一时期属于西方中国形象建构和传播的早期阶段，也是西方不断乌托邦化中国形象的历史时期。然而，在1750年前后，西方的中国形象开始经历一种巨大的认知转折——从美好的东方神话迅速蜕变为丑陋落后的东方，西方的中国形象建构与传播迅速进入了意识形态批判的新阶段。此间参与中国形象塑造的重要角色开始由军事指挥官、外交家和驻华记者等来替代和扮演，而文本样式则开始扩大到基于直接经验的军事报告、外交文件以及新闻报道。尤其在鸦片战争以后，伴随着西方传媒在中国的不断渗透和发展，有关中国的新闻报道迅速增长并逐渐成为中西文化交往过程中一种等价甚至超越文学、绘画等方面的重要文本，在西方的近代中国形象建构和传播过程中发挥了深远的影响和作用。

因此，我们不难想象，近代中国向一元化民族国家整合过程中的复杂现实与西方对中国认知上的巨大转折二者会在中国对外形象建构和传播问题上产生出何种发人深思、碰撞和交融的景象。

诸多的相关研究已经发现，西方对近代中国形象的塑造与传播绝不仅仅是一种简单的东方描述，而是一整套有关西方思想结构、知识构成以及文化权力的庞大体系，它包含意识形态、文化结构、话语体制等诸多方面的意义和价值，正如萨义德在《东方学》中所揭示的那样：西方的东方形象体现着深层的权力结构关系。① 因此，有关中国形象问题的研究就不仅仅是关乎世界如何看待中国的现实问题（西方的近代中国形象怎么样？是错是对？是好是坏？），而是成为一种有关西方如何理解和建构近代中国概念的重大政治和社会理论问题。

此外，通过西方所建构的近代中国形象的这面镜子，我们还能够更加深入地了解自己，更加全面地理解西方。凡此种种，都将有助于当代中国的自省和自强，更加有助于我们在世界文化格局中把握自己的未来。正如乐黛云所言："对于今天我们重构自己的文化传统，参与世界文化的总体对话来说，认清'中国形象'几百年来在国外的发展变化，显然具有特殊重要的意义。"②

第二节　当代西方涉华报道与
中国形象研究的现状

从国际上看，当代有关国际报道与中国形象的研究始于 20 世纪 80—90 年代。以国外研究为例，1987 年出现了麦金农（Mackinnon）和傅利森（Friesen）的《中国报道：1930 年代和 1940 年代的美国新闻口述历史》③，1990 年阿曼达（Amanda）的《在中国的美国记者：浪漫者和愤世者》④，以及 1992 年贾斯珀（Jasper）的

---

① 参见［美］爱德华·W·萨义德《东方学》，王宇根译，生活·读书·新知三联书店 1999 年版。

② 乐黛云：《世界文化总体对话中的中国形象——序史景迁〈北大演讲录〉》，载［美］史景迁《文化类同与文化利用——世界文化总体对话中的中国形象》，廖世奇、彭小樵译，北京大学出版社 1990 年版，第 1 页。

③ Stephen R. Mackinnon, & Oris Friesen, *China Reporting: An Oral History of American Journalism in the 1930s and 1940s*, Berkeley, Los Angeles: University of California Press, 1987.

④ Bennett Amanda, "American Reporter in China: Romantics and Cynics", in Chin - Chuan Lee, ed., *Voice of China: The Interplay of Politics and Journalism*, New York: the Guilford Press, 1990.

《在中国报道中的意识形态偏见》①、麦金农的《美国记者与战时中国（1937—1945）》② 和尼尔斯（Neils）的《卢斯时期的中国形象》③ 等，他们着重探讨了美国媒体和记者在中国报道方面的历史经验、态度取向和意识形态偏见等问题，为评估美国媒体的中国形象建构提供了非常有价值的历史资料及研究视角。

同期，在中国台湾地区则较早出现了一批相关的专业性研究成果，比如赵怡的《美国新闻界对中国戡乱战争报道之研究》④、黄美珠的《美国纽约时报有关中国的新闻报道及言论态度之研究》⑤、梁冠凯的《〈纽约时报〉报道中华民国形象之研究》⑥ 等。其中，赵怡用内容分析的方法探讨了1949年美国新闻界对中国内战的报道，考察了美方涉华报道的内容偏向、言论色彩以及政治立场取向等问题，是较早采用量化方法探究涉华报道的一个典型研究。黄美珠则用内容分析的方法对1978年至1979年间《纽约时报》上的全部对华报道进行了分析，探讨了《纽约时报》在中国报道方面的态度立场和言论色彩；同年，梁冠凯的研究也采用了同样的方法，重点分析了1976年至1984年间《纽约时报》对台湾地区的新闻报道，阐释了《纽约时报》在台湾形象塑造上的注意力偏向及评价趋势。这些研究较早使用定量研究的方法分析了几个不同历史时期

---

① Becker, Jasper, "Ideological Bias in Reporting China", in Robin Porter, ed., *Reporting News from China*, London: Royal Institute of International Affairs, 1992.

② ［美］麦金农：《美国记者与战时中国（1937—1945）》，载张文宪《民国档案与民国学术讨论会文集》，档案出版社1988年版，第577页。

③ Neils, Patricia, *China Image in the Life and Times of Henry Luce*, Savage: Roman & Publishers, 1990.

④ 赵怡：《美国新闻界对中国戡乱战争报道之研究》，台北，黎明文化事业股份有限公司1985年版。

⑤ 黄美珠：《美国纽约时报有关中国的新闻报道及言论态度之研究》，中国文化大学政治研究所硕士论文，1985年，"台湾国家图书馆""全国博硕士论文资讯网"（http://etds.ncl.edu.tw/theabs/site/sh/detail_ result.jsp）。

⑥ 梁冠凯：《〈纽约时报〉报道中华民国形象之研究》，中国文化大学新闻研究所硕士论文，1985年，"台湾国家图书馆""全国博硕士论文资讯网"（http://etds.ncl.edu.tw/theabs/site/sh/detail_ result.jsp）。

美国主流报纸有关中国报道的内容，并初步探讨了国际报道在塑造国家形象上的方式、策略、形式与内涵，它们标志着中国本土在这一研究方向上的起步，并且预示了 20 世纪 90 年代后内容分析法在此研究领域的广泛流行。

就中国大陆方面看，大面积展开有关外国媒体对华报道与中国形象的研究开始于 20 世纪 90 年代。总体上看，这个时期的研究成果数量较大，而且比较倾向于采用定量的研究方法，重点在于发现并总结影响西方媒体涉华报道的一些宏观社会因素，是中国新闻传播学者自觉参与国际新闻传播研究的重要时期。

从时间发展脉络上看，1996 年比较引人注目，当年北京大学李希光教授公开发表《"妖魔化"中国的背后——美国媒体是如何讲政治的》一文及其著述《妖魔化中国的背后》后，迅速激发了大陆学者对西方主流媒体涉华报道研究的热潮。1997 年仅就李希光之文进行商榷与反思的文章就达二十余篇，比如：《值得商榷的"妖魔化"——评李希光先生的〈"妖魔化"中国的背后——美国媒体是如何讲政治的〉和《〈再论"妖魔化"中国〉》[1]、《美国新闻霸权的本质》[2]、《美国某些传媒是怎样丑化和敌视中国的》[3] 等等。抛开其中某些文章中的感性色彩不谈，上述研究的主要着眼点在于考察美国主流媒体的中国报道是否客观真实，其所塑造的中国国家形象是否公正可靠。这些研究并未采用定量研究的方法，而是普遍采用传统的定性方法对美国媒体刻画中国形象的方式、手段以及影响进行了不同程度的描述和分析。虽然这些研究现在看来还不够深入和全面，但在当时却引发了许多中国学人对美国主流媒体的批判性反思，推动了 21 世纪有关西方媒体涉华报道与中国形象研

---

① 焦国标：《值得商榷的"妖魔化"——评李希光先生的〈"妖魔化"中国的背后——美国媒体是如何讲政治的〉和〈再论"妖魔化"中国〉》，《国际新闻界》1997 年第 6 期。

② 任海：《美国新闻霸权的本质》，《电视研究》2000 年第 7 期。

③ 徐熊：《美国某些传媒是怎样丑化和敌视中国的》，《新闻界》1997 年第 3 期。

究高潮的到来。

2000 年以后，西方媒体与中国形象方面的研究日益走向成熟，一批研究专著相继问世。2003 年，解放军外国语学院潘志高博士的研究《〈纽约时报〉上的中国形象：政治、历史及文化成因》首先出版，作者对《纽约时报》1993 年至 1998 年间全部的中国报道进行了量化分析，探讨了《纽约时报》对华报道的类型、主题以及语气，"以期了解《纽约时报》的对华报道在多大程度上是负面的以及负面报道主要集中在哪些方面等问题"①，并将美国媒体对中国形象的负面塑造归结为媒体偏好、美国文化及价值观、中国现状及美国对中国的传统认知、国际局势和美国内政需求以及中美关系总体态势五个方面，比较全面地阐释了影响美国媒体中国报道的多元因素。

同年，中国传媒大学启动了"中国国家形象国际传播现状及其对策"研究课题，并相继出版了一系列有关西方传媒涉华报道方面的研究成果，其中包括刘继南与何晖的《镜像中国——世界主流媒体中的国家形象》，段鹏的《国家形象建构中的传播策略》，蔡国芬和刘笑盈的《事实与建构：国际新闻的理论与实践》以及金勇的《客观与偏见：美国主流报纸台海问题报道研究》等。可以说，这些成果在一定程度上代表了这个时期中国大陆学者在此研究领域的层次和水平。总体上看，这些研究基本建立在以内容分析为主的定量研究方法之上，主要对 2000 年以后西方主流媒体的涉华报道内容进行了不同程度的分析和解读，旨在对国际新闻报道塑造的中国形象进行评估。以对《纽约时报》涉华报道的研究为例，刘继南与何晖认为："如果说《纽约时报》的报道给中国画了一幅人物肖像，那么这个人物是基本正常的，但同时又是'多病的'

---

① 潘志高：《〈纽约时报〉上的中国形象：政治、历史及文化成因》，河南大学出版社 2003 年版，第 2 页。

和'面目丑陋的'。"① 并将原因归结为美国人先入为主的价值观主导下对新闻事实进行的主观性选择、冷战思维延续下保持受众政治兴趣的市场营销驱动力，以及中美信息传播渠道沟通不畅所导致的美方记者对中国的片面性认识等几个方面。

与此同时，上海华东师范大学何英博士的《美国媒体与中国形象（1995—2005）》以及中央党校乔木博士的《鹰眼看龙：美国媒体的中国报道和中美关系》两本著作相继出版。何英在建构主义理论视野下阐释了美国媒体对中国负面报道的原因和内在逻辑，其中包括对国家利益、意识形态、文化价值观念、美国民意等多元因素的系统性分析。乔木的研究则主要探讨了中美外交与美国媒体涉华报道之间可能存在的联系和影响，并指出："总的来看，历史上以及冷战后美国媒体的对华报道，经历了几个毁誉变化、起伏不断的阶段，但大致上和各个时期美国的对华政策以及中美关系的走势一致。"②

在这些正式出版的研究著述以外，同期还诞生了大量的研究论文，比如 2001 年刘康的《国际传播对中国报道的"话题设计"——兼论美国媒体对"法轮功"事件的报道》③、熊蕾的《从两家美国媒体对江泽民的采访看两种新闻观》④、陈寒溪的《美国媒体如何"塑造"中国形象——以"中美撞机事件为例"》⑤，

————————

　　① 刘继南、何晖：《镜像中国——世界主流媒体中的国家形象》，中国传媒大学出版社 2006 年版，第 33 页。

　　② 乔木：《鹰眼看龙：美国媒体的中国报道和中美关系》，中共中央党校出版社 2006 年版，第 53 页。

　　③ 刘康：《国际传播对中国报道的"话题设计"——兼论美国媒体对"法轮功"事件的报道》，《国际新闻界》2001 年第 1 期。

　　④ 熊蕾：《从两家美国媒体对江泽民的采访看两种新闻观》，《国际新闻界》2001 年第 1 期。

　　⑤ 陈寒溪：《美国媒体如何"塑造"中国形象——以"中美撞机事件为例"》，《国际新闻界》2001 年第 3 期。

2002 年邱林川的《多重现实：美国三大报对李文和的定型与争辩》①、黄爱萍与李希光的《影响美国媒体如何报道中国的主要因素——对美国媒体如何塑造中国国家形象的分析》②，2003 年杨雪燕、张娟的《90 年代美国大报上的中国形象》③、熊长论的《美国新闻杂志中的中国形象分析》④，2004 年宋豫的《将观点隐藏在新闻之中——从〈时代〉2003 年涉华报道看意识形态在传媒中的表现》⑤、谭梦玲的《美国媒体如何建构中国形象》⑥，2005 年宁曙光的《2005 年上半年西方主流媒体涉华报道分析》⑦、武曼兮的《试析美国媒体塑造的中国形象及对策思路》⑧、朱怡岚的《论〈时代〉周刊的中国形象建构（1992—2004）》⑨，2006 年司国安、苏金远的《2006 中国国家形象——基于〈纽约时报〉涉华报道的文本分析》⑩、王运宝的《西方媒体语言折射中国形象嬗变》⑪，2007

---

① 邱林川：《多重现实：美国三大报对李文和的定型与争辩》，《新闻与传播研究》2002 年第 1 期。

② 黄爱萍、李希光：《影响美国媒体如何报道中国的主要因素——对美国媒体如何塑造中国国家形象的分析》，《中国记者》2002 年第 3 期。

③ 杨雪燕、张娟：《90 年代美国大报上的中国形象》，《外交学院学报》2003 年第 1 期。

④ 熊长论：《美国新闻杂志中的中国形象分析》，硕士论文，中国人民解放军外国语学院，2003 年，中国知网（http：//dlib. edu. cnki. net/kns50/detail. aspx？QueryID = 669&CurRec = 20）。

⑤ 宋豫：《将观点隐藏在新闻之中——从〈时代〉2003 年涉华报道看意识形态在传媒中的表现》，《中国记者》2004 年 3 月。

⑥ 谭梦玲：《美国媒体如何建构中国形象》，硕士论文，暨南大学，2004 年，中国知网（http：//dlib. edu. cnki. net/kns50/detail. aspx？QueryID = 1223&CurRec = 20）。

⑦ 宁曙光：《2005 年上半年西方主流媒体涉华报道分析》，《国际新闻界》2005 年第 6 期。

⑧ 武曼兮：《试析美国媒体塑造的中国形象及对策思路》，《洛阳师范学院学报》2005 年第 4 期。

⑨ 朱怡岚：《论〈时代〉周刊的中国形象建构（1992—2004）》，硕士论文，武汉大学，2005 年，中国知网（http：//dlib. edu. cnki. net/kns50/detail. aspx？QueryID = 1296&CurRec = 19）。

⑩ 司国安、苏金远：《2006 中国国家形象——基于〈纽约时报〉涉华报道的文本分析》，《新闻知识》2007 年第 5 期。

⑪ 王运宝：《西方媒体语言折射中国形象嬗变》，《决策》2006 年第 11 期。

年周宁《美国四大日报涉华报道分析》①、张健的《美国主流媒体涉华报道分析》②、靖明与袁志宏的《西方媒体报道与中国形象塑造》③，2008 年陈勇与张昆的《对于美国媒体关于西藏问题报道的思考——兼论如何改善中国对外传播策略》④，等等。迄今为止，有关西方媒体中国报道与中国形象的研究论文和著述仍在不断涌现。

就笔者看来，上述研究专著和论文基本上反映了 21 世纪以来中国学者有关西方主流媒体涉华报道与中国形象研究的基本风貌，它们大多在定量分析的基础上，通过不同的研究视角和理论，分别对近年来西方媒体涉华报道的类型和特点进行了不同程度的分析和探讨，并对影响媒体涉华报道的多元因素进行了阐释，突出反映了西方实证主义方法对该研究领域的介入与渗透，较之 2000 年以前的研究更加规范和理性。

然而，我们也不难发现，在实证研究方法导向下的这些研究成果明显呈现出某种程度的同质化。绝大部分研究围于对涉华报道题材、报道主题、态度倾向等方面的数据统计，并将研究结论完全建立在对数据结果的推理之上，因此出现了在不同研究样本条件下几无二致的研究结论：一方面，认为西方媒体尤其是美国媒体刻画的中国形象是以负面为主，缺乏一定程度的公正性与客观性；另一方面，认为导致真实性偏差的原因在于国家利益、意识形态以及文化差异等宏观方面的因素。

笔者认为，这是一种从文本高度抽象出结论，再加以宏观理论解释的研究模式，因此，它会在相当程度上抹杀国际新闻生产与中国形象建构问题的复杂性和互动性，致使我们无从了解包括美国国

---

① 周宁：《美国四大日报涉华报道分析》，《新闻记者》2007 年 11 月。

② 张健：《美国主流媒体涉华报道分析》，《国际观察》2007 年第 1 期。

③ 靖明、袁志宏：《西方媒体报道与中国形象塑造》，《当代传播》2007 年第 2 期。

④ 陈勇、张昆：《对于美国媒体关于西藏问题报道的思考——兼论如何改善中国对外传播策略》，《新闻记者》2008 年第 8 期。

家利益、意识形态、文化以及国内舆论等在内的宏观社会因素到底是如何转变为新闻从业者进行中国报道的专业实践的？而且，我们也无法获知西方的新闻专业主义又是如何在中国报道方面发挥作用和影响的？在笔者看来，凡此种种，大致是由于缺乏一种具有历史性中观和微观分析视野所致。也就是说，当代若干的相关研究局限于进行宏观社会因素和微观文本数据之间的线性因果解释，而没有注意到那些将它们二者联系在一起的具体媒介组织和新闻生产者的影响，缺乏对西方媒介中国形象建构的历史性考察以及对不同西方媒介组织和记者的中国报道实践的具体分析，而这些方面恰恰可能是回答西方媒介如何建构中国形象的关键部分所在。

值得重视的是，新华出版社 1999 年推出了中国人民大学新闻学院张功臣博士的研究著述《外国记者与近代中国（1840—1949）》，这是截至目前国内研究近代外国传媒机构和记者中国报道方面比较有代表性的一个研究成果。该研究旨在考察近代以来西方国家的传媒机构及其驻外记者在华的新闻实践活动，重点分析他们对中国重大历史事件的采访报道，并借此来评估他们对中国近代社会现实的刻画与书写。

总体上看，张功臣的研究历史跨度比较长，其中涉及的外国新闻机构和记者较多。研究者对当时包括英、美、法、日和苏联在内的驻华外国新闻机构和较为著名的记者都进行了系统的考察和分析，比如对《纽约时报》驻华记者蒂曼尔·德丁（Tillman Durdin）、布鲁克斯·阿特金森（Brooks Atkinson）、专栏作家艾尔索普（Joseph W. Alsop）以及哈雷特·阿班（Hallett Abend）等人的分析和描述。

但是，由于史料来源和认识选择的局限，导致作者在研究中出现了对中国本土创办的西方媒体关注较多、对左翼记者和对华较为友好的新闻机构比较偏重、对与中国关系比较紧密的苏联和日本媒体更为突出，而对欧美媒体考察不足等方面的局限。在结论阐释方面，作者也倾向于将国家利益和外交政策作为统摄所有西方驻华记者新闻实践活动的标尺，对左翼记者和非左翼记者进行了非黑即白的划分，致使其研究结论缺乏足够的说服力，未能对国际新闻生产与近代中国形象建构这一重要理论问题做出充分全面的阐释。

但是，笔者认为上述研究成果所带来的启发也是显而易见和弥足珍贵的。值得思考的是，如果说美国媒体长期以来的涉华报道具有偏见和负面的色彩，而且受制于美国国家利益、意识形态以及国内政治等方面因素的制约和影响，那么我们势必会发出一连串的相关问题：这些制约因素是如何落实为驻华记者涉华报道的新闻实践的？多元化的新闻职业操作如何收编为统一的规范行动？新闻专业主义又如何抗拒并容纳国家利益之压力？在社会宏大解释框架和个体微观行动之间的中观阐释在哪里？尤其重要的是，这种研究结论是否可以统摄美国涉华报道的全部历史并充分解释美国媒体建构中国形象的历史性嬗变？

正如 2002 年方汉奇教授在《美国记者的爱恨中国情结——对100 年来美国记者有关中国报道的回顾和反思》一文中所言：美国媒体的对华报道是具有历史阶段性的，自 1894 年中日战争爆发美国首次派遣记者到中国采访以来，在不同历史时期美国记者笔下的涉华报道都是迥然有别的，很难将百余年的对华报道历程简单地归结为一个单一的结论。[①] 也就是说，在每一个不同历史阶段的美国媒体，甚至包括每一个从事中国报道的美国记者在报道中国和塑造中国形象上的出发点、价值选择及报道倾向等都不是完全一样而是多元化的。

而且，从以上文献梳理中不难发现，目前有关美国媒体涉华报道与中国形象研究的绝大部分都集中于当下时段，而且止步于泛化的新闻文本（无具体的新闻报道者，而以公共集合体形式存在的涉华报道样本）分析，因此形成了这一研究领域在某种程度上的

----

① 方汉奇：《美国记者的爱恨中国情结——对 100 年来美国记者有关中国报道的回顾和反思》，《国际新闻界》2002 年第 2 期。

偏狭性与趋同化。

有鉴于此，尝试通过历史性地考察不同时期、不同媒介组织和不同记者的新闻生产实践，并将其新闻报道及职业经历作为切入口，那么我们可能揭示出美国媒体在中国形象建构方面更加具体生动的路径，呈现出美国主流媒体之中国形象建构的复杂面向以及美国公众有关中国认知的形成线索，此种研究努力应该能够成为当代有关国际新闻生产与中国形象建构研究领域中的有益补充。

第三节　哈雷特·阿班的中国报道与
近代中国形象的建构

创刊于 1851 年的《纽约时报》是 20 世纪以来西方最具影响力的主流媒体之一，其订阅户遍及全美乃至全世界，"经过一个半世纪的发展，该报已经成为美国、乃至西方世界最具权威性的报纸"。①《纽约时报》的广泛社会影响力和优势话语权已经得到了西方公众的普遍认可和接受，正如当代研究者所言："《纽约时报》在美国拥有王牌报纸的特殊地位，人们认为它是可信赖的消息来源……它在美国及别国政要的政治和道德想象中具有如此显要的地位，以至于被视为制定公共政策时最重要的信息来源和指引。"②

事实上，《纽约时报》早在百余年前已经在西方精神世界以及媒介行业中确立了威信和声誉。中国台湾学者何毓衡在译著《纽约时报一百年》中曾经指出："时报的努力和成就是具体的，除了资本的扩充，财产设备等物资的增加之外，在精神上，时报在一九一八至一九五一年的三十三年中，得过二十四次普利兹新闻奖或奖状，其间包括三次团体奖。由于该报发行数字逾四千万份，行销遍

①　郑超然、程曼莉、王泰玄：《外国新闻传播史》，中国人民大学出版社 2000 年版，第 352 页。

②　［美］霍华德·弗里尔、理查德·福尔克：《一纸瞒天：〈纽约时报〉如何谬报美国的外交政策》，生活·读书·新知三联书店 2009 年版，第 2 页。

及全球每一角落，故其新闻与社论所具的影响力，世界上没有哪一家具体的报纸可与匹敌。"① 可见，《纽约时报》的历史地位不容忽视，其现实影响力是长期而持久的，具有重要的研究价值。

《纽约时报》的涉华报道开始于 19 世纪 50 年代中叶，几乎与其自身发展的历史同步，时至今日已历时 150 余年。诚如编译《纽约时报》晚清中国报道文集的郑曦原先生所言，该报对中国展开的是"跨世纪追踪报道"②，不仅篇幅巨大，时间连续，而且观察的视角也非常完整。可以说，《纽约时报》的中国报道不仅是探究西方媒体如何开展国际新闻生产传播的首选研究对象，也是探究美国社会如何建构和传播美式"中国观"的重要研究线索，其研究代表性不言而喻。尤为重要的是，从 20 世纪 20 年代开始，《纽约时报》的涉华报道更多地呈现为驻华新闻记者的个人职业产品③，它们几乎都被打上了记者个体的深刻烙印，这些个性独特的作品构成了西方媒体建构和传播中国近代图景的基础。

根据彼德·兰德（Peter Rand）提供的资料，在 1905 年至 1949 年期间，为《纽约时报》供稿的驻华记者总人数为 16 人④，但迄今为止，还没有出现对他们个人及其中国报道作品的相关研

---

① 《译者何毓衡言》，载［美］梅耶·伯格《纽约时报一百年》，何毓衡译，台湾新闻天地社 1965 年版，第 12 页。

② 郑曦原：《帝国的回忆——〈纽约时报〉晚清观察记（1854—1911）》，当代中国出版社 2007 年版，前言。

③ 20 世纪 20 年代之前，《纽约时报》上出现的涉华报道还很少出现报道者的名字，而且撰写这些报道的作者多为来华的传教士、商人或者作家，他们还不是真正意义上的职业记者。直到 20 世纪末，西方主流报刊包括《泰晤士报》、《世界报》等媒体才开始向中国派驻专业记者，而《纽约时报》一直到 20 世纪 20 年代左右才开始向海外派遣记者并发展成为报道中国的重要力量。

④ 《美国在华新闻人员名录（1905—1949）》，载［美］彼德·兰德《走进中国：美国记者的冒险与磨难》，李辉、应红译，文化艺术出版社 2001 年版，第 366 页。这十六位记者分别是：Hallett Abend，George Alexanderson，Brooks Atkinson，Hanson Baldwin，Daniel Clifton，Tillman Durdin，Peggy Durdin，Harrison Forman，Henry Liberman，Tomas Millard，Henry Misselwitz，Frederick Moore，Douglas Robertson，Norman Soong，Walter Sullivan，Benjamin Welles。

究。事实上，目前有关近代美国驻华新闻记者的研究主要集中在 20 世纪 40 年代前后来华，并被美国亚利桑那大学麦金农教授称作"浪漫的一代"①的记者身上，其中包括我们所熟知的斯特朗、斯诺夫妇、白修德和巴巴拉·史蒂芬等，而作为 20 世纪美国主流报纸之一的《纽约时报》的驻华记者并没有得到应有的关注。

值得思考的是，20 世纪中叶美国记者哈罗德·R. 伊罗生（Harold R. Isaacs）在其颇具影响力的"美国的中国形象"调查报告中曾经指出：美国报纸是美国公众，尤其是美国上层社会公众认知近代中国的重要来源。②还有调查表明：从 20 世纪 20 年代末至整个 30 年代，有关中国的报道绝大部分是在《纽约时报》上刊登的，而且相比对世界其他国家的报道来说，《纽约时报》给予中国的关注度非常之高。③可见，《纽约时报》驻华记者的新闻报道是近代中国形象建构和传播中的关键一环，不可或缺。

哈雷特·阿班是 20 世纪 30 年代《纽约时报》派驻中国的美国记者之一。他 1926 年初来华，1927 年夏被《纽约时报》聘为通讯记者。从 1929 年起，阿班开始担任《纽约时报》驻华首席记者一职，直至 1940 年 10 月离开上海回国。他在华共十五年，期间为《纽约时报》供职十四年，是 20 世纪 30 年代驻华传媒机构中颇具影响力的人物。

阿班 1884 年生于美国俄勒冈波特兰市，卒于 1955 年，一生无婚，无子嗣。阿班向来不喜欢循规蹈矩的生活，1905 年在斯坦福大学刚念到三年级，便辍学到社会混，谋了一份实习

---

① ［美］斯蒂芬·R. 麦金农：《浪漫的一代》，《爱恨中国》，香港大学新闻与研究中心 2000 年版。

② ［美］哈罗德·伊罗生：《美国的中国形象》，于殿利、陆日宇译，中华书局 2006 年版，第 20 页。

③ Stephen R. Mackinnon & Oris Friesen, *China Reporting: An Oral History of American Journalism in the 1930s and 1940*, Berkeley, Los Angeles, London: University of California Press, 1987, p.127.

记者职位。来华前，他在美国报界已足足浸淫了二十一年，最高职位做到总编。这期间，阿班不曾考虑娶妻生子，只管频频跳槽，还曾隐入山林写作，总之，任何一成不变的日子，都让他深恶痛绝。这么折腾到四十岁出头，竟又突发奇想，要到远东一闯天下，就这么来到了中国。

阿班在华十五年，十四年供职于《纽约时报》。他从驻华北记者做起，迅速升至驻中国首席记者，管辖中国各地诸多记者站。他在华期间，适逢中华民国历经多重巨变。北洋系统由盛及衰，国民党一脉则随北伐兴起，并统一全国，欧美势力在革命打压下萎顿，日本势力则日益坐大。粗略数来，他的报道覆盖了广州革命风云、北伐大业、东北易帜、蒋冯阎大战、中东路战争、济南惨案、九·一八事变、西安事变……一直到上海孤岛时代的最后一刻。可以说，中国历史这十余年的每一起伏、每一皱褶，无不通过他的键盘，传递到《纽约时报》，传递给美国大众、全球大众，并影响各国决策及外交方略。①

上述文字来自曾经翻译哈雷特·阿班自传的杨植峰先生对其职业记者生涯的评述。事实上，中国方面早在 1981 年中国社会科学院近代史所编辑出版的《近代来华外国人名辞典》中就已经介绍到了哈雷特·阿班：

美国新闻记者。1926 年来华，任英文《北京导报》（The Peking Leader）代理总主笔。1927 年任《纽约时报》驻华通讯员，仍居北京。1929 年因《纽约时报》发表了他批评宋美龄的新闻，国民党政府撤销了他在中国电报局拍发新闻电报的权力，亚氏遂由北京迁往上海由该地所在外国人控制的电报局

---

① ［美］哈雷特·阿班：《民国采访战——〈纽约时报〉驻华首席记者阿班回忆录》，"译者序"，杨植峰译，广西师范大学出版社 2008 年版，第 2 页。

发电。国民党外交部因此屡向美国使馆提出抗议，但使馆与《纽约时报》均支持他，此事至 1931 年"九·一八"事变发生后才解决。1937 年 12 月日寇占领南京，第一个把日本奸淫掳掠暴行发到国外的外国新闻记者就是亚氏。他于太平洋战争爆发前半年返美。①

此外，张功臣博士在其研究著作《外国记者与近代中国（1840—1949）》中还有这样的评价："阿本德也是美国来华记者中具有独立报道立场，同时在业务方面又颇有建树的佼佼者……他不断以擅长抢发重大新闻而知名。1931 年，他首先报道了'满洲国'的成立；1937 年 12 月，他是第一个把日军暴行公布于世的外国记者。"②

复旦大学历史系王立诚教授曾经对阿班的中国采访活动进行过比较深入的专门性研究，他指出，阿班最早是作为北美报业联盟的特约记者来华采访的，但来华后他并未在租界中苟安，而是立刻奔赴了当时即将爆发大革命的广州前线，"成为最早与国民党政要接触、向西方世界报道广州革命运动的少数英美记者之一"。③ 1927 年加入《纽约时报》后，阿班开始负责中国东北和华北地区的新闻报道，并"以一系列蕴涵着敏锐的政治观察力与娴熟的写作技巧的中国报道而获得声誉，并且与早先北洋政府高官顾维钧、奉系军阀首脑张作霖，以及后来占据北平的国民政府北方派系首领阎锡山、冯玉祥等都建立了较为密切的关系"。④

上述评价主要来自当代的研究者们。事实上，与哈雷特·阿班同期的新闻同行也曾对他给予过高度的评价。中国上海出版资格最

① 中国社会科学院近代史所翻译室编：《近代来华外国人民辞典》，中国社会科学出版社 1981 年版，第 2 页。
② 参见张功臣《外国记者与近代中国（1840—1949）》，新华出版社 1999 年版，第 168—175 页，这里的"阿本德"就是哈雷特·阿班，只是翻译不同而已。
③ 王立诚：《从宋子文与亚朋德的交往看抗战前民国政府与英美记者的关系》，载吴景平主编《宋子文与战时中国（1937—1945）》，复旦大学出版社 2008 年版，第 108 页。
④ 同上。

老、影响力最大的西方英文报纸《密勒氏评论》的主编鲍威尔
(Powell) 称："哈雷特·阿班是 20 世纪 20—30 年代为《纽约时
报》报道中国问题方面的专家，是最早为美国报纸读者带来大量
有关满洲和远东局势新闻的美国记者之一"①，并将他与后来蜚声
中外的美国记者埃德加·斯诺共同视为当时杰出的美国驻华记者。
同期在华负责日本最大的通讯社——联合通讯社中国报道业务的日
本著名记者松本重治说："在所有美国新闻记者中，我认为最为杰
出的要推《纽约时报》的哈雷特·阿班。由于阿班常年驻中国所
积累的经验，以及他颇为老成的接人待物，加上又有时报的声誉，
所以他的交友相当广阔。他与蒋介石夫人宋美龄也是极为亲密的友
人。"② 而且，后来以报道南京大屠杀而广为人知的《纽约时报》
著名记者德丁·蒂尔曼 (Durdin Tillman)，以及后期撰写了《美
国人民与中国》(*The American People and China*) 一书的美国著名
记者阿奇包德·T. 斯蒂尔 (Archibald T. Steel) 当时也都曾经是阿
班的副手和下属。③

　　此外，哈雷特·阿班也得到了包括美国著名作家赛珍珠 (Pearl
S. Buck)、颇具影响力的美国新闻人乔治·E. 索克斯 (George E.
Sokolsky)④ 以及中国知名学者林语堂等人士的积极评价。比如，索

---

　　①　[美] 鲍威尔：《鲍威尔对华回忆录》，邢建荣、薛明扬、徐跃译，知识出版社
1994 年版，第 185 页。
　　②　[日] 松本重治：《上海时代》，曹振威、沈中琦等译，上海书店出版社 2005 年
版，第 91 页。
　　③　参见 Stephen R. Mackinnon, & Oris Friesen, *China Reporting: An Oral History of A-
merican Journalism in the 1930s and 1940s*, Berkeley, Los Angeles: University of California
press, 1987, pp. 31 - 34。
　　④　乔治·E. 索克斯 (George E. Sokolsky) 是 20 世纪 20 年代活跃在中国的美国著名
新闻人，曾参与创办当时上海的著名报纸《商报》，同时担任上海英文报纸《上海新报》
(*Shanghai Gazette*) 的编辑，并为上海的《字林西报》(*North China Daily News*)、《密勒氏
评论》(*Millard's Weekly*) 等撰稿。索克斯与宋美龄家族以及端纳 (W. H. Donald) 等中国
政界人物交往甚厚，是这个时期报道中国的知名西方记者之一。（参见 [美] 顾德曼
(Bryna Goodman)《美国胡佛研究所所藏索克斯档案》，《档案与史学》2000 年第 1 期。）

克斯直言阿班是"了解现代中国的人"①，他说："很少有人像《纽约时报》通讯记者阿班这样连续地报道来自中国的新闻。他经常由于反对中国而支持日本，或者支持中国而反对日本遭受谴责。南京政府也曾通过一项决议要将阿班驱逐出境——但是他坚持留了下来，并且最终等到了南京政府对业已发生的一切愚蠢之事深感抱歉的时刻。总而言之，哈雷特·阿班的报道已持续多年。他的判断可能与那些待在纽约却能决定应该报道什么、何为报道重点的聪明男女的观点背道而驰。但历经多年，哈雷特·阿班已经用高水平的新闻证明，他知道正在发生什么，而且也知道人们所猜测的那些事情将会如何发生，而那常常就是一名记者和专家之间的区别。"② 林语堂也赞赏阿班对于中国的观察和报道"不偏不倚"、"如同机密般的私人谈话，但也如审计师的报告一样忠于事实"③，可以成为任何决策者思考和分析中国问题的依据。

　　此外，阿班所供职的《纽约时报》也曾对他给予过介绍和肯定，指出阿班作为"《纽约时报》在中国的一名首席记者"④，目睹并报道了中国从蒋介石南京政府建立权威开始到日本侵华时期的"一段动荡革命岁月"⑤，是为数不多的既懂得多种不同的中国方言，又能与中国名门望族交往深厚的优秀美国新闻人。

　　值得注意的是，在阿班成为《纽约时报》的驻华记者后，他还根据自己的实地采访资料撰写了数部有关中国的著述并在美国出版发行，比如1930年的《苦难的中国》（*Tortured China*），1936年的《中国能生存下去吗？》（*Can China Survive?*）以及1940年的《中国的混乱》（*Chaos in China* ）等等。《纽约时报》在其广告专

---

① George E. Sokolsky, "who know modern China", *The New York Times*, Nov. 29, 1936, p. 9.

② Ibid. .

③ *The New York Times*, Nov. 26, 1939, p. 98.

④ *The New York Times*, August. 24, 1936, p. 9.

⑤ Ibid. .

栏和书评版①曾经对这些作品进行过多次推荐，比如下列有关《中国能生存下去吗?》一书的这则广告：

> 《中国能生存下去吗?》作者哈雷特·阿班和安东尼·比林厄姆。
>
> 为美国和全世界分析了目前中国政权行将改变的必然结果。由具有十余年《纽约时报》远东通讯记者经验的作家奉献。②

其中配有插图的两幅广告让人印象深刻：

不难看出，哈雷特·阿班的中国报道在美国社会已经获得了广泛的肯定和好评。时任《远东评论》（*The Far Eastern Review*）主编之一的著名新闻人乔治·E. 索克斯（George E. Sokolsky）曾在《纽约时报》上直言不讳地指出，哈雷特·阿班对于中国的报道和分析更加真实和客观，他并不倾向于日本、俄国或者中国任何一方，能够"坦率、毫无偏见地根据新闻职业的最高伦理"对远东进行阐述，是值得信赖的新闻记者。③

---

① 《纽约时报》书评版是奥克斯（Ochs）于1896年接管《纽约时报》时开创的，"以此提高时报的声望，显示该报对时代的文化发展同样有重大责任感，从而凸显其不同于其他报纸"。由于时报书评的诞生赶上了当时"美国出版业与所谓新生'阅读公众'（the reading public）同步发展的历史转折点"，曾一度辉煌。时报书评于1896年10月10日创刊，起初是作为时报星期六的增刊存在的，并被命名为《星期六书评增刊》，篇幅最初为8页。1911年1月29日开始改变为星期天增刊，名字也改为《纽约时报书评》，篇幅大幅度增加，最高可达56页。时报书评从其第一任主编海塞（Halsey）开始就提出了"书也是新闻"（books are news）的编辑主张。自诞生之日起，时报书评就面对美国报纸的读者大众，并力图吸引美国知识界，"与美国社会政治的相互关系在各方面都更密切也更直接"，因此取得了较高的社会认可度。研究者指出，《纽约时报书评》由于具有新闻文体的风格与标准，并伴有严谨的独立书评机制，事实上可以将其作为社论对待，在美国具有"一言九鼎"的巨大社会影响力。（参见田北杭《〈纽约时报书评〉一百年》，《读书》1997年第5期；庞贝：《书评可当社论做——美国〈纽约时报〉独立书评机制的启示》，《新闻知识》2008年第8期。）

② *The New York Times*, Sept. 20, 1936, pgBR8.

③ George E. Sokolsky, "who know modern China", *The New York Times*, Nov. 29, 1936, pgBR9.

新鲜出炉！
《中国能生存下去吗?》
作者　哈雷特·阿班和安东尼·比林厄姆

● 《纽约时报》远东通讯记者对中国战争提供的一种公正的权威性分析——日本是一方，俄国是另外一方，包括共产主义和国内战争，及时且发人深省。这本书将中国命运对我们而言的重要性传达给了每一位美国人，说明了中国的未来会如何直接、不可避免地影响到每个商业人士——政治家——家庭主妇——和平主义者和军事家。阅读起来趣味横生、惊心动魄——是一本适合所有理性普通人的书。①

你读过
《中国能生存下去吗?》
作者　哈雷特·阿班和安东尼·比林厄姆
《纽约时报》著名的远东通讯记者
"充满了宝贵的数据"
　　　　——乔治· E. 索克斯
"最卓越、最流行的远东著述"
　　　　——《时代杂志》
"特别推荐"
　　　　——赛珍珠
"最新、最权威的"
　　　　——合众国际通讯社
"非常重要和及时"
　　　　——埃德温·西维尔
马上拥有，3 美元②

---

① *The New York Times*, Oct. 23, 1936, p. 21.
② *The New York Times*, August. 26, 1937, p. 19.

同时，美国的普通读者也表达了对阿班中国报道的肯定和认可，1937 年 12 月 30 日，《纽约时报》刊登了题名为《感激好新闻》的一封读者来信：

《纽约时报》编辑：

　　我认为能让《纽约时报》成为好报纸的因素不是权威的社论、音乐和文学批评，也不是体育作者，都不是，而是那些在远方冒着生命危险、每天为我们提供亲眼所见的人。正因为他们，我们这些喝着咖啡、悠闲地搭乘轮船或火车的人才能知道发生了什么事。

　　哈雷特·阿班就是其中一位。他报道了日本大佐桥本龙太郎在 12 月 12 日给手下的命令，阿班深知此消息的深刻影响。

　　还有一位就是深入到西班牙特埃尔动乱中让我们了解事实真相的赫伯特·马修斯。阅读他在《纽约时报》上的报道比阅读一本小说还令人惊心动魄。

　　全美人民每天都在认真地阅读这些报道，我们祝福《纽约时报》在 1938 年更加美好、繁荣昌盛。

艾迪斯·布朗（女士）

纽约，斯塔滕岛，1937 年 12 月 26 日[①]

从上述来自不同人士的评价中我们不难发现，哈雷特·阿班堪称一名拥有丰富职业经验，专业素质突出的驻外记者。他一生中的大部分时间是以一名职业新闻记者的身份存在的，是曾经蜚声中外的西方新闻人。虽然阿班不属于同一时代美国"密苏里新闻帮"

---

① *The New York Times*, Dec. 30, 1937, p. 18.

(Missouri Mafia)① 的那批知名驻华记者，但是他并不缺乏和他们一样的冒险精神和独立客观的新闻视角。1937 年，美国作家尤金·莱恩斯（Eugene Lyons）曾将阿班与其他十五名美国记者一起列入 20 世纪 30 年代美国最具代表性的优秀驻外记者群之中。②

尤其值得注意的是，哈雷特·阿班是为数不多的、长期从事中国新闻报道的美国驻华记者（共计 14 年）。在华期间，阿班为《纽约时报》撰写了大量的中国报道，总量约一千两百余条，构成了 20 世纪 30 年代《纽约时报》中国报道的重要组成部分。与此同时，阿班在担任《纽约时报》首席驻华记者期间，还负责管理时报日常报道的采写和编发工作，因此，他在一定程度上还扮演着中国新闻"把关人"的角色。

所以，相比于著名的"3S"记者（当代中国对美国进步记者斯诺、斯特朗和史沫特莱的简称）那些以通讯为主而时效性较低的新闻报道来说，哈雷特·阿班体现的是一种更加常态化的、更加注重新闻时效性的美国主流媒体的国际新闻生产模式：归属固定的媒介组织机构，有稳定的经济来源，常驻上海，负责每日突发新闻的报道等，因此极具研究代表性。可以说，阿班和他的中国报道不仅能够反映美国媒体在建构中国现实方面更加具有普遍性的一种认知与实践模式，而且可以更加全面地体现西方媒体在国际新闻生产方面的主流价值诉求和传播规律。

从历史阶段上看，哈雷特·阿班以《纽约时报》首席记者身

---

① "密苏里新闻帮"是对 20 世纪以来具有美国密苏里大学背景，并在远东展开职业生涯的美国新闻记者群体的一种指称。他们中包括著名的美国新闻人密勒（Thomas F. F. Milliard）、鲍威尔（J. B. Powell）、斯诺（Edgar Snow）等。"密苏里新闻帮"的最大贡献是其开创的新闻专业主义以及新闻冒险精神，他们对美国的中国报道产生了深远影响。（参见 Stephen R. Mackinnon, & Oris Friesen, *China Reporting: An Oral History of A-merican Journalism in the 1930s and 1940s*, Berkeley, Los Angeles: University of California press, 1987；张威：《"密苏里新闻帮"与中国》，《国际新闻界》2008 年第 10 期。）

② Eugene Lyons（ed.）, *We Cover the World. By Fifteen Foreign Correspondents*, New York: Harcourt, Brace & Co. , 1937.

份在华进行新闻采访实践的时期也正是中国社会转型和世界政治风云变幻的重要历史阶段。一方面，1927 年南京国民政府宣告成立，中国步入了国民党政府的十年统治时期。从 1927 年到 1937 年，中国社会在南京中央政权统治下历经了政治、经济、文化上的深刻变革。同时，在不断巩固和加强南京政权的过程中，中国内部持续爆发了一系列规模不等的战争，其间各色政治力量云集，国内时局动荡纷杂，是中国近代历史上影响重大、意涵深远的一段时期。另一方面，从 1927 年日本召开东方会议计划武力侵华开始到 1941 年日本成功偷袭美国珍珠港，这十四年也正是日本横行中国、世界政治格局发生巨大转变的历史时期，对世界各国的内政外交都产生了重大影响。

美国记者伊罗生曾经指出，美国公众尤其是社会上层公众形成对近代中国的认知始于 20 世纪 30 年代："他们把最早严肃意识到亚洲事件的时间确定在日本侵略中国期间，开始于 1931 年 9 月的中国东北……无论他们对亚洲的兴趣多么肤浅和偶然，认真的人们对诸多事件表现出了足够的兴趣，以极度的关心阅读报纸，他们几乎无法不看、不听新闻……"① 哈雷特·阿班的中国报道正是来自于这样一个特别的历史时期，它无疑是研究西方媒介建构中国近代形象以及塑造美国式"中国观"无法或缺的一个重要组成部分。

---

① ［美］哈罗德·伊罗生：《美国的中国形象》，于殿利、陆日宇译，中华书局2006 年版，第 20 页。

第二章　哈雷特·阿班中国
报道的总体特征

从 1927 年夏被聘为《纽约时报》通讯记者一直到 1940 年
10 月离开中国，哈雷特·阿班作为驻华记者的时间长达十四
年，在这段时期，阿班采写并发表了数量众多的中国报道。但
是，由于这些文章发表的时间比较久远，加之目前研究条件所
限，因此很难接触到当时报道的原文。幸赖于现代科技的助
力，笔者通过美国权威数据库 Proquest History Newspaper – *The
New York Times* 资料库得到了大部分报道文本①，总计 1257 份，
涵盖了 1927 年至 1940 年期间的所有报道年份，样本数量较为
充足，在一定程度上可以反映出阿班中国报道的总体特征和阶
段性特点。

---

① 美国 Proquest 公司是"全球主要的研究信息供应商，致力于为用户提供高
质量的研究信息，提供科技、自然科学、社会科学、人文与艺术领域的全文数据
库、文摘索引数据库、缩微产品等，其中包括全球著名的 PQDT、ABI、CSA TRD
等产品"。Proquest History Newspaper 是其开发的子数据库之一，收录了包括《纽约
时报》等在内的世界上百种重要报纸的文本资料，其中《纽约时报》资料库收录
了该报自 1851 年创刊以来上百年的历史资料。笔者在 Proquest History Newspaper 中
通过"Hallett Abend"和"The New York Times"关键词索引的方法采集了研究样本，
得到了以 PDF 格式保存的原文微缩胶片 1257 份。为了检验 Proquest 的有效性，笔
者又在《纽约时报》官方网站的档案搜索"NYT Archive 1851—1980"中，以关键
词"Hallett Abend"进行检索，得到了 1786 条相关结果，通过两种资料的比较分
析，基本可以确定笔者从 Proquest 中所得到的样本是比较全面的。

第一节　报道的总量与频率分析

报道总量与报道频率是把握哈雷特·阿班中国报道最基本的两项指标，也是显性文本内容的重要反映和体现。根据笔者的统计，阿班中国报道的总量和频率分布情况如图 2—1、图 2—2 所示。

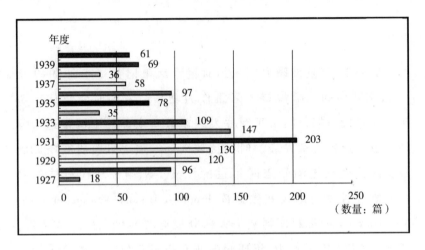

图 2—1　阿班中国报道的年度分布量

综合图 2—1、图 2—2 不难发现，哈雷特·阿班中国报道的总量是比较大的，年平均量达到了 90 篇，也就是说至少每周在《纽约时报》上都有 1 篇阿班的中国报道，这个报道频率相对来说是比较高的，但是每一年的报道量有所不同。总体上看，1931 年、1936 年、1939 年是阿班进行中国报道的三个峰值年度，分别达到了 203 篇、97 篇和 69 篇，并以这三个年度为高点形成了坡度不同的三大峰谷，在它们前后的报道量是逐渐上升并依次递减的。同时，1927 年、1934 年和 1938 年的报道量相对来说比较低，占报道样本总量的百分比分别为 1.4%、2.8% 和 2.9%，合计不到 9%。

如果结合当时中国的实际情况和世界政治经济的总体形势加以分析的话，我们就会发现：哈雷特·阿班中国报道的年度分布和报

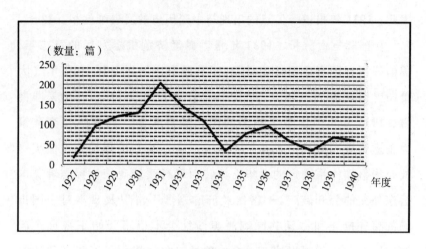

图 2—2　阿班中国报道的频率走势

道频率不仅与中国近代历史发展的脉搏律动基本一致，而且与国际局势，尤其是美国的外交政策倾向保持着同步。

比如首个峰值的 1931 年正是第一次世界大战后到中日战争全面爆发前中国内忧外困最为严重的一年，同时也是美国对华政策发生重要转折的时间。

从中国方面看，1931 年不仅处于"九·一八"事变爆发之际，而且也是中原大战后蒋介石对国民党各派系军阀进行大规模整顿并对红军展开第二、第三次大"围剿"的时期。《剑桥中华民国史（1912—1949）下卷》也将 1931 年作为划分中国近代史的一个标志性年度："20 世纪 30 年代，有三个事件深刻影响了中国历史的进程。第一，在 1931 年，世界经济萧条对中国的打击……；第二，日本人在 1931 年 9 月占领沈阳，侵占满洲，建立傀儡政府，控制河北……；第三，中国共产党 1931 年初在江西建立苏维埃政府，而经长征逃到陕西后，在毛泽东领导下于延安建立了新的政权。"[①]可见，对中国而言，1931 年是一个重大新闻事件层出不穷的时期，

① ［美］玛丽·B. 兰金、费正清、安阿伯、费维恺：《导论：近代中国历史的透视》，载［美］费正清、费维恺编：《剑桥中华民国史（1912—1949）下卷》，中国社会科学出版社 1994 年版，第 10—11 页。

因此，1931 年报道峰值点的出现与中国历史的发展维度相互契合。

从国际方面分析，1931 年是世界经济危机爆发后的第二年，美国等西方国家呈现低迷景象："从股票市场崩溃到 1932 年（大萧条时期最惨的一年），经济一直在螺旋式下降。"① 就美国而言，1931 年不但出现了剧烈的国家经济震荡，其国际外交政策也正遭受重大挑战，尤其是"九·一八"事变的爆发，迫使美国放弃华盛顿体系既定的对华方针转而奉行绥靖政策，标志着美国远东外交的公开破产。② 国内经济的剧烈下滑以及日本对中国市场的疯狂抢夺和占领共同刺激美国社会不得不开始正视远东问题，因此，中国得以快速、全面地进入哈雷特·阿班和《纽约时报》的报道视线。

此外，国际新闻整体发展的水平和阿班个人的职业经历也是促成 1931 年中国报道峰值出现的重要原因。从 20 世纪 30 年代开始，包括《纽约时报》在内的美国主流大报开始形成比较稳定的驻外记者群体，并为国际新闻报道投入大笔资金。③ 正如迪克（Dijk）所言："国内新闻，特别是国际新闻的发稿量完全取决于给驻外记者的经济预算、通讯社新闻稿的订阅量、记者的多少和他们所能报道的范围。"④ 20 世纪以来，美国主流媒体对国际新闻发展的投入不断提高，使得大批海外记者有条件对这个时期重大的国际新闻事

---

① ［美］威廉·曼彻斯特：《光荣与梦想：1932—1972 美国社会实录》，朱协译，海南出版社、三环出版社 2004 年版，第 24 页。

② 王玮、戴超武：《美国外交思想史：1975—2005 年》，人民出版社 2007 年版，第 298—312 页。

③ 事实上，《纽约时报》初创时期正是凭借杰出的国际报道奠定世界性声誉的，无论是在阿道夫·奥克斯掌管期间（1896—1935），还是在阿瑟·海斯·苏兹伯格主持期间（1935—1961），时报一直都不惜代价地维持着对战争和国际新闻的高比例报道量，并在 20 世纪 30—40 年代加大了对国际新闻生产的资金投入。（参见 ［美］苏珊·蒂夫特、亚历克斯·琼斯《报业帝国——〈纽约时报〉背后的家族传奇》，吕娜、陈小全译，华夏出版社 2007 年版。）

④ ［荷］托伊恩·A. 梵·迪克：《作为话语的新闻》，曾庆香译，华夏出版社2003 年版，第 124 页。

件进行积极的关注和全面的报道，因此，国际新闻的数量和质量都在逐步提高，这是美国国际报道发展的基本趋势。

就阿班本人来看，1931 年是他来华的第 6 年，加入《纽约时报》的第 5 年。可以说，经过数个年头的磨炼，阿班已经积累起了比较丰富的驻外记者经验，对中国的了解更加深入，人际关系网络也基本建立，打开了工作局面，因此，他的中国报道在质量和数量上都达到了一个理想的状态。正如阿班在其回忆录中所言："时报的条条框框如此之少，真是找不到比这更理想的报纸了。在为时报工作的这些年里，总部从未否决过我发出的新闻。"① "日复一日，我不停向《纽约时报》发出一篇篇电讯稿，长篇大论，分量凝重。"② 可以说，正是美国国际新闻蓬勃发展的总体趋势和个人职业生涯的成熟促成了 1931 年阿班中国报道首个峰值的到来。

与 1931 年比较而言，1927—1930 年间阿班中国报道的数量呈现出了不断攀升的态势：1927 年 18 篇，1928 年 96 篇，1929 年 120 篇，1930 年则为 130 篇。这种表现仍然和当时中国以及世界的政治经济局势相关。从中国方面看，这个阶段正是中国诸种社会矛盾持续酝酿、不断累积的过程，是"国民党军阀大打内战无休无歇的四年，又是日寇侵略中国步步深入的四年"③。

一方面是中国国内矛盾日益升级。1927 年国民革命军北伐胜利后，中国成立了由南京政府、武汉政府及西山会议派组成的国民党政府，但这一表面统一的中央政府实际并未达成真正的和解，内部派系斗争错综复杂，冲突不断：1927 年国民革命军与奉系军阀张作霖、孙传芳等在北方地区激烈厮杀；1928 年蒋介石为重新掌权，巩固统治地位而残酷镇压国民党左派；1929 年 3 月，蒋桂战

---

① ［美］哈雷特·阿班：《民国采访战——〈纽约时报〉驻华首席记者阿班回忆录》，杨植峰译，广西师范大学出版社 2008 年版，第 52 页。

② 同上书，第 129 页。

③ 陶菊隐：《记者生活三十年——亲历民国重大事件》，中华书局 2005 年版，第 127 页。

争爆发；5 月，中原大战爆发；12 月张学良发表拥蒋通电、派兵入关、占领天津，进驻北平……中国历史舞台上持续上演着多幕军阀混战的闹剧。与此同时，国共之间的矛盾也开始激化：1927 年大革命失败，共产党人遭国民党大肆清洗；1927 年 8 月，共产党领导南昌起义，开始武装反抗国民党统治；1928 年 4 月，朱德、陈毅率部与毛泽东会师，国共两党在湘赣、井冈山等地区展开激烈战斗；1929 年，共产党在鄂豫皖等边区对国民党部队开展游击战；1930 年 12 月上旬，蒋介石调兵 10 万对中央根据地进行第一次"围剿"，国共形成严重对峙。

另一方面，日本进入了武力侵略中国的实施阶段，中日矛盾逐步升级。1927 年 4 月，日本极右翼势力田中义一出任政府首相，掌握日本大权，并开始大力推行所谓的"积极对华政策"。随后几年，日本开始在中国挑起诸种事端：1927 年 5 月，日本以保护日本侨民的安全为由派兵进入山东，占领济南，并在次年 4 月 17 日制造了"济南惨案"；1928 年 6 月 4 日，日本在沈阳暗杀张作霖，制造震惊中外的"皇姑屯事件"；1929 年 9 月 2 日，日本关东军司令田英太郎在长春进行大规模军事演习；1931 年 6 月，日本在东北挑起"中村事件"，1931 年 7 月长春爆发"万宝山事件"等。一系列重大的中日冲突事件在"九·一八"事件之前相继爆发。

从国际大局方面看，1927—1930 年也是世界经济政治矛盾渐次升级的阶段。1929 年股市崩盘，资本主义世界的经济危机全面爆发，包括美国、日本在内的整个资本主义国家的政治和经济形势开始全面恶化。与此同时，1929 年维持欧洲列强国内稳定的《洛迦诺公约》开始瓦解①，这预示着传统的国际合作框架遭到颠覆，致使积极行动并寻求海外发展机会成为多数资本主义国家解决国内危机的共同选择。

---

① ［美］费正清、费维恺编：《剑桥中华民国史（1912—1949）下卷》"译者注"，中国社会科学出版社 1994 年版，第 492 页。

　　然而，与资本主义国家经济萧条形成鲜明对照的是，中国作为一个经济欠发达的农业大国"却安然度过了那场全球性经济萧条的灾难"①。事实上，在这个阶段，中国的经济和财政状况整体明显要好于很多工业化国家，外贸交易不仅保持稳定甚至还出现了20%以上的大幅度增长②，加之南京中央政府权威的逐步提升，中国的市场投资价值也大大加强了。结果，中国很快成为国际经济利益角逐的重要目标之一，尤其是日本和美国。

　　从日本方面看，1929年的经济危机对日本造成的冲击超过了20世纪前三十年中的任何一次，商品价格和股价暴跌，政局动荡，使原本已经陷入窘境的国内政治经济进一步雪上加霜。正如日本历史学家入江昭的分析："如果日本要继续作为一个能生存下去的国家，唯一可行的解决方法似乎就是大胆地将中国置于日本的彻底控制之下。"③因此中国迅速被日本当成了解救国家困境的一根救命稻草。1929年后，日本开始在中国东北实施经济掠夺并试图将东北地区建设成为日本国内经济的命脉。

　　对美国而言，中国市场也不容放弃。1923年至1933年美国政府通过了多项中美之间的贸易法案，"据此，美国政府将对在美注册、在华经营的美国公司免征大部分联邦税，企图以此刺激美国企业在中国的投资行为"④，以期改变美中贸易上的不利局面，扭转美国在中国较低的经济地位并维持其商业机会的均等政策。

　　然而，与美国的期望恰恰相反，随着日本在中国经济扩张的不断加剧，美国在华各地的工商业机会均开始遭受不同程度的限制和侵害，"1923—1931年间，美国对华出口只占中国出口额的16%—

---

　　①　[日] 入江昭：《日本入侵与中国的国际地位（1931—1949年)》，载 [美] 费正清、费维恺编《剑桥中华民国史（1912—1949）下卷》，中国社会科学出版社1994年版，第491页。

　　②　同上书，第492页。

　　③　同上书，第494页。

　　④　王玮、戴超武：《美国外交思想史：1975—2005年》，人民出版社2007年版，第299页。

18%，占美国总出口的 3%"①。美国所倡导的"门户开放"及公平竞争的商业原则事实上正在遭受来自日本方面的全面挑战。

　　综上所述，从 20 世纪 20 年代末到 1931 年"九·一八"事变爆发，可以说是美国在华利益遭受公开挑战，面临巨大危险的一个历史阶段。在此种情形下，美国被迫不断加大对中国事务的关注，1927 年至 1930 年期间阿班中国报道在数量上的持续增长正是对这一历史现实的反映。不难发现，同期美国的其他媒体也同样开始提升对中国的注意，加大中国的报道力度，仅以美国《时代》（*Time*）周刊为例，从 1927—1931 年间，就有四位中国人荣登封面人物。②

　　事实上，阿班中国报道的另外两个峰值的形成也有相似的因素。以 1936 年为例，此刻正处于中日战争全面爆发的前夕，中日矛盾高度激化：1936 年 2 月东北抗日联军成立，并在东北与日军展开了大规模的游击战争；1936 年 8 月，日军开始进犯绥远；1936 年 12 月 12 日"西安事变"爆发；等等。可以说，中国的内政外交已经濒临崩溃的边缘，这是形成 1936 年报道峰值的首要因素。

　　此外，《纽约时报》对中国报道的投入也在不断增加，到 1936 年，时报上海分社已经满负荷工作，人力和经费都达到了 30 年代以来的极限③，可以想象 1936 年阿班的中国报道为何如此之多。

　　1932 年到 1935 年则是向峰顶不断攀升的过渡时期。仅以中日冲突来看：从 1932 年上海"一·二八"事变到 1932 年 3 月伪满洲国宣布成立；从 1933 年 1 月日军攻陷山海关到 1933 年 3 月宣布退出国联；从 1934 年 1 月伪满宣布实行帝制到 1934 年 7 月召开领事

---

　　① 王玮、戴超武：《美国外交思想史：1975—2005 年》，人民出版社 2007 年版，第 299 页。

　　② 他们分别是：蒋介石（1927 年 4 月 4 日）、冯玉祥（1928 年 7 月 2 日）、阎锡山（1930 年 5 月 19 日）、蒋介石和宋美龄（1931 年 11 月 26 日）。参见李辉《封面中国——美国〈时代〉周刊讲述的中国故事（1923—1946）》，东方出版社 2007 年版。

　　③ ［美］哈雷特·阿班：《民国采访战——〈纽约时报〉驻华席记者阿班回忆录》，杨植峰译，广西师范大学出版社 2008 年版，第 52 页。

会议策划对我国华南地区的侵略；从 1935 年 1 月大连会议制定全面侵华方案到 1935 年 7 月签署《何梅协定》；从 1936 年 5 月陆军宣布对华北增兵到 1936 年 7 月进犯大沽，日本发动全面侵华战争的序幕正在徐徐拉开。在这种历史背景下，阿班的中国报道数量也出现了渐次增加的趋势。

相比较而言，第三个报道峰值的 1939 年并没有像 1931 年和 1936 年那样表现强劲。究其历史原因来看，1939 年事实上已经进入到了中日战争的对峙时期，虽然中国的情况仍然不容乐观，但与欧洲的局势相比中国的情形已经不像 1931 年和 1936 年那样夺人眼球。从美国方面分析，虽然罗斯福政府在新政初见成效后曾经试图重新着眼世界，但是美国孤立主义的传统依然顽固，因此，在日本悍然发动全面侵华战争之后的几年中，"美国除了顶住孤立主义的压力，表示对中日双方均不实施中立法外，基本无动于衷"①。事实上，一直到 1939 年英法对德宣战，欧洲战争全面爆发以后，美国才彻底打破孤立主义的包围，废除了中立法案中的武器禁运条款，开始向抵抗侵略的国家提供援助。

因此，不难想象，当孤立主义还处于美国外交优势地位之时，阿班的中国报道想要得到《纽约时报》的高度重视、更多地占据时报的重要版面会面临怎样的压力和困难。亦如阿班所言："美国当时的普遍态度是，日本侵略中国固然是令人怨憎的暴行，但那毕竟是发生于东方的冲突，实在是不关我们的事。"② 所以，正如统计数据所示，为什么连中日战争全面爆发的 1937 年都没有能够成为阿班《纽约时报》中国报道的峰值年度，相反，到 1939 年美国打破孤立主义之时则会迅速形成了报道高峰。

值得注意的是，形成 1939 年报道高峰的原因还应该包括以下

---

① ［美］哈雷特·阿班：《民国采访战——〈纽约时报〉驻华席记者阿班回忆录》，杨植峰译，广西师范大学出版社 2008 年版，第 52 页。

② 同上书，第 248 页。

两个方面：其一，在中日战争中后期，日本人已经失去了对阿班的信任并且开始采取各种威胁和恐吓手段，甚至用金钱收买的方式迫使他停止对日方的揭露和批判。① 但是，日方这种极端做法并未奏效，反而在一定程度上刺激了阿班，促使他更加积极地报道中日冲突，并抓住一切机会通过新闻报道向美国政府发出警告，重申远东局势的重要性，并敦促美国对日采取行动，可以说，这样的现实因素也与 1939 年报道峰值的到来有关。其二，从 1937 年开始，由于日本的敌视和打击，阿班在中国的处境日渐危险，正常的新闻采访活动受到了多种限制，到 1939 年末，他已经无法继续待在上海，人身安全难以自保。② 因此，从统计数据看，在 1938 年、1939 年和 1940 年，阿班的中国报道在总体上出现了比较严重衰减，分别只有 36 篇、69 篇和 61 篇，对应峰谷的表现也相对较弱。

综上分析，可以说，阿班中国报道的总体特征与整个社会背景的状况是高度契合的。尤其对国际新闻传播而言，报道对象国所发生的冲突越大、事态发展越严重、与本国的利益关系越大，那么被报道的数量和频度就越高，比如 16 世纪法国的九次宗教战争、17 世纪英国的资产阶级革命、18 世纪的法国大革命等重大事件都曾成为各国报刊争相报道的重点。

总体而言，《纽约时报》对华报道的数量和频率基本上是取决于中国现实、中美关系以及驻华记者的职业经历这三大因素的。因此，以哈雷特·阿班为代表的美式中国报道是历史情境下中外政治、经济以及职业实践等诸多社会因素交织的产物。同时，它也是具体而生动的一种动态发展过程，有涨有落，有高潮有低谷，不断地回应着历史的潮流，与现实的脉搏律动保持着一致，生动地呈现着国际新闻生产的基本规律和内在特征。

① ［美］哈雷特·阿班：《民国采访战——〈纽约时报〉驻华席记者阿班回忆录》，杨植峰译，广西师范大学出版社 2008 年版，第 273—280 页。
② 同上。

第二节　报道的议题类别分析

《纽约时报》的前任主管弗兰克尔（Max Frankel）曾经这样描述过时报的影响力：

> 它是那些最聪明、最有才华、最具影响力的美国人的"内部刊物"，这些人处于美国权力的顶层。虽然人们可能会轻视或批驳其中个别专栏作家与评论家的观点，但是他们不能抛弃这份报纸的每日新闻包装。这些新闻设定了美国严肃人士的智慧与情感议程。①

可以说，弗兰克尔的话正是对《纽约时报》议程设置功能的一种生动描述：时报在很大程度上可以告诉美国公众，尤其是精英阶层应该讨论什么、关注什么，何种问题应该成为公众聚焦的对象。这实际上就是我们所说的议程设置理论。

一般认为，1972 年麦克斯韦尔·E. 麦库姆斯（Maxwell E. McCombs）和唐纳德·肖恩（Donald Shaw）发表的《大众传媒的议程设置功能》一文标志着议程设置理论的正式出现。但事实上，可将议程设置的思想渊源更早地追溯到李普曼（Lippmann）在其经典著述《舆论学》中所提及的"外部世界与我们头脑中的图画"的观点。继李普曼之后，又有保罗·拉扎斯菲尔德（Paul Lazars-feld）、罗伯特·默顿（Robert K. Merton）、伯纳特·科恩（Bernard Cohen）等多位研究者论及过议程设置的思想。② 但是，从总体上说，之前种种作为假说的议程设置并没有得以理论意义上的准确表

① Max Frankel, *The Times of My Life and My Life with the Times*, New York: Random House, 1999, pp. 414 – 415. 转引自［美］麦克斯韦尔·麦库姆斯《议程设置：大众媒介与舆论》，郭镇之译，北京大学出版社 2008 年版，第 1 页。

② 李本乾：《议程设置思想渊源及早期发展》，《当代传播》2003 年 3 月。

达和实证方面的有效检验。一直到 1968 年美国茄珀山 (Chapel Hill) 研究之后,麦库姆斯和肖恩两人才"首次赋予了议程设置以可以检验的形式,并在检验过程中论述了这个假设的基本思想"①。

事实上,议程设置就是一种关于大众传播效果的假设式理论,它的基本内涵是:大众传媒对某些问题 (议题) 的特别报道倾向和力度 (显著性和重要性) 将会影响人们对这些问题的关注和认知。议程设置理论旨在揭示媒介报道与公众认知之间所存在的特定关系,正如麦库姆斯本人所述:"具体来说,议程设置是一个关于显要性转移的理论,亦即大众媒介描绘的关于世界的重要图画转移到我们头脑中,成为我们头脑中的图画。"②

可以说,议程设置事实上就是一个理解大众媒介如何建构社会现实并影响受众认知的理论工具。尤其对较为发达的美国媒体而言,议程设置的功能表现得就更为突出和充分。美国学者怀特在《制造总统》中坦言:"美国报业的权力是与生俱来的。它为公众讨论设置议程;这种强大的政治权力不受任何法律限制。它决定了人们谈论和思考什么——一种在别的国家只有暴君、牧师、政党以及官僚才拥有的权力。"③ 事实上,议程设置理论本身就产自美国,美国的政治、经济、文化以及媒介机制是其产生的基本社会背景,因此,议程设置理论也特别适用于对美国主流媒体的研究。

哈雷特·阿班通过《纽约时报》进行了长达 14 年的中国报道,报道总量达到了一千两百余篇,可以说,这些新闻报道就是《纽约时报》报道笔下近代中国的一种真实写照。笔者在上面部分通过报道总量和频率两个方面初步对阿班的中国新闻进行了分析,

---

① 殷晓蓉:《议程设置理论的产生、发展和内在矛盾:美国传播学效果研究的一个重要视野》,《厦门大学学报》(哲学社会科学版) 1999 年第 2 期。

② [美] 麦克斯韦尔·麦库姆斯:《议程设置:大众媒介与舆论》,郭镇之译,北京大学出版社 2008 年版,第 81 页。

③ T. H. White, *The Making of the Preseident.* 转引自 [美] 麦克斯韦尔·麦库姆斯《议程设置:大众媒介与舆论》,郭镇之译,北京大学出版社 2008 年版,第 7 页。

它们集中反映了《纽约时报》报道中国的强度和力度，根据议程设置理论，这些报道会在很大程度上影响美国公众对于中国社会的关注度。但是，如果要进一步确定美国公众头脑里中国图景的大致状况和基本模样，还需要对阿班中国报道进行更加细致的分析，比如报道的议题分布，内容倾向和编排方式等。

因此，笔者将哈雷特·阿班中国报道的议题类别进行了三个层级的划分，以期更加全面、深入地对报道内容进行分析。一级议题包括："中国政治"、"中国经济"、"中国社会"、"中国文化"及"其他议题"五类，这样的划分是为了从宏观上把握阿班中国报道的基本轮廓，大体了解这些报道的内容分布。但是，一级议题相对来说比较笼统和粗略，因此，笔者又在报道比例较高的"中国政治"、"中国经济"和"中国社会"这三类比较突出的一级议题之下划分出了若干不同的二级议题，以进一步了解阿班在报道中国问题上的具体侧重点。此外，由于"国内政治"和"国际关系"明显构成了"中国政治"议题上的核心部分，于是又在这两个二级议题之下划分出了几项三级议题，以掌握这两个二级议题的内容取向。以下是上述三个层级议题的分类情况：

- 中国政治
  1. 国内政治
    1）军阀混战、派系斗争与地方叛乱
    2）中央政局与行政管理
    3）共产主义运动与国共冲突
    4）新闻管制与对外宣传
    5）其他
  2. 国际关系
    1）中日冲突
    2）中美关系
    3）中苏关系
    4）美日关系

　　5）边疆局势

　　6）治外法权、不平等条约及反帝运动

　　7）其他

● 中国经济

　1. 中外贸易

　2. 金融流通

　3. 税收管理

● 中国社会

　1. 自然灾害

　2. 饥荒、贫困与社会救济

　3. 赌博、吸毒与鸦片

● 中国文化（包括教育、文学、艺术、考古等）

● 其他议题（包括各种奇闻逸事以及与中国较为疏远的远东事物）

　　需要说明的是，在若干哈雷特·阿班的中国报道中出现了议题交织的现象，即在一个报道文本中同时存在着几个不同的报道议题，可能既涉及政治，也涉及经济，不仅包括中国内政问题，也包括国际关系问题。比如：1927 年 10 月 23 日有关哈尔滨的这篇报道，既包括行政管理、金融流通方面的内容，还包括治外法权问题。① 在这种情况下，笔者就以主标题的内容和报道篇幅的比例大小作为确定议题类型的标准。也就是说，主标题倾向于哪种议题类型就将这篇报道划归为那种议题类型，篇幅较多的内容倾向于哪种议题类型就将整篇文档划归为那种议题类型，以便于归纳整理。②

---

　　① Hallett Abend, "Harbin's squeeze' highly developed", *The New York Times*, Oct. 23, 1927, pgE1.

　　② 需要说明的是，这种归纳的方法也有一定瑕疵，比如 Xekalakis 就曾指出：信息内容的交织混杂会带来议题分类上的困难，而归类判断的标准可能基于直觉判断、文本表面的标记、关键词或者标题等，因此这个过程不可避免地带有潜在的主观武断性。(Elefteria Xekalakis, *Newspapers Through the Times：Foreign Reports from the 18th to the 20th Centuries*, Udo Fries, Zurich, PHD., 1999.)

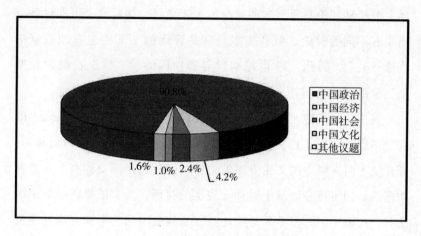

图2—3 阿班中国报道的一级议题分布

一般来说，一个国家在政治、经济、社会、文化这四个维度上的表现是其形象的构成基础，同时也是国际新闻建构和国家形象的基本面。从图2—3中一级议题的分布情况不难发现，《纽约时报》上哈雷特·阿班的中国报道大体上是以"中国政治"议题为主的，样本总数达到了1141篇，占全部报道的九成多；其次是有关"中国经济"的议题，样本总数为53篇，占报道总量的4.2%；再次是有关"中国社会"方面的报道，样本总数为30篇，占报道总量的2.4%，而"中国文化"和"其他议题"方面所占报道总量的比例都比较低，均不到2%，四大基本议题的报道量差别非常明显。

首先，一级议题的分布情况反映了两个方面的基本问题：其一，它表现了国际新闻传播的一般性规律，即国际新闻的生产与传播在很大程度上是以政治性的硬新闻为主的，这是国际新闻内容上的基本特点之一。① 尤其在两次世界大战期间，国际新闻是紧紧围绕着国家政治议题展开的，其中包括国家内政、国际关系、地区冲突等多个方面，可以说是当时风云变幻的国际情形直接投射的结果。正如研究者所言："国际社会（包括媒体）对一国的反映、解

---

① 关世杰：《国际传播学》，北京大学出版社2004年版，第281页。

读、分析和评论只是对这些素材的加工而已。国际社会可能对某一事实有不同的解读，但事实本身却是客观的（无中生有的恶意中伤除外）。"① 因此，20 世纪初世界和中国的现实状况在很大程度上已经决定了哈雷特·阿班中国报道的基本范围和大致倾向。

其二，哈雷特·阿班的中国报道在政治、经济和社会议题上的高比例也反映出了西方社会在建构中国形象方面的重要话语转向，即传统上西方对中国文化方面的关注和聚焦已经不复存在。西方对中国的认知将更多地基于对社会现实的写照，而非抽象化了的中国文化，代表中国的将不再是受到西方崇拜的中国艺术和充满异国情调的东方传说，西方的中国形象正经历着"激进地彻底地改变"②。考察 1854 年到 1911 年期间《纽约时报》的若干涉华报道文本不难发现，从 19 世纪中叶到 20 世纪初，有关中国文化艺术方面的报道一直在大幅度地减少，而有关中国社会政治经济方面的报道却在不断地攀升。③ 阿班中国报道的一级议题分布也同样印证了这样的话语转向：西方已经放弃了浪漫的文化视角转而采取了一种高度理性的现实主义视角来观察和描述中国。可以想见，在这种视角支配下所建构的中国形象将多么的不同以往。

那么，更加具体细化二、三级议题的分布又如何呢？"国内政治"是哈雷特·阿班中国报道一级议题"中国政治"下的主要二级议题之一，它的报道量达到了 551 篇，占样本总数的 44%，是二级议题中仅次于"国际关系"的部分。在它之下有五个不同的三级子议题，它们共同构成了阿班描绘中国内部政治问题的主要切入点。如图 2—4 所示："军阀混战、派系斗争与地方叛乱"子议题

---

① 孙有中：《解码中国形象：〈纽约时报〉和〈泰晤士报〉中国报道比较（1993—2002）》，世界知识出版社 2009 年版，第 295 页。

② 周宁：《天朝遥远——西方的中国形象研究》（下卷），北京大学出版社 2006 年版，第 612 页。

③ 郑曦原：《帝国的回忆——〈纽约时报〉晚清观察记（1854—1911）》，当代中国出版社 2007 年版。

的报道量是 287 篇，占"国内政治"议题的 52%，是中国内政报道方面最为突出的内容；"共产主义运动与国共冲突"子议题的报道量是 73 篇，占"国内政治"议题的 13%；"中央政局与行政管理"子议题的报道量是 164 篇，占"国内政治"议题的 30%；"新闻管制与对外宣传"子议题的报道量是 13 篇，占"国内政治"议题的 2%；"其他"子议题的报道量是 14 篇，占"国内政治"议题的比例仅为 3%。

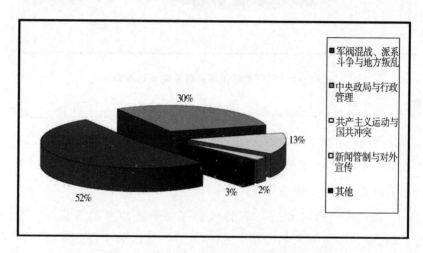

图 2—4 阿班中国报道的国内政治议题分布

从构成"国内政治"五个子议题的分布比例可以清晰地看出，矛盾和冲突是哈雷特·阿班报道中国内政的主要着眼点，尤其是以内战形式出现的各种武装冲突，其中既包括国民党与地方实力派的冲突，国民党内部派系之间的冲突，还包括地方割据势力之间和国共之间的冲突，这些关于各种武装冲突的报道总量计达到了 360条，占样本总数的 29%。这意味着，哈雷特·阿班发表在《纽约时报》上的中国报道有将近三分之一的内容都是有关争端和矛盾的。

再看一级议题"中国政治"下面的第二个重点次级议题"国际关系"的构成分布，如图 2—5 所示：

可以发现，二级议题"国际关系"之下的七个子议题也同样显

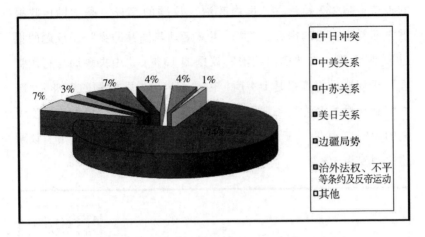

图2—5 阿班中国报道的国际关系议题分布

示出了"矛盾和冲突"这一主要着眼点,尤其是有关中日冲突的报道比例高达74%,加之有关"治外法权、不平等条约及反帝运动"报道的4%,"边疆局势"报道的4%,超过4/5的内容都是关于中国与西方国家之间矛盾与冲突的事件。

如果将"国内政治"下的两个有关矛盾冲突的子议题,即"军阀混战、派系斗争与地方叛乱"与"共产主义运动与国共冲突"合并为"国内冲突"的报道,再将"国际关系"下面有关矛盾冲突的三个子议题"中日冲突"、"边疆局势"以及"治外法权、不平等条约与反帝运动"合并为"国际冲突"的报道,那么我们就可以清晰地观察到1927年到1940年间哈雷特·阿班对民国时期中国社会在内政和外交方面的总体报道态势。

如图2—6所示,合并后的"国内冲突"报道量总计为360篇,占样本总量的比例为29%,"国际冲突"报道量总计为485篇,占样本总量的39%,合计比例为68%,大约占报道总量的七成。而且如图2—6所示,从1927年到1949年,国内和国际冲突方面的报道经历了非常大的起伏变化:1927—1931年迅速上升,1932—1934年急速下降,1935—1936年开始反弹,1937—1940年再次下降。如之前部分所述,造成这种起伏变化的因素是多方面

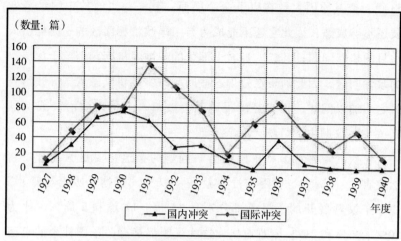

（数量：篇）

图 2—6　阿班中国报道在内政与外交上的总体态势

的，既有中国现实层面的原因，也有美国外交政策、世界局势以及阿班自身方面的影响。虽然冲突议题的报道数量在不同的年度有所增减，但它们在总体上仍然构成了哈雷特·阿班和《纽约时报》塑造 20 世纪 30 年代中国国家形象的核心素材。

其次，"中国经济"议题分别包括了"中外贸易"、"税收管理"和"金融流通"三个子议题。其中，"中外贸易"主要是指中国与美国、英国和苏联等国之间的经济交往，但不包括日本在内，因为中日之间的经济往来牵涉深层次的政治问题，因此被划归为国际关系议题下面的"中日关系"子议题。统计数据表明，有关"中外贸易"的报道量是 11 篇，占"中国经济"议题的比例是 21%。"税收管理"则主要包括关税征收、地方税务以及税费改革问题，由于这个议题与英美等列强在华利益紧密相关，因此也是阿班考察中国经济问题的一个主要方面，其报道总量为 15 篇，占"中国经济"议题的比例是 28%。"金融流通"则广泛包括银行管理、货币发行、股票交易、国外贷款、投资建设等问题，报道总量为 27 篇，占"中国经济"议题的比例是 51%，是三个子议题中报道比例最高的一个。因此，可以判断阿班报道的主要关注点是中国经济的实际运行问题。

但是，从总体上看，"经济议题"的报道总量不大，合计只有

53 篇，究其原因大致在以下两个层面：其一，当时的中国经济发展还不够成熟，因此它还不能成为与中国政治相匹敌的、同样引人注目的焦点问题；其二，当时大部分的中国经济问题都源于深层次的政治问题，因此阿班在处理这些问题时常常将其融入国际政治背景之中加以阐述，很多经济报道就会被归入"国内政治"或"国际关系"议题中进行统计。

再次，阿班对于"中国社会"问题的报道主要是围绕着"自然灾害"、"饥荒、贫困与社会救济"以及"赌博、吸毒与鸦片"三个子议题展开的，报道量分别是 15 篇、13 篇和 2 篇，占比为50%、43% 和 7%。不难看出，这些议题都是有关中国社会的负面内容，而且还包括很多西方人描述中国时的陈词滥调，比如吃人、溺死儿童、拐卖女童等，它们无疑都为《纽约时报》所塑造的近代中国形象涂抹上了阴暗的底色。

最后，在"中国文化"议题方面，阿班仅仅报道了中国的教育改革、考古发现以及城市风貌等方面明显缺乏新闻时效性的内容，笔调平淡，分量不足，显然不是阿班考察中国的重点。

毋庸置疑，新闻议题的选择和呈现是多种影响因素共同作用的结果，但是它本身却事关人们对外部事物的感知、理解和判断。上述分析表明，阿班中国报道的议题分布是有明显侧重的。正如研究者所言："凡媒介视为重要并突出报道的问题，也会受到受众的重视，成为受众关注、考虑和讨论的焦点。"[1] 因此，不难想象，那种在新闻议题上表现出的强烈"冲突性"和"矛盾化"取向将为美国大众刻画出怎样的一个近代中国。

第三节　发稿时间、地点与版面分析

发稿时间、地点以及版面安排不仅是评估新闻报道价值的重要

---

① 　张咏华：《大众传播社会学》，上海外语教育出版社 1998 年版，第 331 页。

标签，也是体现报纸编辑方针的显著标志，特别对国际新闻而言，它们能在很大程度上反映出新闻事件的重要性并影响相关讯息的传播效果，是新闻文本分析中不可忽视的方面。

首先，从发稿时间上看，哈雷特·阿班中国报道的采写发电日期与《纽约时报》的刊载日期之间并不完全同步，既有当天的报道，也有间隔一天或者若干天的报道，大致情况如表2—1所示：

表2—1　　　　阿班中国报道的发稿日期与《纽约时报》
刊载日期之间的间隔天数　　　　（单位：篇）

年度	1927	1928	1929	1930	1931	1932	1933	1934	1935	1936	1937	1938	1939	1940
隔天	0	30	87	106	175	80	64	12	57	28	19	10	39	41
当天	0	2	4	2	5	39	29	16	18	66	34	21	14	13

可以发现，隔天报道和当天报道[1]占据了1257篇报道中的大部分，合计有1011篇，所占比例高达80%，说明《纽约时报》对于阿班中国新闻的采纳和发布在整体上来说还是比较迅速和快捷的，尤其1930年以后，报道的及时性更加明显。

但是，在1927—1928年，也就是阿班刚刚担任《纽约时报》驻华记者的阶段，其报道被《纽约时报》刊载的时间却非常滞后，许多报道都要等到数日之后才能被时报的编辑所采纳并刊登。其中最长的一篇间隔时间竟然达到了42天之久[2]，最短的一篇也间隔了18天[3]，平均时差为27天，新闻的时效性非常低。事实上，一

---

[1]　所谓"隔天报道"是指单篇新闻电头标明的发稿时间与报纸刊载时间只相差1天的报道；"当天报道"是指单篇新闻电头标明的发稿时间与报纸刊载时间一致的报道。因为北京时间与美国东部时间相差13个小时，因此如果当天在中国将稿件电传回美国并被编辑采用的话，刚好就能刊载在同一天的《纽约时报》上。

[2]　Hallett Abend, "North Manchuria in Chinese Control", *The New York Times*, Nov. 17, 1927, pg. E7.

[3]　Hallett Abend, "Chinese war stirs political schemes", *The New York Times*, Nov. 6, 1927, pg. E6.

直到 1928 年，这种情况都没有发生太大的改变。①

可以推断，这种状况在一定程度上可能与阿班初出茅庐有关。阿班在时报初期的地位不稳，影响力不足，因此，他的报道可能很难引起时报的关注和重视。正如塔奇曼所言，新闻网络也是一个现实的等级体系，"记者的信息能够被认定为新闻是由其地位决定的"②。但是，在 1929 年阿班调任《纽约时报》上海记者站并负责掌管所有的中国新闻之后，其稿件刊登速度很快得到了根本性改善。从 1930 年开始到 1940 年，每年的平均时差基本上没有超过 5 天，1935 年、1936 年、1937 年和 1938 年的平均值甚至不到 1 天，新闻时效性大大提高。

当然，稿件的采纳、编辑和发布在很大程度上还受到报纸的编辑方针、新闻价值、业务流程、版面空间和通信条件等诸多因素的影响。比如在编辑方针上，《纽约时报》的国际新闻比较偏重于严肃的、重大的时政消息，因此，包括"九·一八"事变、"西安事变"、"卢沟桥事变"等都曾被及时报道传播。对于重大的时政消息，尤其是与美国人利益和兴趣密切相关的中国事务，时报更是毫不含糊。比如阿班在 1929 年采写的有关中国政府干涉美国人新闻自由的报道"中国可能要驱逐批评人士"（*China likely to try to deport critics*）③，以及有关赣州的美国传教士身陷困境的新闻"美国人在汉口请求支援"（*Americans appeal for aid at Hanchow*），在事发当天就被迅速刊载。④

相反，那些与美国相关性不大或者缺乏广泛影响力的中国新闻则不会受到太多的重视。比如：阿班于 1928 年 10 月 15 日采写的

---

①　1928 年的平均时差是 18 天。

②　［美］盖伊·塔奇曼：《做新闻》，麻争旗、刘笑盈、徐扬译，华夏出版社 2008 年版，第 47 页。

③　Hallett Abend, "China likely to try to deport critics", *The New York Times*, Feb. 20, 1929, pg. 6.

④　Hallett Abend, "Americans appeal for aid at Kanchow", *The New York Times*, Dec. 3, 1929, pg. 5.

有关慈禧太后陵墓被盗的消息就没有引起时报的积极关注，这篇报道在采写后大约 40 天才被《纽约时报》刊发，而且登载在并不显眼的第 36 版上。[①] 同样，1929 年有关布莱克博士（Davidson Black）发现周口店北京猿人的社会新闻也要等到几近一个月之后才得以见报。[②] 特别值得注意的是，在 1931 年"九·一八"事变爆发之际，时报却调遣阿班赴南京采写有关美国飞行员林伯格夫妇自驾飞机访问中国的新闻，并连续、快速地刊发了大量消息[③]，而同期有关日本侵华的报道则明显滞后。因此，可以判断，20 世纪初《纽约时报》在国际新闻选择上的出发点是与美国利益密切相关的、严肃的、重大的时政新闻。

当然，国际新闻传播还必须要考虑到传播技术的影响，在 20 世纪 30 年代，国际通信服务体系的发展还远远无法实现便捷、迅速、海量地传播国际消息，那时不仅存在着时空方面的严格束缚，而且还面临难以逾越的新闻管制。比如在 1928 年报道"济南惨案"时，阿班虽然迅速采写了一手新闻，却无法在本地发消息，而只能辗转赶往青岛才能够向美国总部拍发新闻电报，新闻延迟在所难免。[④] 再比如 1929 年，由于阿班敏感的对华报道，南京政府

---

①　Hallett Abend, "Dowager empress was buried in gems", *The New York Times*, Nov 25, 1928, pg. E8.

②　Hallett Abend, "Say 'Peking man' is new primitive type", *The New York Times*, Mar 17, 1929, pg. N3.

③　Hallett Abend, "Lindberghs alight on lake at Nanking", *The New York Times*, Sep. 20, 1931, pg. 12; "Lindbergh offers to aid flood relief", *The New York Times*, Sep. 21, 1931, pg. 8; "Lingberghs chart flood area in China", *The New York Times*, Sep. 22, 1931, pg. 3; "Lindberghs survey east of flood area", *The New York Times*, Sep. 23, 1931, pg. 9; "New flood victims found by lindbergh", *The New York Times*, Sep. 24, 1931, pg. 16; "Lindberghs compile data on China flood", *The New York Times*, Sep. 25, 1931, pg. 13; "Lingdberghs guests of Chiang and wife", *The New York Times*, Sep. 26, 1931, pg. 10; "Lingberghs to map other flood area", *The New York Times*, Sep. 28, 1931, pg. 12; "Lindberghs sail from Shanghai for home due in Seattle on Oct. 20; plane will follow", *The New York Times*, Oct. 8, 1931, pg. 3.

④　［美］哈雷特·阿班：《民国采访战——〈纽约时报〉驻华席记者阿班回忆录》，杨植峰译，广西师范大学出版社 2008 年版，第 62—75 页。

还对他实行了全面封杀，严格禁止阿班使用中国方面的通信服务系统，导致阿班只能通过其他渠道与时报联络①，这种外在因素也会拖延稿件的见报时间。

总之，新闻刊登的越及时，新闻的时效性才会越高，引发公众注意的可能性也才越大。当 20 世纪 30 年代阿班采写的中国新闻开始得以迅速而频繁地见诸《纽约时报》之时，中国问题才有可能引人注目，深入人心。

其次，从发稿地点看，哈雷特·阿班的中国报道主要集中在北京、上海、广州、南京、天津以及北方地区的较大城市（大连、沈阳、济南、青岛、哈尔滨等），具体情况如图 2—7 所示。

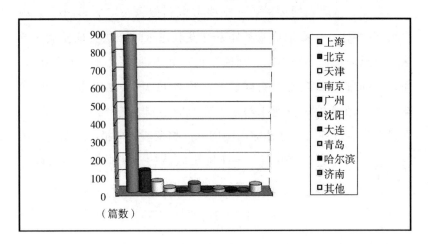

图 2—7　阿班中国报道发稿地点分布

可以发现，在 1927—1929 年间，阿班在中国进行新闻报道的地点比较多元，而且大部分稿件都来自事发地，并通过了一线的实际采访。其中包括 1927 年冬阿班赴东北多地采写的有关中日关系问题的稿件、1928 年初他在北京采写的有关京津地区冲突的报道，以及 1928 年 6 月阿班亲临山东采写的有关"济南惨案"的独家报道，等等。

---

①　王立诚：《从宋子文与亚朋德的交往看抗战前民国政府与英美记者的关系》，载吴景平主编《宋子文与战时中国（1937—1945）》，复旦大学出版社 2008 年版。

　　也就是说，在 1929 年哈雷特·阿班到上海全面负责《纽约时报》中国报道并担任首席记者以前，他发自新闻一线的报道相对来说是比较多的。而在 1929 年后，阿班报道中的大部分则采自上海，来自其他地区的新闻稿件锐减，而且大部分报道是依赖二手资料撰写的，比如 1936 年有关"西安事变"的 15 篇报道全部发自上海而非来自西安或南京等新闻事发地。

　　造成上述局面的原因是多方面的，但是首先需要考虑上海地区本身的特殊性。在 20 世纪 30 年代，上海已经成为中国消息的集散地，汇集了中国和国外大批知名新闻机构和新闻从业者，通信业发达，消息灵通，是国际新闻生产的首选之地。当时在华的美国记者斯蒂尔（Steele）曾经在回忆录中说："从我到达一直到第二次世界大战爆发，上海就是中国新闻的首都。那里有很多拥有它们自己办公室的国际新闻机构，并驻扎着一流外国报纸的记者。实际上，所有中国的新闻都会通过上海汇集。"① 正是因为上海这一特殊性，阿班才可以在足不出户的情况下得到丰富的新闻源。

　　再次，《纽约时报》本身的声誉、首席记者的身份、高级消息源网络的成熟以及在华三年所积累的新闻采访经验等，也促成阿班囿于上海本地采写发报。日本著名记者松本重治曾经回忆过阿班在上海工作时的情形，称其"颇为老成"、"交友广阔"，因此根本无须像其他记者一样东奔西走、疲于奔命，"他只需拣一些重大的消息加以传送即可。可以说他是处在一种极为有利的位置上"②。此外，还需要考虑到当时中国内地和边远地区的交通、安全和通信条件等方面的限制，尤其在中日战争爆发以后，包括东北、华北在内的很多地区一般人很难进入，更无法展开正常的新闻采访活动。

　　毋庸置疑，集中在上海等中国大城市采访发稿必定有所局限：

---

　　① Stephen R. Mackinnon and Oris Friesen, *China Reporting: An Oral History of American Journalism in the 1930s and 1940s*, University of California Press, 1987, p. 32.

　　② ［日］松本重治：《上海时代》，曹振威、沈中琦等译，上海书店出版社 2010 年版，第 91 页。

首先，不深入事发地采访的话，本身就无法得到一手的新闻材料，从而导致对官方或其他固定消息源的过度依赖，因此容易造成报道误差，甚至引发以讹传讹和罔顾真相的后果。其次，发稿地集中在上海等大城市容易形成中国报道上的盲点。比如，1937年中日全面战争爆发后，阿班采写了大量发生在上海租界里的新闻，而对中国其他地方的关注度相对较低。然而，租界的现实远不能代表整个中国，这些报道反映出的中国景象往往比较狭隘，如果在这些区域发生的事件被国外受众当作中国现实的全部而加以接受的话，那么就会在一定程度上造成中国形象的失真。

最后，从版面安排来看，阿班的中国报道占有重要版面的比率还十分有限。从1927—1940年，阿班采写的中国报道出现于《纽约时报》一版上的稿件总量只有115篇，仅占样本总数的9%，即不到十分之一，大部分的稿件都位于次要版面，具体的分布情况如图2—9所示：

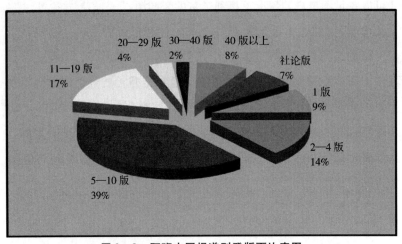

图2—8　阿班中国报道刊登版面比率图

可以发现，阿班中国报道稿件中的大部分被时报安排在了第5版到第10版之间，总计为494篇，占样本总量的39%；其次还有17%的稿件出现在第11版到19版，总计208篇；另外的173篇稿件被安排在第2版到第4版，占样本总数的14%；而位于第20版

到第 40 版之间以及 40 版以上位置的稿件占比之和则达到了 14%，
另外还有 91 篇稿件出现在《纽约时报》的社论版，即 "E（editorial）" 版上。而且，在 115 篇头版报道中，70% 以上的稿件集中出
现在 1935 年、1936 年和 1937 年，另外包括 1928 年的 14 篇、1934
年的 5 篇、1938 年的 9 篇和 1939 年的 7 篇，而其他年份则没有头
版报道。

　　这样的版面呈现情况清晰地说明，在美国正式卷入第二次世界
大战之前，《纽约时报》对中国的总体关注度并不高。第一次世界
大战之后美国政府长期奉行的孤立主义外交和对华的 "不干涉主
义" 政策明显影响了美国媒体的国际新闻生产，《纽约时报》也概
莫能外。直至 20 世纪 30 年代中日冲突升级为全面战争，美国的远
东利益开始遭受日本沉重打击之后，中国事务的重要性才得到了美
国社会比较广泛的认可和接受，阿班的中国新闻也获得了更多登上
《纽约时报》头版的机会。

　　事实上，阿班本人一直在不遗余力地向《纽约时报》甚至美
国政界高层说明中国事务的重要性，但一直没有得到完全的认可，
他本人还因此遭受到了部分美国人士的批评和质疑。包括《纽约
时报》的发行人苏兹贝格先生也认为阿班高估了中国事务的影响
力，对于中国的局势发展太过严重和忧虑了。比如在 "九·一八"
事变爆发前夕，阿班曾经采访撰写了大量有关中国时局的重要消
息，他本以为这些报道能够毫无疑问地跃居时报头版，而事实却恰
恰相反。① 当然，这种失望并未促使阿班放弃自己的判断和努力，
反而激起了他不断深挖和传递中国消息的雄心。"珍珠港事件" 爆
发后，中国问题终于引发美国方面的关注和重视。

　　概括来说，哈雷特·阿班中国报道的总体特征充分显示了 20
世纪 30 年代阿班和《纽约时报》在中国新闻生产方面的基本价值

---

① ［美］哈雷特·阿班：《民国采访战——〈纽约时报〉驻华首席记者阿班回忆
录》，杨植峰译，广西师范大学出版社 2008 年版，第 129 页。

取向和传播方式选择。在影响国际新闻生产历史的、社会的、媒介组织的以及记者个人等多重因素的交互作用下，近代的中国形象得到了非常典型化地塑造和相当程度地公开化表达。可以说，这些报道构成了 20 世纪初期美国公众认知中国社会的重要知识来源，影响重大、意义深远。

第三章 哈雷特·阿班中国
报道的主题框架

　　社会建构主义的观点业已表明：现实环境是人类社会实践的结果，而非一种先在的客观实在。据此，新闻传播也应该被理解为对客观现实的建构和重塑，是"一种以社会方式创造的产品，而不是对客观现实的反映"①。自然世界每天都发生着形形色色的事物，没有人能够企及全部，而让我们能够感受到超越直接经验范围之外的世界正是新闻媒介，特别是媒介框架。形象地说，媒介框架就是帮助我们理解新闻报道的意义地图和指南针，是媒介传播意图的直接体现和表达，阿班所塑造的近代中国形象特质与其核心报道框架紧密相关。

第一节　框架分析②

　　框架构建理论并非源自新闻传播学研究领域，其理论渊源最早

---

　　① P. Shoemaker and S. Reese, *Mediating the Message: Theories of Influences on Mass Media Content*, White Plains, N. Y.: Langman, 1996, pg. 21.

　　② "Framing"（架构/框架建构）是相对于名词"fame"（框架）来说的，事实上它们是对同一种概念的两种说法，因为在英语中，"frame"既是一个动词也是一个名词，是动名词的复合体，"作为动词，是界定外部事实，并心理再造真实的框架过程；作为名词，就是形成了的框架（藏国仁，1999）"。（转引自张洪忠《大众传播学的议程设置理论与框架理论关系探讨》,《西南民族学院学报》（哲学社会科学版）

可以追溯至心理学和社会学。①心理学领域的"框架构建"概念来
自于心理学家凯尼曼（Kahneman）和特威尔斯基（Tversky）的决
策研究，他们发现同样的信息经由不同的表达会导致人们做出不同
决策的选择，这种不同的表达方式就是陈述的框架，不同的决策选
择结果就是框架效应，这一总体过程就是"框架构建"。而社会学
领域的"框架构建"概念则来自于美国社会学家欧文·戈夫曼
（Owen Goffman）等人。②根据他们的观点，框架构建就是人们通过
选择思考结构（框架）对事件进行主观解释并构建社会现实的
过程。

　　20 世纪 80 年代后，经由心理学和社会学两大学术传统酝酿的
"框架构建"理论很快进入新闻传播学领域。根据恩特曼（Ent-
man）的观点，新闻传播领域的"框架构建"是指这样一种过程：
"人们选择感知事实的某些部分，并将它们凸显在传播文本中，通
过这种方式传达关于被描述对象对某种问题的定义，因果解释、道
德判断以及处理建议。"③

　　根据潘忠党的观点，目前所理解的媒介框架主要包括以下四个

2001 年第 10 期。）因此，复旦大学黄旦教授将这一相关理论称之为"框架（framing）
理论"。（参见黄旦《传者图像：新闻专业主义的建构与消解》，复旦大学出版社 2005
年版，第 229 页。）但是，美国威斯康星大学的潘忠党教授则倾向于将其概括为"架构
分析"（framing analysis）。（参见潘忠党《架构分析：一个亟需理论澄清的领域》，《传
播与社会学刊》2006 年第 1 期。）"framing"一词的采纳是为了重点说明框架理论的动
态性。需要指出的是，无论是框架还是架构所涉及的都是社会建构的过程，只是框架趋
于名词性质，偏于指向建构的一个静态的结果，而架构则是动词的性质，指建构的行动
与过程，这两种说法在研究者们中间均有使用，在其意义的理解上稍有差别。

　　①　Pan, Z., & Kosicki, G. M., Framing analysis: An approach to news discourse, *Polit-
ical Communication*, 10, 1993, pp. 55 – 75.

　　②　Dietram A. Scheufele & David Tewksbury, Framing, Agenda Setting, and Priming:
The Evolution of Three Media Effects Models, *Journal of Communication*, 57, 2007, p. 11.

　　③　Entman, R. M., Framing: Toward Clarification of a Fractured Paradigm, *Journal of
Communication*, 43, 1993, pp. 51 – 58.

层面：（1）新闻报道的文本组织手段；（2）新闻从业人员对某一议题的不同层面或内容的不同强调程度；（3）媒介从业者在组织内容材料时所依赖的基本价值观、原则或抽象概括；（4）存储于媒介个体记忆并沉淀于个人语言之中的思维格式。① 总体来说，前两个层面的含义相对来说较为狭隘、简单和具象，而后两个层面的内涵则更加宏观、深刻和抽象。但是，无论是哪个层面上的媒介框架，对于新闻媒介来说，它们都可以"保证记者们能够快速、常规地处理大量的信息，并对信息进行识别，纳入认知类别，然后进行包装，更有效地呈现给大众"②。而且，当媒介框架持续不断地、常规化地在新闻生产中发挥作用之时，它们就会成为"大众媒介文化编码的一个重要的制度化了的部分，而且可能在受众解码的形成中发挥关键作用（O Sullivan，T.，Saunder，D.，Fiske，J，1983：123）"③。正如麦库姆斯（Mccoms）所言，媒介框架是一个"新闻内容的核心组织观念，它提供了一个语境，并且通过选择、强调、排除、阐释来对议题提供暗示"④，从而深刻地影响了人们对世界的认知和理解。

　　事实上，媒介框架不仅具有组织和建构思想的能力，而且它事关"形成刻板印象（stereotyping）与形象建构（image building）"⑤、与意识形态和文化共识紧密相关，是包含多种社会因素在内的一种意义"阐释图式"（schemata of interpretation）。⑥ 媒介框架不仅是指筛选的手段、资讯组织的方式，同时也是意义的建构

---

　　① 潘忠党：《架构分析：一个亟需理论澄清的领域》，《传播与社会学刊》2006 年第 1 期。

　　② ［美］托德·吉特林：《新左派运动的媒介镜像》，张锐译，华夏出版社 2007 年版，第 10 页。

　　③ 转引自黄旦《传者图像：新闻专业主义的建构与消解》，复旦大学出版社 2005 版，第 231 页。

　　④ ［美］麦克斯韦尔·麦库姆斯：《议程设置：大众媒介与舆论》，郭镇之译，北京大学出版社 2008 年版，第 105 页。

　　⑤ 同上书，第 104 页。

　　⑥ 同上书，第 107 页。

和对信息符号的诠释。正如吉姆森（Gamson）所理解的那样，框架首先是一种"界线"（boundary），即选材的范围，亦如画框、镜头或聚光灯，规定了什么样的社会现实可以在此得以展现，什么将被看到，什么会被忽略。大众媒介通过日常的新闻选择，决定了什么地方、什么样的事情将被赋予公共性，也就是说只让经过媒介筛选的事件暴露于公众视野之下，有目的地织就人们的体验之网。其次，框架是如何理解信息符号的原则，即人们借此解释外在世界的方式，亦如地图或路标，提供一种可以分享的思维路径。根据戈夫曼的理解，这种诠释原则就来源于人们的日常生活片段，是人们对日常经验所做出的总结和归整，"这些被整合条理化的经验知识，又成为人们下一次理解现实生活世界的基础"①。大众媒介往往就是依靠这套经验化的知识规训程序来处理新闻的。

　　显然，媒介框架不单纯是新闻生产者的个人经验或媒介组织规范的实践结果。从框架建构的角度看，新闻生产并非一种简单的行业活动，而是一种具有显著"公共性格"②的社会性生产：一方面，大众媒介通过有意识地捕捉事实、设置议题、谋篇布局、组织话语来塑造社会环境；另一方面，大众媒介又在无意识地依赖、适应并复制现有的社会政治经济结构以及职业意识形态，从而成为社会合法化的拥戴者。正如研究者们所言："现代媒介的框架常常就是这样，自觉或不自觉地与占统治地位的经济和政治结构保持一致。"③潘忠党专门指出了媒介框架的五个理论前提："（1）意义在传播（或交往）的过程中得到建构；（2）传播活动是使用表达载体的社会行动，构成一个社会的符号生产领域；（3）但是，它

---

① 黄旦：《导读：新闻与社会现实》，载［美］盖伊·塔奇曼《做新闻》，麻争旗、刘笑盈、徐扬译，华夏出版社2008年版，第2页。

② ［美］盖伊·塔奇曼：《做新闻》，麻争旗、刘笑盈、徐扬译，华夏出版社2008年版，第31页。

③ 黄旦：《传者图像：新闻专业主义的建构与消解》，复旦大学出版社2005年版，第239页。

发生在由物质生产构成的实体场域；（4）因此受到规范该场域的公共利益原则以及政治经济逻辑之间张力的制约（Hilgartner & Bosk，1988）；（5）位于特定历史、经济和政治坐标点的社会个体或团体达成其特定理解或意义所遵循的认知或话语组织原则，就是他（她）们的框架。"① 因此，媒介框架是宏观社会政治、经济和文化共同作用的产物，是多种社会因素互动的结果。

综上所述，框架分析实际上就是了解人们如何在动态的社会交往和开放的公共领域中建构话语/意义的一种社会理论。对媒介框架而言，它就是探寻新闻生产者如何通过新闻报道达成特定传播意图的方法和手段。因此，通过框架分析，我们不仅可以比较全面地了解媒介的新闻组织原则，而且能够深入探究新闻文本中隐含的社会文化意涵。

需要指出的是，框架分析应该是对一个完整的意义生产过程的考察，正如吉姆森所言，一个成熟的框架分析理应包括三个部分：生产过程的分析、传播文本的考察以及文本和受众之间的互动研究。② 但事实上，较少有研究能够同时兼顾这样的三个研究范畴，大部分研究，尤其是实证性研究都侧重于聚焦于其中的某一部分来进行。目前的框架研究一般将文本分析作为核心内容，对媒介框架研究而言，就是新闻文本分析/新闻话语分析。

第二节　哈雷特·阿班中国报道的框架呈现与表达

戈夫曼在《框架分析》中曾经指出："每一种基本框架容许其使用者寻找、感知、发现并用其相关术语界定的似乎是无穷多的具

---

① 潘忠党：《架构分析：一个亟需理论澄清的领域》，《传播与社会学刊》2006 年第 1 期。

② 黄旦：《传者图像：新闻专业主义的建构与消解》，复旦大学出版社 2005 年版，第 240 页。

体事件。他有可能意识不到该框架所拥有的那些有组织的特征，而且，如果被问到，他也不能完整地描述该框架。"① 从整个新闻话语的制作过程来看，框架是沉浸在新闻生产者意识之中并外化于新闻话语里的，它深藏在报道的字里行间，隐匿于文本的组织结构当中，需要仔细地品味和认真分析才能加以揭示。

比较而言，在多种不同的新闻报道文本中，新闻评论是体现媒介框架的代表形式之一。正如研究者所言，框架"不仅使与该议题有关的事件具有意义（make sense），而且确定了议题的性质，并逻辑地推导出一些具有'显而易见'或'符合逻辑'的处理对策"②。新闻评论正是报纸或记者对于新闻事件表达出的观点和评价。迪克指出，新闻评论主要由评价和预测两个部分组成，"评价是对所报道的新闻事件价值或意义作出评价；而预测则阐述该事件和事态可能产生的政治后果或其他方面的后果，甚至预测将要发生的事情"③。因此，"议题的性质"和"处理对策"在新闻评论中都会有非常直接的体现和表达，是揭示媒介框架的便捷之径。

据统计，在哈雷特·阿班中国报道的千余篇文本中，大约有132篇评论性文章，大致占样本总量的10%。这些新闻评论不仅包含阿班对于中国问题的大量分析判断，还包括他对于如何解决中国问题的多项建议和意见，是其报道框架的集中反映。

总体上看，阿班的评论大致可被划分为两个基本类别：一类是新闻取向的，即结合典型的新闻事件进而对中国社会展开的剖析和分析，也就是说拿新闻说事，以新闻作为引子陈述自己的观点和想法。另外一类是专题性的，即围绕着某一个具体问题展开的专门性

---

① E. Goffman, *Frame Analysis: An Essay on the Organization of Experience*, Boston: Northeastern University Press, 1986, p. 21.

② 潘忠党：《架构分析：一个亟需理论澄清的领域》，《传播与社会学刊》2006年第1期。

③ ［荷］托伊恩·A. 梵·迪克：《作为话语的新闻》，曾庆香译，华夏出版社2003年版，第57页。

分析，这类评论一般不以具体的新闻事实作为铺垫或基础，而是开门见山，直接进行分析和评价，是比较纯粹的观点表达。

分析发现，第一类评论分散在阿班中国报道的不同时段和多篇报道文本中，它们从一则时政新闻出发，最终落脚在对中国时局的分析和评论上，很容易从中判断出阿班本人对于中国的基本看法和观念。典型事例，比如 1928 年有关南京中央政权的新闻评论《北京向往昔日的荣光》一篇，阿班就是通过迁都南京这则看似简单的新闻来发言的，在报道了中央政府要求北京驻外使领馆迁往南京的消息后，阿班写道：

> 每个去南京的外交官的内心都有两个疑问："南京政府能维持多久？""首都会回迁北京吗？"……
>
> 一个统一的中国、一个结束了军事统治的中国、一个摆脱了外国特权侵扰和不平等条约以及巨额债务束缚的中国——这一直以来都是国民党诏告天下的理想。因此，中国大多数真正的爱国者和所有的青年理想主义者，都无意识地成了国民党。在中国，全部的希望都寄托在唯一的书面纲领上，但是，爱国的党徒们忘记了，它终究只是一张白纸而已……[1]

不难看出，阿班的文字显然是在表达对中国未来局势的忧虑和不安，中国的统一和稳定不仅可能是"一张白纸"，而且还可能重蹈覆辙，北京"并非毫无希望"，真实反映了阿班对于当时刚刚取得胜利的南京国民党政权的基本看法。

相似评论还出现在 1929 年 5 月《冯玉祥向蒋介石宣战》的报道中，在报道了冯玉祥备战蒋介石的消息后，阿班在文尾写道：

---

① Hallett Abend, "Peking Yearning for lost glories", *The New York Times*, Dec. 16, 1928, pg. E7.

　　虽然所有的军事领导人名义上都效忠南京，同样的旗帜从满洲到缅甸边界到处飘扬，但国民党却没能让国家团结起来并建立一个稳定的政府。原因有很多，但其中最为重要的是领导人之间的相互猜忌以及对南京政府的普遍失望情绪。南京政权未能改变人民的境遇、结束有目共睹的腐败，也无法遏制统治南京集团的一小撮政治寡头们的野心。①

　　在阿班看来，南京中央政府并没有改变中国动荡分裂的局势，中国持续遭受着内战的侵扰和威胁，统一与和平遥遥无期，中国社会依然处在风雨飘摇之中。这种认识从 1928 年延续到了 1929 年。

　　到了 20 世纪 30 年代，不安和失望的情绪仍然主导着阿班的中国时局观。1931 年 12 月 24 日，在报道了广州革命政府国民党中央委员会成立新的中央政府的消息后，阿班说："中国政府最新一轮的倒台并不是战争的结果，而是缘于行政机构的瓦解而导致的政府停摆，其引发的混乱不亚于一次军事行动的后果。"② 并将中国的现状总结为"完全无序的状态"③。事实上，由于对国民党和南京政府的极大不信任以及中国内战冲突的不断上演，在"七七事变"全面抗战爆发之前的很长的一段时间，阿班对于中国的政治局势几乎持全盘否定态度，在他看来，几乎没有任何一个党派能够结束中国动荡而混乱的状态。

　　此外，对于南京政府的抗日行动阿班也深表质疑，在 1933 年有关热河失守的报道中，阿班做出了如此评价：

　　　　事实上，在锦州失手前的一年多，南京就迅速开始准备热

---

① Hallett Abend, "Feng proclaims war on Chiang Kai – Shek", *The New York Times*, May 30, 1929, pg. 10.

② Hallett Abend, "Swing to the left now seen in China", *The New York Times*, Dec. 24, 1931, pg. 4.

③ Ibid..

河防御，但实际上的筹备却拙劣不堪，敷衍了事。在绝望地丧失热河之后，人们对国家领袖蒋介石不给北方增援一枪一炮、一兵一卒的事实产生了越来越多的愤怒。

中国人曾确信，南方的爱国抵抗行动以及所谓的统一政府一定会保住易守难攻的热河山口。然而，中国部队在撤退时表现出的惊慌失措，溃不成军让所有的假话不攻自破……最为可笑的是，在120个日本兵攻入承德（热河之城）时，五千名全副武装的中国士兵正控制着这个三万人的城市，但在随后的交火中，他们却一枪未发就缴械投降，这一幕就是中国"抵抗到最后一人"的实际情况。①

不难发现，阿班对南京政府及其军队的抗日表现充满了强烈的质疑和嘲讽，南京部队的溃不成军，热河的迅速失守再一次印证了中国内政外交的失序状态。

实际上，随着中日冲突的不断升级以及国民党内派系斗争的白热化，阿班对于中国时局的判断也愈趋负面，从1927年到1937年中日战争全面爆发期间，他在若干报道中屡次提出过类似"国内局势已经濒临险境"②的观点和看法，甚至借此对若干新闻事件的发展做出了主观性的臆测。典型的比如他在1936年对于"两广事变"的报道和分析，阿班执意认为，"内战已经不仅仅是一种可能，而是根本无法避免"，但事实上当事双方的对峙最终是以和解的方式收场的，而且"随着两广的失败，中国自1916年以来第一次出现了统一"③。但是，正是这个未经应验的预测生动地说明了

---

① Hallett Abend, "Resistance is seen as peril to China", *The New York Times*, Mar. 17, 1933, pg. 12.

② Hallett Abend, "Nanking prepare check Canton", *The New York Times*, Jul. 23, 1933, pg. E2.

③ ［美］易劳逸：《南京十年时期的国民党中国（1927—1937年）》，［美］费正清、费维恺编：《剑桥中华民国史（1912—1949）下卷》，中国社会科学出版社1994年版，第158页。

阿班对当时中国局势的严重失望情绪和强烈的负面认知。

迪克曾经指出：新闻话语的最大特点就是其"组装性"①，也就是说，新闻的主题并不一定贯穿于整个文本，它可能只在文本的某个部分出现。因此，上述列举的在第一类报道文本作为点睛之笔出现的分析和评论，是阿班中国报道框架的一种间接呈现和表达。

比较而言，第二类专题性质的评论则更加直接地反映了报道框架，它们常常被刊登在《纽约时报》的社论专版上，大部分是综述性质的，不涉及特定的消息报道，基本上是纯粹的分析性文字，是阿班对于中国社会认识、态度以及立场的直接反映。总体上看，阿班分析的主要议题包括以下四个方面：国家与政府、经济状况、社会生活、共产主义，它们从不同角度呈现了阿班中国报道的新闻框架。

一　国家与政府

1928 年到 1940 年间，阿班对首当其冲的中国政治时局问题进行了分析，大致包括"国民党和南京政府"、"派系纷争和军阀割据"以及"边疆局势和国家统一"三个方面。

（一）国民党和南京政府

总体上看，阿班对国民党及其南京中央政府的评价不高。事实上，1926 年来华后，阿班最早奔赴的采访区就是大革命的策源地广州，"成为最早与国民党接触、向西方报道广州国民运动的少数英美记者之一"②。凭借细致深入的采访和敏锐全面的政治观察，阿班逐渐获得了对国民党及其政府比较直观和全面的了解，并迅速提出了自己对于中国政治独到的见解和看法。阿班坦言国民党政府

---

①　［荷］托伊恩·A. 梵·迪克：《作为话语的新闻》，曾庆香译，华夏出版社2003 年版，第 45 页。

②　王立诚：《从宋子文与亚朋德的交往看抗战前民国政府与英美记者的关系》，载吴景平主编《宋子文与战时中国（1937—1945）》，复旦大学出版社 2008 年版，第 108 页。

并非中国福祉所在，国民党及其南京政府不但根本没有办法帮助中国摆脱困境，而且自身还处于合法性危机的暴风骤雨之中。①

最为典型的是阿班对于当时的国民党领袖蒋介石的分析和批评。其实，早在 1928 年蒋介石角逐国家最高权威之际，阿班就曾直言过国民党政权"腐败"、"贪婪"和"犬儒主义的路线"的性质，并提出了蒋介石会成为中国政治"独裁者"的预言：

> 如果蒋介石获胜，那么他就会成为一名真正的操纵中国的独裁者，而且南京依旧会是一个高度集权的中央政府的首都。如果蒋介石失败，那他可能会逃往国外，首都也会随即回迁北京，不过这里的中央政府只能是个摆设，中国将重回由地方"实力派"进行区域统治的传统体制……
>
> 很显然，蒋介石和他野心勃勃的妻子旨在取得最高权力，那是一种被今天的党派们蔑称为"皇家"的至高权力。这位往昔"中国的乔治·华盛顿"般的革命英雄甚至可能会比被他赶下台的暴君更加的令人厌恶……
>
> 当南京进行暗流涌动的权力厮杀之时，全中国的政治腐败还在继续。现在的情况比九月份还要糟，而且每况愈下，……国民党政权最恶劣的本质是其所奉行的厚颜无耻的犬儒主义路线。过去北方军阀们的统治是赤裸裸、毫不掩饰的残酷，当发现穷兵黩武能带来丰厚回报后他们就以此为业，对人民进行公开的压榨。而且正如军阀们所愿，人们实际上并没有进行公开的反抗，而是忍气吞声地承受了。
>
> 然而，国民党官员却声称要为国家服务并只考虑"人民的利益"，而且还常常在已故的孙逸仙博士的肖像前频频进行爱国宣传。他们比以前的那些军阀们更加的腐败和贪婪，因为

---

① Hallett Abend, "Proposed meeting perturbs Chinese", *The New York Times*, May 21, 1933, pg. E2.

那些人从不曾拿着爱国的幌子掩饰自己的欲望。①

此外，1929 年 4 月 25 日，阿班还在时报上发表了《首领（张学良）放弃蒋支持冯》的报道，并称"现今南京政府之领袖，腐败不堪，唯一救济办法，在于大举肃清此种情形"②。正是上述两篇辛辣的批评之文，激起了蒋介石国民党政府对于阿班的极大厌恶和反感。1929 年 6 月，南京政府外交部正式对阿班下达了驱逐令，并对阿班的新闻采访进行了全面封杀。正是在这样的背景下，《纽约时报》才反其道而行之，不仅顶住压力没有差遣阿班走人，反而提拔他为时报驻上海的总负责人，这是阿班与国民党政府正面交手的一个典型事件。虽然日后阿班得以与宋氏家族以及其他国民党高层人士深入交往且私交甚厚，但是他对国民党和南京政府的看法并没有产生太多根本性的改变。

在 1930 年出版的新闻报道评论集《痛苦的中国》（*Tortured China*）中，阿班曾设专章讨论国民党及其政府的性质。他指出，中国始终是在国民党一党专政统治下的独裁国家，蒋介石集团只是通过一场又一场的战争谋求生存并维持其独裁专制，因此，"在中国没有和平的前景，也没有任何领导人或集团有能力结束中国人民苦难的历史"③。对于中国政局的这种负面判断已经成为支配阿班报道的主导性新闻框架。

（二）派系纷争和军阀割据

中国的派系纷争和军阀割据问题是引发阿班观察和讨论中国时局的一个重要方面，在他看来，这两者就是中国危机的最

---

① Hallett Abend, "Chiang's Royal aims are laid to his wife", *The New York Times*, Dec. 9, 1928, pg. E7.

② Hallett Aben, "Chief quit Chiang in favor of Feng", *The New York Times*, Apr. 25, 1929, pg. 9.

③ Hallett Abend, *Tortured China*, The Vail – Ballou Press, Inc., Binghamton, N, Y, 1930, pg. 50.

大症结所在，从北伐战争开始，阿班就此发表了多篇专题性评论文章。

值得注意的是较早于 1927 年 12 月 25 日同一天发表在时报上的两篇报道：《中国沦为诸多派系的牺牲品》[①] 和《中国的将军们通过贿赂发财》。[②] 虽然两文的发表时间较早，但其中洞见却让人印象深刻。在当时大革命爆发的纷乱背景下，阿班冷静地对中国时局进行了一番清晰的描述，他说："尽管世界希望中国能够找到一条团结稳定的道路，而且'不管中国，让她想办法自我拯救'的外交政策也还在被精心维持着，但是，这个不幸的国家却已经走到了分裂的极端。"[③]

在阿班看来，南方和北方的概念都已经不足以刻画中国实际上的分裂局势，"目前中国在行政区划上已经被分割成十一个独立的单元或政府"[④]。而造成中国军阀割据的原因在于："每一个'将军'，每一个'首领'都可以在他所控制的领土上随心所欲地征税。比如北京的张作霖元帅，就不能要求山东省的统治者废除某些税种，如果他敢这样，那么山东的首领就会倾全力向南京举兵……正是因为地方首领的独断专行以及军事管制法的横行，因此，全国的形势才渐趋分裂。"[⑤] 对于一个刚刚来到中国工作不久的西方记者来说，这样的分析可以称得上是掷地有声。

1929 年 3 月，阿班再次发表新闻评论《中国的希望系于她的军阀们》[⑥] 一文，对中国军阀之间的尔虞我诈进行了非常深刻地揭露和批判。阿班震惊地发现，南京政府不仅根本无力制约地方军

---

①　Hallett Abend, "China is a prey to many faction", *The New York Times*, Dec. 25, 1927, *pg. E7*.

②　Hallett Abend, "China yields graft to enrich generals", *The New York Times*, Dec. 25, 1927, pg. E1.

③　Hallett Abend, "China is a prey to many faction", *The New York Times*, Dec. 25, 1927, pg. E7.

④　Ibid. .

⑤　Ibid. .

⑥　Halllet Abend, "China's hope hangs on her war lords", *The New York Times*, Mar. 10, 1929, pg. 60.

阀，而且在他们频频发起对中央政府的挑衅和攻击之后，竟然没有被处死或施以重刑，相反却被政府用重金收买或被送往海外进行所谓的"出国学习"。此外，军阀们之间不仅能"化敌为友"（"foe of today is friend of tomorrow"），而且各个"深谋远虑"（"mutual foresight evident"）①。

此后，通过持续、大量地观察，阿班又在时报上发表了若干篇有关中国地方派系纷争的报道和评论。② 在阿班看来，南京政府表面统治下的军阀就像是"一群热衷于捕猎的豺狼"（a pack of wolves forever on the hunt），不仅"自私自利"（selfish），而且"残忍凶暴"（ferocious）③，已然成为制造中国社会灾难的罪魁祸首。伴随着"分裂、冲突、破坏，贸易的混乱、对小农和城镇的横征暴敛、令人震惊的背叛以及公开使用金钱来换取的'忠诚性'"④，他们已经一步一步地将中国推向贫穷和绝望的深渊。

---

① Halllet Abend, "China's hope hangs on her war lords", *The New York Times*, Mar. 10, 1929, pg. 60.

② Hallett Abend, "Why Yen began war puzzles Chinese", *The New York Times*, Nov. 6, 1927, pg. E6; "Once might Chang poor and hunted", *The New York Times*, Nov. 6, 1928, pg. 8; "Feng's arrest seen as trap for Nanking", *The New York Times*, Oct. 17, 1929, pg. 4; "North China insists Chiang must quit", *The New York Times*, Dec. 22, 1929, pg. 9; "Yen tries to avert civil war in China", *The New York Times*, Feb. 27, 1930, pg. 7; "Yen and Feng quarrels as Chiang hails peace", *The New York Times*, Oct. 10, 1930, pg. 11; "War Lords befits from opium", *The New York Times*, Apr. 12, 1931, pg. E8; "Szechuan Province runs own affairs", *The New York Times*, Apr. 19, 1931, pg. 60; "Shantung is busy preparing for war", *The New York Times*, Jan. 25, 1932, pg. 4; "Nanking again wins Shantung's backing", *The New York Times*, May 18, 1932, pg. 6; "Shantung plunged into new civil war", *The New York Times*, Sep. 18, 1932, pg. 7; "Szechuan factions plunged into war", *The New York Times*, Oct. 6, 1932, pg. 4; "Chiang Hsiao – Liang cause of scandals", *The New York Times*, May 14, 1933, pg. E3; "Chinese awaiting next move by Feng", *The New York Times*, Oct. 15, 1933, pg. E8; "Development in Szechuan mean Chinese realignment", *The New York Times*, Sep. 9, 1934, pg. E1.

③ Hallett Abend, "Nationalists give Peking new spirit", *The New York Times*, Aug. 29, 1928, pg. 28.

④ Hallett Abend, *Tortured China*, The Vail – Ballou Press, Inc., Binghamton, N. Y, 1930, pp. 47 – 48.

（三）边疆局势和国家统一

在讨论南京政府合法性危机、地方军阀分裂割据的基础上，阿班又对中国的边疆局势和领土完整问题进行了专题分析。20 世纪20—30 年代，为深入了解中国的政治局势，阿班曾经在我国的腹地以及边陲地区进行考察，"北边一线经山东去过天津和北平，南边一线到过香港、广东，内陆一线则沿长江上行，最远去到四川重庆"①，在"九·一八"事变爆发前夕，他还走访过东北。经过大量的一线调研和采访，阿班对中国边疆局势有了非同一般的了解，尤其对日本的侵华野心深有警觉。1931 年 8 月，阿班曾就中国东北地区局势多次向《纽约时报》发电，并亲自会见美国驻华公使，甚至向张学良本人通报日本的侵华野心，坚称"远东地区的大灾难即将爆发"②。可以说，阿班是较早预见到中国东北领土危机和中日大规模冲突的西方记者之一。

1933 年 3 月 5 日，阿班又在时报社论版发表了《中国受到多方威胁》的长篇评论性文章。在该文中，他不仅陈述了中国领土遭受外国践踏的事实，并再次就中国的统一问题进行了阐述：

> 广袤偏远的中国领土正在被逐一蚕食。外蒙沦落成了一个苏联共和国。满洲和内蒙则被划入了日本控制的满洲国。目前处于军事政治风暴中心的热河看来迟早也会被满洲国吞并。西藏在 1932 年就和中国打了起来，而且明年夏天还可能重新开战。与此同时，新疆的本地人和中国的土尔吉斯坦人也再次武装了起来……
>
> 正如今天的局势所示，中国的完整独立遭遇了比三个世纪之前满清王朝的建国者侵入长城以南之时还要严重的威胁。更

---

① ［美］哈雷特·阿班：《民国采访战——〈纽约时报〉驻华首席记者阿班回忆录》，杨植峰译，广西师范大学出版社 2008 年版，第 126 页。

② 同上。

加可悲的是，由于缺乏适合中国的统一性存在，时局变得更加复杂凶险，扑朔迷离：在遥远的南方，一个事实上独立于南京之外的政府正在广州运转；山东的首领韩复榘独断专行，称霸一方；在比法国还要大的四川省，挑衅南京的军阀头目刘湘则刚刚在一场造成十四万人伤亡的战役中大获全胜；而在长江和受广州影响的北部区域，很多地方还在共产党的控制之下。①

历史地看，上文中的大部分观察和分析并不失准确性和预见性。实际上，阿班对于中国的国家统一和边疆局势始终心怀疑虑。在 1936 年出版的新闻评论集《中国能生存下去吗?》（*Can China Survive*?）一书中，阿班再次明确声明了自己的这一基本观点：中国事实上并不统一，它只是一个“统一的神话”（unification a myth）。②

二　经济状况

在有关中国经济状况的新闻评论上，主要议题涉及“军费开支”、“税收管理”和“国外贷款”。从整体上看，阿班对中国的经济局势也同样不甚乐观，尤其是中国庞大的军费开支和横征暴敛现象使得阿班对于中国的印象大打折扣，负面看法有增无减。

（一）军费开支

由于社会经济发展的滞后和国家局势的持续动荡，军费开支问题已经持续困扰中国政府多年。“中华民国”建立后，大小军阀和各种武装力量为保存并壮大自身实力争先恐后地招兵买马，形成了巨额军费开支。蒋介石上任以后，为了打击各种反对势力巩固南京中央政权，军队的花费进一步增加。

---

①　Hallett Abend, “China threatened form every sides”, *The New York Times*, Mar. 5, 1933, pg. E8.

②　Hallett Abend, *Can China Survive*?, Ive Washburn, Inc. , New York, 1936, p. 15.

　　来到中国后不久，阿班就发现了中国政府军费开支过度的问题，他在报道中曾给中国政府算过一笔账：

　　　　南京政府的岁入大概有七亿一千万中国圆，大概等于一亿五千万美金，这是蒋介石自己推算出的官方数字。其报告显示，其中的三亿五千万专款用于支付各级政府贷款的利息和偿付基金，另外一亿一千万则由各省政府保留，用以支付军费和总计七千五百万的税收开支。

　　　　留给中央政府的净收入是一亿七千五百万，用于支付政府日事开销，但这笔钱还不到部队开支的一半。[①]

　　如此巨大的军费开支在阿班看来早晚都会摧毁中国的经济。事实上，早在 1929 年初南京国民政府建立后不久，时任中国财政部长的宋子文就对中国的经济形势发出过"濒临破产"[②] 的警告，但是，为了平息各种反对势力并打击共产党和红军，蒋介石依然竭力维持百万大军的规模。到 20 世纪 30 年代，随着国民党对红军"围剿"力度的不断加大，南京政府的军费开支有增无减，持续上升。

　　面对此种局面，阿班非常直率地对蒋介石的军事行动进行了批评，他说："1931 年 7 月，蒋介石亲临江西剿共，不但发回了辉煌胜利的消息，而且承诺要给部队将士们'闪闪发光的奖励'。但是，现在却不得不承认 1931 年的剿共战役是一场巨大的失败，它使十万人丧生，耗资超过一亿元，而政府只能以令人咋舌的利率借贷到这笔钱。"[③] 在阿班看来，南京政府的财政状况"已经到了预

----

　　① Hallett Abend, "Kiang Kai – Shek says three million are not too many soldiers for China", *The New York Times*, Jul. 12, 1931, pg. E8.

　　② Hallett Abend, "China's hope hangs on her war lords", *The New York Times*, Mar. 10, 1929, p. 15.

　　③ Hallett Abend, "Conditions in China worse than in 1931", *The New York Times*, Aug. 21, 1932, pg. E5.

期的破产境地"，根本没有打击红军的足够军费开销，甚至连裁撤军队的钱都没有，巨额军费已将中国经济完全拖垮。

（二）税收管理

阿班对中国的税收管理问题也进行了多种抨击，主要包括管理体制混乱、横征暴敛以及税费流失等。

首先，阿班认为南京政府的税收制度混乱无序，中央与地方之间各自为政，不仅税种名目繁多而且高低参差不齐。在 1931 年的《多种税收扼杀了长江贸易》一文中，阿班就以四川地区为例，生动说明了中国地方税收的乱局：

> 所有运出四川省的货物都必须在重庆支付一张可怕的出口税清单。如下所示：附加税，为关税估价的 $2\frac{1}{2}$ %；水税，为附加税的 28%；成渝公路税，为附加税的 28%；特殊省份税，为货物价值的 $2\frac{1}{2}$ %；催捐税，为货物价值的 2%；打包税，为货物价值的 $1\frac{1}{2}$ %；过境通行证的邮票税，为货物价值的 1%。[1]

事实上，不仅税种复杂，而且税收盘剥还十分严重，根据阿班的观察，"目前，商品在城际之间的运输要付高额税费，而且时常是重复收税。就如同把物品从波士顿运到纽约或从旧金山运到西雅图，不仅运输，连靠岸都要收税，这种情况实际上把中国分割成了许多小国家，每个地方都要对商品收税"[2]。在阿班看来，这种局面已经对中国的贸易出口形成了沉重的打击和伤害，他指出：

---

[1]　Hallett Abend, "Many taxes killing trade on Yangtse", *The New York Times*, Aug. 9, 1931, pg. 46.

[2]　Hallett Abend, "Urge wide reform in Chinese finance", *The New York Times*, Nov. 2, 1930, pg. E8.

多数情况下，虽然中国商品与原材料的质量不怎么样，但由于价格便宜，因此仍能在国际市场上占有一席之地。而今，税收已经让这种廉价利润不复存在了，新税导致的剧烈价格波动迫使外国商行放弃了在天津的出口。[①]

同时，阿班还发现了南京政府无法落实税收政策的情况，比如有关废除"厘金税"[②]的问题。在阿班看来，南京政府是否能够实施其税收政策应该被视为对"中央政府政策的精准考量"以及"衡量中国革命胜利与否的真正标尺"[③]。然而，一直到1931年年末，"一些地方的厘金税还存在，而且出现了很多厘金税的替代品"[④]。根据阿班的观察，中国的很大一部分税收实际上并不在南京政府的控制之中，日本对东北税收的垄断以及地方军阀对铁路税收的截留等都造成了中国税收的大量流失。[⑤]

因此，税收管理的混乱和税负的繁重不仅沉重打击了中国的商业贸易，而且也全面伤害了中国社会本身。据阿班分析，包括饥

---

①　Hallett Abend, "Taxes are ruining China's wool trade", *The New York Times*, May 8, 1928, pg. 6.

②　厘金："1853年太平天国战争期间，因饷源枯竭，负责办理军需的副都御使雷以诚，在扬州仙女镇创设抽厘法，对过往货物一律抽取千分之一的助饷金。因一两的千分之一是一厘，故称厘金，又称厘捐或厘金税。其后，胡林翼、左宗棠仿行于两湖，厘金遂成为镇压太平天国的重要财源。民国以后曾有人提议废除，但因其属于主要财源难以废止，一直沿用征收。1928年全国设有厘卡735个。1930年冬，国民政府在实行关税自主之后，下令自1931年1月1日起，全国一律裁厘，改办统税。"（参见张宪文、方庆秋、黄美真主编《中华民国史大辞典》，江苏古籍出版社2002年版，第1357页。）

③　Hallett Abend, "Provinces of China deny likin abolition", *The New York Times*, Jan. 8, 1931, pg. 9.

④　Hallett Abend, "Taxes in China drift into great confusion", *The New York Times*, Jan. 29, 1931, pg. 6.

⑤　Hallett Abend, "Kemmerer finds disrupted China", *The New York Times*, Apr. 14, 1929, pg. 61; "Tientsin a heaven for the smuggler", *The New York Times*, Jul. 4, 1937, pg. 32; "Americans expect losses at Tientsin", *The New York Times*, Jul. 18, 1937, pg. 3, etc.

荒、洪水、人口贩卖、鸦片吸食、抢劫等社会问题均与此相关。①

（三）国外贷款

在庞大的军费开支以及税收管理混乱等导致的恶化社会环境下，中国已经入不敷出。阿班发现，为了巩固政权并维持行政机构的正常运转，南京政府力图举债度日。但是，鉴于中国的实际情况，向外国借债的办法并不被西方人看好，阿班在 1929 年 4 月的评论文章《凯末尔目睹了混乱的中国》一文中指出：

> 中国如果真想变得统一并保持长久的和平，那么就必须借助外国资金。今天的中国就像一个破旧不堪的工厂，到处堆满了无法使用的机器，必须得给这个工厂购买新机器。但是，在获得资金之前，必须考虑到投资者可能遭遇的风险，也必须保证这个重建的工厂诚实可靠并具有经营管理能力。②

不难发现，在南京政府建立初期，它还并未获得西方对其足够的信任和认可，中国的整体状况还很难让外国资本放心。在 1929 年 7 月发表的经济评论《中国没有给外国资金提供空间》一文中，阿班还指出了包括绑架（"kidnapping"）、拐卖（"abduction"）、抢劫（"robber by violence"）等让外国资金望而却步的社会因素。③

此后，虽然南京政府持续努力谋求财政平衡，但直至 20 世纪 30 年代中叶，中国的财政收支问题依然没有缓解，年度赤字不断攀高。1935 年，阿班再度发表了评论文章《中国认为贷款是其唯一希望》，在这篇文章中，他对中国财政情况进行了综合评估并指

---

① Hallett Abend, "Flatter hide truth from Chang", *The New York Times*, Apr. 10, 1928, pg. 4.

② Hallett Abend, "Kemmerer finds disrupted China", *The New York Times*, Apr. 14, 1929, pg. 61.

③ Hallett Abend, "China now no place for foreign money", *The New York Times*, Jul. 21, 1929, pg. 10.

出："鉴于日本的反对，外国政府的贷款可能更令人怀疑。而且由于中国大部分收入已被抵押，外国银行的贷款债权也几无可能。"[①]从外国给中国贷款这一经济问题很容易发现西方社会对于中国所持有的强烈负面判断和认知。

三　社会生活

来自社会生活方面的评论是考察阿班中国报道框架无法忽视的一个层面，它不同于之前论述的政治经济问题，而事关中国普通大众的真实生活，因此更加直接、生动和深刻，更加能够体现阿班对于中国问题的看法和认识。

1928—1931 年间，《纽约时报》上出现了多篇有关中国的饥荒、洪水、贫困、疾病等重大社会问题方面的报道，在这些篇目中，阿班对中国发出了更多质疑和批评的声音。

以 1928—1930 年间北方地区爆发的大饥荒为例，阿班就曾对其原因进行过多方面的分析和披露：首先，饥荒的发生不是单纯的自然灾害，而是与地方军阀的严重盘剥有关。以山东为例，"没有人知道去年山东人民到底被榨取了多少，国内外共同预计的总数大约为八千万元"[②]。阿班发现，中国地方军阀对老百姓的盘剥是肆无忌惮、长年累月和恶性循环式的，"如果张宗昌想要三百万圆的话，他就会把自己的手下召集起来并想出一种新税。这些人规模庞大，最终得到大约一千两百万圆的税收。张拿到他的三百万后，就把剩下的钱分给这些阿谀奉承的人和那些'购买'征税特权的团伙，然后这些团伙再从当地老百姓身上敲诈出比他们的投资高出几

---

① Hallett Abend, "China finds loan is her only hope", *The New York Times*, Mar. 10, 1935, pg. 29.

② Hallett Abend, "12, 000, 000 suffer in Chinese famine", *The New York Times*, Mar. 4, 1928, pg. 29.

倍的钱"①。正是在这种残酷的暴力盘剥制度下,地方老百姓民不聊生,被迫逃离家园。据统计,"山东遭到特别沉重的打击,每年有几十万农民由于害怕丧命而逃亡"②。

其次,饥荒的发生还与南京政府的不作为有关,在1929年的报道中,阿班非常直接地指出:"尽管南京政府早在六个月前就知道了这场无法避免的饥荒,而且中国国际饥荒救济委员会也在三个多月前在海外为这一千两百万人进行过募捐。但是,南京仍然没有给饥民提供任何食物。"③"南京政府根本不在饥荒救济上花一元钱。"④阿班发现:"大部分灾荒地区到现代交通线路的距离有一百到五百公里远。在某些情况下,有些道路可以通车,但在那里并没有发现为避免大量人员死亡而快速运送食物的卡车和任何其他的运输工具。"⑤缺乏有力的中央财政支持是导致西北抗灾前线的救援无法正常开展的重要原因。

鉴于上述分析,阿班将中国发生的饥荒归结为一种"政治饥荒"(political famine)⑥而非自然灾害,他撰文指出:

> 美国红十字会和其他救济组织对饥荒所下的定义是:由于自然原因,比如干旱、洪水、害虫或谷物歉收所导致的一种危险性的食物短缺。但在中国,这种危险性的食物短缺则是由官方勒索、苛政、国内战争引发的抢劫或由政府垮台而引发的大规模土匪而导致的,它不是普通的饥荒,而是一种"政治饥荒"。

---

① Hallett Abend, "12, 000, 000 suffer in Chinese famine", *The New York Times*, Mar. 4, 1928, pg. 29.

② [美]费正清、费维恺编:《剑桥中华民国史(1912—1949)下卷》,中国社会科学出版社1994年版,第264页。

③ Hallett Abend, "Thousands die daily in Chinese famine", *The New York Times*, Feb. 23, 1929, pg. 5.

④ Ibid. .

⑤ Ibid. .

⑥ Hallett Abend, "Politics has part in Chinese famine", *The New York Times*, Apr. 8, 1929, pg. 5.

正如阿班所言，这种"政治饥荒"不仅表现为对土地的残酷盘剥和对农民的无情压榨，"在中国西北部的广大地区，土地税正在成倍地增加，甚至提前两年、三年乃至五年进行收税，这些都导致了目前的粮食短缺。换句话说，这些税已经远远地超过了这块土地的负担能力，不仅耗尽了多余的产量，甚至把用于存储的种粮都夺走了，人们只能沦落为乞丐"[1]。而且，"政治饥荒"还表现为对粮食、棉花等紧急救灾物资的掠夺，"对那些不在中国久居的人来说，可能根本无法理解对救济粮运送进行征税的现象。比如，要从天津把救济粮用船运到遭灾的绥远地区，那么运送这些食物的船运费总计为一百美元，此外，当这批货物再通过火车运达绥远的途中，还要被征收十二种总计高达三百美元的不同'税收'，它们比船运费的三倍还要多"[2]。另外，还出现了地方势力为赚取高额利润而将大面积良田改种鸦片所导致的农业衰败。[3]

可以说，阿班对于中国社会问题的观察和分析是细腻而深入的，这些文字无一不构成阿班笔下中国濒临危机境地的有力证言。

四　共产主义

20世纪20年代，美国刚刚经历过被称之为"红色恐怖"（Red Scare）的第一次反共高潮[4]，由于意识形态的对立，大部分美国人对于共产主义怀有强烈的偏见和排斥。[5]但在中国，20世纪20—30年代正是共产主义和中国共产党蓬勃发展的时期，因此对

---

① Hallett Abend, "Politics has part in Chinese famine", *The New York Times*, Apr. 8, 1929, pg. 5.

② Ibid. .

③ Ibid. .

④ 刘建飞：《美国与反共主义》，中国社会科学出版社2001年版，第51页。

⑤ Hallett Abend, "China adopts plans to ease big burden", *The New York Times*, Nov. 17, 1930, pg. 9; "Chinese reds rally for new attacks", *The New York Times*, Nov. 18, 1930, pg. 12; "Hankow excuses reds to avert coup", *The New York Times*, Apr. 23, 1931, pg. 13; "China's perils seen on trip up Yangtse", *The New York Times*, Apr. 26, 1931, pg. N1, etc.

外国记者有关中国问题的认识和理解产生不可忽视的影响。总的来说，阿班不但对共产党持有根深蒂固的偏见，同时也对中国共产主义的发展深感忧虑。

首先，在阿班看来，共产主义在中国的兴起主要源于其宣传动员，他将共产主义比拟为一种"甜言蜜语"[①]般的宗教信仰，由于向中国的广大劳动者许诺"未来就如同太平盛世一样"[②]，因此才获得了人们的拥戴和信任。在1930年发表的新闻评论《在中国出现的红色力量——共产党的成功改变了这个国家的前景》一文中，阿班写道：

> 中国人民长期忍受着满清王朝的残酷统治，因此，他们将希望寄托于发生在十九年前的那场早期革命。然而，这种希望已经再次落空，军阀已经摧毁了这个国家。而且，美国和欧洲国家的机械文明已在中国造成了影响广泛的经济断层，传统的家庭作坊已经丧失了社会地位，而且一般人也丧失了对中国多种宗教的信仰。

> 怎么能不是共产主义呢？它巧妙地提出了一种可以挽救一切疾病的方法，并对中国庞大的赤贫人口进行了有力的宣传。这些人百分之九十以上都是文盲，他们只知道本地事务，最多了解一些本省事务，除此之外他们一无所知……

> 如果中国最终发生"赤化"的话，那并不是因为大多数中国人愿意选择在共产主义下生活。事实上大部分中国人（至少有百分之九十的人）并不了解共产主义到底是什么，也不明白共产主义的真实含义。中国的"赤化"仅仅意味着绝望和备受折磨的人们对那些甜言蜜语的屈从，比如"分土地、

---

① Hallett Abend, "Rising red power in China: Success of Communists changes the outlook for the Nation", *The New York Times*, Jun 22, 1930.

② Ibid. .

不纳税"、"消灭压迫、权势和富绅阶层"、"杀掉所有压迫农民和工人的官员"等宣传标语。[①]

上述观点虽然明显有失偏颇，但可以在一定程度上反映出阿班对于中国社会现实的敏锐洞察力。他看到了现存社会制度对普通中国人的残酷压榨，"可怕的恶政和可耻的剥削已经将大多数中国人折磨到了与 1917 年的俄国部队一样绝望的程度"[②]，因此共产主义才成为底层人民进行社会反抗的必然选择。事实上，在那些充满意识形态偏见的看法背后隐匿的恰恰是阿班对于中国黑暗社会现实的悲观和失望，正如阿班在 1930 年出版的新闻评论集《苦难的中国》（Tortured China）一书中所言：

> 生活在这片悲伤之地的众多中国人和外国观察家如今都已经相信，在中国能够形成稳定的政权形式并最终致力于团结与和平的道路之前，中国只能不断地走向"左"。迄今为止，中间派和保守派都还没有显示出任何解决中国内政问题的能力……中国的共产主义要么获胜，要么消失。[③]

1932 年，在国民党对共产党发起的第三次围剿再次失利之时，阿班对中国革命的发展做出了进一步的分析和评估，他说："只要政府本身存在着普遍的不稳定和不团结，那么就没有制订复兴计划与实施经济改善举措的可能。如果沉重的赋税、地方的暴政和政府的腐败无法遏制地继续发展，那么，局势就会有利于共产党，因为

---

① Hallett Abend, "Rising red power in China: Success of Communists changes the outlook for the Nation", *The New York Times*, Jun. 22, 1930, pg. E4.

② Hallett Abend, *Tortured China*, The Vail - Ballou Press, Inc., Binghamton, N. Y. 1930, p. 19.

③ Ibid., p. 26.

共产党自身能够创造出他们所宣称的所有成功。"① 可以说，阿班是较早预见到"共产党可能在中国得势"的为数不多的几个西方记者之一。②

　　然而，正如美国学者韩德（Hunt）所言："美国人的一贯信仰是——'革命，尽管可能是向善的力量，却很容易向危险的方向发展。'"③ 阿班虽然了解共产主义流行的原因，但内心深处却对它的兴起和发展感到恐惧，对他而言，共产主义无疑是中国面临的巨大困境和严重危险。

第三节　作为主导框架的"危机中国"形象

　　框架分析理论已经表明，框架不仅是核心议题，同时也是议题的核心思想；不仅是一种具有组织逻辑的描述，同时也是相关意见和建议的表达。对新闻报道来说，框架就是统摄报道内容的主线和灵魂，它几乎浸润在每一篇具体的报道文本之中，但同时又表现为一种高度抽象化的"指导思想"或者"视角"，"这种指导思想或叙述视角是对特定政治、经济、社会和文化现象所持的基本观点和基本态度，是对现实生活中种种新闻事件的基本特征、合理性、重要性、意义、因果关系等问题进行判断的潜在标准"④。

　　从上述第二小节的分析中不难发现，在《纽约时报》供职的14年中，哈雷特·阿班始终致力于为美国社会传达一个强烈而持久的认知，即"危机中国"的国家形象。而且，他强烈地渴望着这一认

---

① Hallett Abend, "Nanking red drive ending in a draw", *The New York Times*, Sep. 11, 1932, pg. E5.

② 张功臣：《与中国革命同行——三十年代前后美国在华记者报道记略》，《国际新闻界》1996年第3期。

③ 转引自王立新《意识形态与美国外交政策：以20世纪美国对华政策为个案的研究》，北京大学出版社2007年版，第23页。

④ 孙有中：《解码中国形象：〈纽约时报〉和〈泰晤士报〉中国报道比较（1993－2002）》，世界知识出版社2009年版，第148页。

知演变成为一种巨大的社会共识而深入人心，以撼动美国政府的东亚政策，干涉亚洲事务，"挽救"中国于水深火热之中。① 也就是说，"危机中国"这一核心观念构成了统摄整个哈雷特·阿班中国报道的主导性框架，它从总体上奠定了阿班报道中国的基调和方向，是阿班进行中国报道时所秉持的"标准"、"视角"和"指导思想"，有关中国政治、经济、社会以及文化等方面的问题都会被纳入这一报道框架之中进行组织和叙述，从而成为《纽约时报》塑造和传播民国时期中国国家形象的关键和基础。

一　"危机中国"的含义

何谓"危机"？1980 年商务印书馆出版的《辞源》是如此解释其内涵的："'危机'：潜伏的祸端。文选晋陆士衡（机）豪士赋序：'众心日移，危机将发。'唐刘禹锡梦得文集二题欹器图诗：'嬴相功成思税驾，晋臣名遂叹危机。'"② 同期商务印书馆的《新华词典》称："'危机'：严重的危害到生存的关节。"③ 可见，"危机"有两种含义：一种是指具体的、危险的事物，另外一种是指比较抽象的、危险的境遇。

2000 年，新出版的《汉语大词典》将上述两种释义集合起来："'危机'：（1）潜伏的祸害或危险；（2）危险的装置；（3）严重困难的关头。"④ 即"危机"既可以指一种具体的危险，也可以指一种抽象的危险。但是，无论是哪一种，"危机"都预示着改变、机会或者转折。新近的维基百科认为，"危机是有危险又有机会的时刻，是测试决策和问题解决能力的一刻，是人生、团体、社会发

---

① Hallett E. Abend, *My Life in China 1926–1941*, Harcourt Brace, 1943.

② 《辞源》第一册，广东、广西、湖北、河南辞源修订组，商务印书馆编辑部合编，商务印书馆 1980 年版，第 434 页。

③ 《新华词典》，商务印书馆 1980 年版，第 868 页。

④ 《汉语大词典》（普及本），汉语大词典普及本编辑委员会，汉语大词典出版社 2000 年版，第 426 页。

展的转折点，生死攸关、利益转移，有如分叉路"①。

　　根据 2005 年商务印书馆出版的《朗文当代英语大辞典》的释义，与"危机"一词对应的英文词汇是"crisis"②，而且，"crisis"在阿班的中国报道中也曾经多次出现。此外，在驻华采访期间，阿班还先后出版过三本有关中国的新闻报道评论集，即 1930 年的《苦难的中国》（*Tortured China*），1936 年的《中国能生存下去吗?》（*Can China Survive?*）以及 1940 年的《中国的混乱》（*Chaos in China*），它们实际上是阿班对三个不同时期中国现状的描述和总结。仅从以上三个书名来判断，就可以看出阿班在中国认知上所表现出来的某种连续性和统一性，"困难"、"生存"抑或"混乱"无一不是国家危难的表征性词汇。因此，"危机中国"事实上就是指处于危险境遇之中的中国社会，而且，这种危险不仅指涉中国本身存在的风险，同时也意指中国的现状对他者而言的风险，比如美国。所以，危机中国是一种双重危险的结合，正是在这种意义层面上，它才成为阿班报道中国事务时的主导新闻框架。

　　可以说，阿班始终感受、理解和塑造的中国就是一个深处逆境，面临挑战，濒临绝望的国家，"危机中国"不仅是阿班的认知主线，也是他的报道灵魂。

二　"危机中国"的起源

　　为什么"危机中国"能够成为支配阿班中国报道的主题框架呢？事实上，在来华之前，阿班自己对远东的了解还非常有限，可以说，他对中国的认识还停留在文学作品的美好描述中——"亭

---

① 参见"维基百科"（http://zh. wikipedia. org/zh－cn/% E5% 8D% B1% E6% A9% 9F）。

② ［英］萨默斯：《朗文当代英语大辞典（英英·英汉双解）》，朱原等译，商务印书馆 2005 年版。

台楼阁"、"寺庙的钟声"、"香辣美味"①，中国应该是一个期待中的静谧之地。但是，当海轮初次将阿班送入上海码头时，他看到的却是"泥浆般的浑水"、"平坦的泥岸"和"高耸的广告牌"② 等毫无古典美感的苍白现实，这和他之前对中国的想象相去甚远，甚至让他"难以置信"③。因此，这种心理上的落差势必意味着阿班必须重新汲取有关中国的知识概念并重构自己对于中国的认知和理解。

1926 年，在美国新闻人索克斯的建议下，阿班奔赴当时大革命的策源地广州进行采访。随后在广州沙基的见闻给这位初来乍到的美国记者留下了难以磨灭的印象，这种第一印象无疑深深地影响了阿班对于中国的看法和判断，他在回忆录中这样描述了当时所见到的情景：

> 令我惊奇的是，沙面岛上的沙包、铁丝网并非一处两处，朝向广州市的整条岸线都围上了铁丝，堆满了沙包。隔开一段，便有钢筋水泥的碉堡，里头架着机关枪，封住通往小桥的所有方向。面向珠江的岸线也架上了铁丝网，卫兵绕着岛日夜巡逻。常有冷枪从市区那边的屋顶上射过来。混浊的江面上，在远处游弋的中国小船，也时不时朝岛上放枪。我的鼻子一下嗅到了新闻的气息。
>
> 情形着实令人震颤……
>
> 我在报界浸淫多年，就数这一次的工作环境最不寻常，但我已经准备停当。沙基惨案是场出其不意的危机，让人震惊不已，以至于我对所见所闻，总是半信半疑。离开美国前，我花了六星期时间，兢兢业业地读遍了关于中国的材料。横渡太平

---

① ［美］哈雷特·阿班：《民国采访战——〈纽约时报〉驻华首席记者阿班回忆录》，杨植峰译，广西师范大学出版社 2008 年版，第 5 页。

② 同上。

③ 同上。

洋时，又花了大半时间，埋头书本。即便如此，沙面的情况，仍然大大出乎我的意料。

不难看出，阿班对广州局势的直观感受是何等的强烈和震撼。事实上，阿班起初来到中国只是打算做一次短期出游，以平复他对日复一日的案头工作的厌倦，并未萌生常驻中国的打算。然而，当他真正到来之时，中国的现实完全超出了他的想象和经验范围，这种强烈的刺激深深地激发出了一个西方记者的职业敏感、激情和抱负。不难判断，这种最初源自广州的、强烈的"震撼"感就是阿班对于中国的第一印象，沙基惨案在广州所造成的"危机"也成为"危机中国"报道框架形成的重要基础。

历史地看，义和团运动爆发以后，包括美国人在内的西方人士对中国的反帝运动都心有余悸，并为19世纪末以来西方的中国认知注入了恐惧和不安的种子，自此以后，西方人对中国任何形式的反帝运动都相当敏感和紧张。因此，当时广州沙基的局势深深地触动了阿班，他深刻地体会到了中国反帝运动的猛烈以及中国现实的"动荡"[1]，并让他强烈地意识到了西方利益在中国所面临的威胁和挑战。所以，广州之行成为阿班建构"危机中国"形象的一个重要诱因。后期，伴随着中外局势的恶化以及对中国了解的日渐深入，这种"动荡"感很快就从对反帝运动的恐慌升级为一种对于中国整体现状的焦虑，"危机中国"框架就是在这样的情形下愈加成熟和清晰化的。

三 "危机中国"背后的潜台词

从1926年初来华到1940年10月被迫离开中国，哈雷特·阿班在中国历经十五载。如第一章所述，这十五年不但是中国近代发

---

① ［美］哈雷特·阿班：《民国采访战——〈纽约时报〉驻华首席记者阿班回忆录》，杨植峰译，广西师范大学出版社2008年版，第13页。

展史上非常重要的阶段，而且也是国际关系急剧变化和美国远东外
交政策经历考验的重要时期，因此，阿班以及《纽约时报》在进
行中国报道时所采纳的"危机中国"框架并不是一种纯然客观的
视角，而是在当时的时代背景下，作为主体的新闻生产者对作为客
体的报道对象形成的一种主观认知。

　　一方面，"危机中国"框架来源于中国的现实。客观地说，当
时中国的各种社会矛盾激化，国家本身确实面临危机和挑战。另一
方面，中国的发展趋势又打破了之前西方利益在中国的固有地位和
传统均衡，这样的中国对于美国等西方国家来说，就是危机的状
态。正如李希光教授所言，"在事实的图解化过程中，记者不可避
免地把自己的价值观和事实混在一起了。事实的取舍标准本身就打
上了道德的烙印。新闻事件按照记者的价值尺度被剪裁，纳入编辑
记者的价值尺度及市场规定和要求的道德、意识形态和利益框架
里"①。所以，"危机中国"可以理解为阿班通过自身的新闻采访实
践给中国现状所下的定义，而这个定义的目标是要让它成为美国舆
论关于中国问题的共识以及美国政府东亚外交决策的依据。虽然我
们无法明确衡量阿班到底在何种程度上影响了美国的对华政策，但
是他一直孜孜以求地希望自己的中国报道能够引发美国公众，尤其
是美国高级决策层对中国的关注和行动却是不争的事实。

　　杨植峰先生曾经这样描述过阿班的身份角色："阿班之重要，
在于他的作用已完全超出了区区记者的层面。对美国政府而言，他
是个不支薪的高级情报员，免费提供绝密情报，分量超过任何正式
间谍。对其余各国政府而言，他是个编外的美国外交官，其作用常
常是美国大使所不能及。因此日美之间、中美之间、苏美之间都要
由他来频频传话。至于各国的内斗，也要向他暗泄天机，好登上

---

① 李希光：《新闻事实论》，《国际新闻界》2001 年第 3 期。

《纽约时报》，搞乱对方。"① 因此，阿班的"危机中国"报道框架必然具有深刻的政治文化意涵，笔者将在第五章对此进行重点阐述。

① 杨植峰：《译者序》，载［美］哈雷特·阿班《民国采访战——〈纽约时报〉驻华首席记者阿班回忆录》，广西师范大学出版社 2008 年版，第 3 页。

第四章　哈雷特·阿班中国
报道的案例分析

哈雷特·阿班采写的一千余篇中国报道涉及了中国近代社会的方方面面，但其中能够集中反映阿班及《纽约时报》中国新闻生产以及国家形象建构特点的报道案例有以下若干：（1）有关"西安事变"的报道（1936年）；（2）有关日本侵占上海的报道（1937—1940年）；（3）有关新闻检查的报道（1926—1940年）。本章旨在分析这三个报道案例的文本特征。

第一节　有关"西安事变"的报道

1936年12月13日，也就是"西安事变"爆发的第二天，《纽约时报》旋即在头版位置刊发了来自哈雷特·阿班的首篇报道，抢发独家新闻，在随后的15天，时报又连续在第一版发布相关消息。①

---

① 有关"西安事变"的报道在12月20日（星期天）有所中断，当天刊发的是由哈雷特·阿班采写的一则社会新闻《四磅重的稀有大熊猫不久将抵达纽约》（"Rare 4—Round 'Giant' Panda To Arrive in New York Soon"）。

以下是这十五篇报道文本的基本情况①：

表 4—1　　　　　　　　　**"西安事变"报道情况**

日期	主标题	副标题	版位
12.13	蒋介石遭到陕西叛军的囚禁，要求他对日作战	满洲叛乱；张学良因中共重返南京政权；收复失地；委员长在准备处罚与红军结盟者的途中被抓；南京迅速行动；任命部队领导人——新的恐慌——学生进行战争请愿	1
12.14	政府军快马加鞭营救叛乱中的蒋介石	报道称将军还活着；14万政府军在事发地周边准备发起攻击；何（应钦）将军成为南京统帅；主要省份领导人统一立场反对张（学良）的行动；南京政权遭受打击；发起军事进攻并威胁要消灭陕西的共产党	1
12.15	独裁者的妻子发出警告	/	1

---

① 十五篇报道分别为：Hallett Abend, "Chiang Kai – Shek is prisoner of mutinous Shensi troops, demanding war on Japan", *The New York Times*, Dec. 13, 1936, pg. 1; "Troops rushing to rescue Gen. Chiang from rebels, Japanese navy on guard", *The New York Times*, Dec. 14, 1936, pg. 1; " Dictator's wife notified", *The New York Times*, Dec. 15, 1936, pg. 1; "Slaying broadcast", *The New York Times*, Dec. 16, 1936, pg. 1; "New Peril for Generalissimo", *The New York Times*, Dec. 17, 1936, pg. 1; "Chang pleads for parley", *The New York Times*, Dec. 18, 1936, pg. 1; "Chiang expecting to be free today; bars compromise", *The New York Times*, Dec. 19, 1936, pg. 1; "Nanking troops advance near Sian to rescue leader", *The New York Times*, Dec. 21, 1936, pg. 1; "Kansu joins rebellion of Chang in north China; ransom asked for Chiang", *The New York Times*, Dec. 22, pg. 1, 1936; "Mrs. Chiang in Sian to help dictator", *The New York Times*, Dec. 23, 1936, pg. 1; "China extends truce to Christmas as Governors enter negotiations", *The New York Times*, Dec. 24, 1936, pg. 1; "China bids rebels free Chiang today of race conquest", *The New York Times*, Dec. 25, 1936, pg. 1; "Gen. Chiang freed, arrives in Nanking; ex – captor on way", *The New York Times*, Dec. 26, 1936, pg. 1; "Leniency is asked by Nanking leader for rebels' chiefs", *The New York Times*, Dec. 27, 1936, pg. 1; "Sian rebels free 9 more officials; Japan is worried", *The New York Times*, Dec. 28, 1936, pg. 1。

日期	主标题	副标题	版位
12.16	广播遭封杀	澳大利亚人报道说目睹了委员长赴陕西一行；独裁者拒绝谈判；劫持者与政府方面持续磋商；政府军逼近西安；五个纵队向前方推进；南京声称要坚决镇压叛乱	1
12.17	委员长面临新危险	/	1
12.18	张（学良）要求谈判	/	1
12.19	今天可能释放蒋介石；禁止调停	劫持者声称如果需要，他将用一场审判来证明自己真诚的动机；为了让蒋介石重返首都，张学良要求截至下午六时的停战协议得到了批准；南方领导人深感不安；广西省再次要求南京政府迅速抗日	1
12.21	南京政府军逼近西安营救领袖	报道称轰炸了三个镇以快速接近被张（学良）囚禁的蒋介石；和平谈判继续；不会有大规模的战斗，政府方面就叛乱者要求展开磋商	1
12.22	中国北部的甘肃省加入张（学良）的叛乱；并向蒋介石要赎金	兰州政变；高官被杀，政府军进行大范围掠夺；向独裁者索要巨额资金；日本听闻西安方面提出 3000 万美元释放委员长的要求；谈判有望；宋子文协同宋美龄飞往西安	1
12.23	蒋夫人奔赴前线营救蒋介石	宋子文、端纳陪同宋美龄乘机前往西安；可能会释放蒋介石；叛乱部队未受共产党同盟的控制	1
12.24	中共政府将停火协议延长至圣诞节，地方头目加入谈判	北方官员可能飞往西安，寻求途径释放独裁者——共产党占领了一万平方公里的土地，叛军云集西安	1

日期	主标题	副标题	版位
12.25	中央政府要求叛乱者今日释放蒋（介石），否则将进行讨伐	来自军事部的最后通牒警告称停火协议不会以任何条件延期；桥梁被毁；张（学良）的部队试图阻止南京部队——天津地区的阴谋被粉碎	1
12.26	蒋（介石）将军获释；现已到达南京；前劫持者也一同前往	条件保密；但张（学良）事实上被俘并准备"勇敢承担责任"；独裁者表现疲劳；日本听说他将会辞职而张（学良）将会被永久流放；中国人为释放行动欢呼雀跃；委员长乘车穿过首都街道——举行了盛大的庆祝活动	1
12.27	南京政府领导人声称将宽大处理叛乱首领	张学良将军告诉蒋（介石）将军，他已经准备好承受严厉的惩罚；南京政府得到巩固；经历了八个月的低迷萎缩后，委员长的声望达到了新高度；敌对者失和；大量电讯庆祝独裁者释放，但他必须为严重的国家危机负责	1
12.28	西安叛乱者释放了其他九名政府官员，日本方面倍感焦虑	中国内政部长以及军事部副部长也在被释者之中；宋（子文）可能成为总理；任命宋以及对张（学良）的宽大可能意味着更加强硬的抗日立场	1

正如塔奇曼（Tuchman）所言："世界上所发生的任何一个事件，都可能成为一则新闻报道"，但是，问题的关键在于它们"是否受到注意"、"是否被认为具有新闻价值"、"它们会被用什么样的写作方式进行报道"、"会通过什么样的排版样式被表现出来，包括文章长度和使用图片的吸引程度"①，而事件本身则仅仅是承

---

① ［美］盖伊·塔奇曼：《做新闻》，麻争旗、刘笑盈、徐扬译，华夏出版社2008年版，第150页。

载新闻主题的载体而已。可以看出,《纽约时报》给予了"西安事变"非同一般的重视,整个报道构成了一个完整的报道系列,基本涵盖了事件爆发以及收场的始末,而且将十五篇报道全部置于头版刊发,这种做法在当时的美国主流报纸上并不多见,可视为《纽约时报》有关中国新闻的一次重量级发布。借此报道,中国的动荡危局瞬间传之于世界。

从总体上看,上述这十五篇报道全部为哈雷特·阿班发自时报上海总部的电讯稿,其中绝大部分是上千字的长文,以消息和评论为主,采取了连续跟进式的报道方式,动态化地表现了事件的紧迫感,"危机中国"框架的支配性作用表现明显。

首先,"西安事变"的爆发震撼了包括阿班在内的众多外国记者,他们即刻意识到了这则将会轰动中外的重大新闻,并在第一时间产生了对中国未来局势的忧惧和猜测。比如,较早获知"西安事变"的日本同盟社记者松本重治曾在回忆录中记述了他当时的所感所想:"能碰上世界性的大事,而且有可能是独家新闻,我感到一阵喜悦。但是,蒋介石将如何度过这一关呢?南京会想些什么解决办法呢?中国统一的前途会怎样?日本该怎么应付这一事件呢?明天一早应该告诉陆海军武官,我的脑海里想着这些事情……"①同样,阿班的内心也充满着种种疑问:"我感到,这是则头等重要的新闻。一个泱泱大国的政府首脑居然遭到了劫持,且危在旦夕。而这次的起事,又是于中共极其有利。不知苏联是否会出台强硬的相关政策。最重要的是,日本又会如何应对这场危机?若蒋介石因此殒命,中国必将大乱,日本则可趁乱进犯,借此意想不到的机会,获取最大利益。"② 可以想象,这种震惊的感受和不安的情绪会如何转变为阿班对于"危机中国"报道框架的积极调动

---

① ［日］松本重治:《上海时代》,曹振威、沈中琦译,上海书店出版社 2010 年版,第 453 页。

② ［美］哈雷特·阿班:《民国采访战——〈纽约时报〉驻华首席记者阿班回忆录》,杨植峰译,广西师范大学出版社 2008 年版,第 192 页。

和对此种国家形象的主动塑造。不难发现，在"西安事变"的首篇报道中，阿班使用了十个独立的自然段落对相关事态进行阐述，每个段落都是一个意义相关但内容独立的表述单元，层层叠加，用类似蒙太奇的叙述手法在第一时间渲染出了事态的严重性和紧迫性：

> 蒋委员长不仅是中国部队的总司令，实际上也是以行政院主席身份为名的真正意义上的总理。逮捕他的这一轰动性反叛行为不仅会严重地打击南京政府的绥远战役，也会让那些支持强硬反日政策的人士和活动迅速复燃。
>
> 目前，所有的注意力都转向了南方。广西领导人李济深和白崇禧在去年夏天平息西南叛乱的九月协议中曾公开声称，解决的问题仅仅是停火而已，因此在发起新一轮行动之前，他们还要看看蒋委员长到底会采取什么样的政策。
>
> 近几个月以来，陕西的局势都很危险，张（学良）的部队已和共产党部队交好。张（学良）将军以前在满洲部队大约有12万人，自从1931年9月背井离乡之后，他们一直激烈抗日，而且喜闻共产党支持抗战的宣传。
>
> 这次兵变行动显然是有计划的，因为来自西安的电报称那里并没有发生抢劫和死伤。如果没有暴力行为，就有通过协商和劝服而达成和解的可能性。
>
> 委员长军队派去协助剿共战役的几个师就在陕西，但由于绥远动乱的发生，其中的多支部队奉命通过了黄河，目前位于陕西东部。
>
> 唯一的经由陇海线进入陕西的一条铁路在潼关受阻，那里是河南和陕西边界之间的一个军事要隘。
>
> 正在上海治疗的财政部长孔祥熙和蒋夫人已于午夜搭乘一趟由重兵把守的火车返回南京。中央政府的所有重要人士都赶往首都以协助应对这场危机。

自五年前日本攻击上海以来，中国政府从未遭遇过这样的"威胁"。分裂分子和其他头目之间所维系的"一种表面统一"事实上指望的是蒋委员长的私人权力和强硬个性。

如果蒋介石被长期扣留或者牺牲，中国的混乱恐怕就会接踵而至。到那时人们就会发现，中国将重返国民党胜利之前那种已然存在了十年之久的社会状况。

日本方面试图低估这次兵变的反日性质，他们声称反叛者是为了反抗进驻福建的一项军事命令才发起行动的。相关报道称南京政府发现了张（学良）将军的部队与共产党之间的结盟动向，因此正准备于近期将张的部分军队派遣出去。①

可以发现，从报道的初始，阿班就对"西安事变"的政治影响力做出了充分的评估，他明确地将这次事件定义为一场"危机"（crisis），并将它视为自 1932 年"一·二八"事变以来对中国中央政府从未遭遇过的"威胁"，并且预言了可能发生的后果——"混乱恐怕就会接踵而至"。而且，《纽约时报》还专门给当天的这篇报道配发了三幅图片，其中两幅是蒋介石和张学良身着戎装的半身像，另外一幅是包括西安在内的中国东北以及东南地区的地图，而且在图表下方配发了这样的说明："蒋介石委员长被他命令派往福建的部队囚禁了位于中国西北陕西省的西安。共产党一直在西安的西部活动，而且这支叛军已经向共产党人示好。在东北方向的绥远北部，中国战胜了日本人—满洲人—蒙古人的联合武装。在山东青岛，日本海军最近已登陆以应对罢工事件。深色阴影部分表示俄国统治下的领土，浅色阴影部分则是日本统治下的领土。"②通过这些词汇以及插图的调用，中国危机四伏的局势跃然纸上。

---

① Hallett Abend, "Chiang Kai-Shek is prisoner of mutinous Shensi troops, demanding war on Japan", *The New York Times*, Dec. 13, 1936, pg. 1.

② Ibid..

值得注意的是，12 月 14 日，《纽约时报》在第 16 版还发布了阿班撰写的《何（应钦）有能力成为蒋介石的副手》的报道，该文对事变爆发后临时接替蒋介石担任国家军队最高指挥官的何应钦进行了全面的个人介绍，描述了何应钦从辛亥革命开始一直到 1935 年以来的政治军事生涯①，此种对关键政治人物背景的报道也暗示了"西安事变"可能引发中国政局变动的可能。

其次，从整个报道的跟进节奏看，十五篇报道大致可被划分为三个不同的阶段：（1）事件爆发的初级阶段（12 月 13—16 日）：主要报道蒋介石遭遇劫持并被软禁的大致情形以及南京政府的应对举措和社会各方面的反应；（2）事件发展的高潮阶段（12 月 17—25 日）：集中关注南京政府对蒋介石的施救措施以及张学良方面的反馈和行动；（3）事件的收尾阶段（12 月 26—28 日）：蒋介石被释放以及相关的善后事宜。不难发现，这种报道方式明显是一种故事化的新闻处理方式，旨在突出事态发展的不确定性，而这种不确定性恰恰是中国混乱局势和危机情形的最好写照。

尤其在报道的情节安排上，事态发展的前途未卜和巨大悬念被明显地强化和突出。例如，在 12 月 17 日《委员长面临新危险》一文中，阿班报道了南京中央政府宣布讨伐张学良的消息，并发布了一系列预示事态急转直下的内容："恐怕这个危机已经发展得太离谱而无法和谈了"、"西安的电报和广播通讯昨天稍晚时都中断了"、"端纳昨天没有再次飞往西安而是决定返回南京"、"目前还未收到任何有关身陷西安和附近地方的外国人命运的消息"②。但是，就在接下来的次日报道中，阿班就公布了一则说明事态逆转的消息："上海的官方集团今天认为西安的局势又有了希望，因为他们得知张学良昨天再次恳请前财政部长宋子文和顾祝同将军飞往西

---

①　Hallett Abend, "Ho hold able aide of Chiang Kai - Shek", *The New York Times*, Dec. 14, 1936, pg. 16.

②　Hallett Abend, "New Peril for Generalissimo", *The New York Times*, Dec. 17, 1936, pg. 1.

安商讨可能的解决方案。"① 与此同时，阿班还公开了端纳针对《纽约时报》采访的答复电报："委员长一切安好，并得到了悉心的照顾和充分的尊重，生活舒适，我和他住在一起。当然，委员长不喜欢这种让他保证在新政策中进行合作的方法。等到宋子文和顾祝同来时，只要不发生战争，那么就能摆脱目前的困境。"② 事实上，即使在单篇报道中，阿班对于事态的刻画也是充满未知色彩的，比如12月16日的报道《广播遭封杀》一篇。他首先报道了端纳赴西安谈判的消息，并提出了"这样的消息给继续和谈带来了希望，成功仍然可能"③ 的观点，但在文尾部分，阿班却笔锋一转："目前最大的危险是，在西安遭到围困的叛乱者中的一些人开始感到绝望，他们想要诉诸于暗杀。"④

可以发现，在"西安事变"和平解决的消息公布之前，阿班所撰写的每篇报道的结尾几乎都留有巨大的悬念，它们围绕蒋介石的生死命运做足了文章：从17日报道政府军压境置蒋介石于生命危险之中，到18日端纳带回蒋介石平安的消息，19日蒋鼎文被提前释放展露和谈生机，21日政府军挺进西安双方交火事态进一步恶化，再到22日宋美龄赴西安，23日打破谈判僵局，24日和谈无果前途暗淡，直至25日停火协议到期内战一触即发，26日蒋介石获释。"西安事变"简直堪称一场曲折离奇、一波三折、前途未卜的人质营救事件。正如阿班自己所言，他从一开始就想要把"西安事变"讲述成一个"泱泱大国的政府首脑遭到了劫持且危在旦夕"的故事，而且是当时中国"最奇特的一幕"⑤。

此外，在报道的细节描写上，阿班也毫不避讳地采纳了相当文

① Hallett Abend, "Chang pleads for parley", *The New York Times*, Dec. 18, 1936, pg. 1.

② Ibid. .

③ Hallett Abend, "Slaying broadcast", *The New York Times*, Dec. 16, 1936, pg. 1.

④ Ibid. .

⑤ ［美］哈雷特·阿班：《民国采访战——〈纽约时报〉驻华首席记者阿班回忆录》，杨植峰译，广西师范大学出版社2008年版，第192页。

学化的描述手法，以 12 月 23 日对宋美龄赴西安谈判报道的一篇最为典型：

> 随着冬至这一天的暮色降临，夜色笼罩了陕西平原。昨天晚上，就在西安的古城墙脚下，从飞机上下来两位神情憔悴的男士和一位惴惴不安的女士。机场跑道上站立着心怀敌意、手持火把的两队叛军，为从 700 公里以外南京飞来的三位勇士点燃了耀眼的信号。
>
> 在深及脚踝的泥泞雪地中小心走向接待汽车的三个人正是中国的前财政部长、被俘首脑的小舅子宋子文、委员长忠诚的妻子蒋介石夫人以及他的澳大利亚顾问、叛乱领导人张学良的前任顾问威廉·亨利·端纳。
>
> 尽管他们名义上是非官方的谈判代表，但大家都认为，当前中国政府的命运就系于他们的成功与否，如果失败的话，那么蒋介石及其党羽不仅会被完全铲除，而且整个中国也将立刻陷入到新的一场十年或二十年的混乱和内战之中……①

虽然并未身临现场，但是阿班却生动描绘出了宋美龄一行抵达西安时的情形，增强了整个事件的戏剧色彩。正如相关研究者何扬鸣所言："对整个世界来说，仲冬发生的'绑架'中国委员长的事件，是以神秘的东方令人困惑的方式出现的一个生动的插曲。"②阿班正是通过持续性的报道跟进以及戏剧化的描写手法提升了整个事件的冲突性，使"西安事变"迅速获得了西方世界的关注。当然，这样的报道无疑助推了西方关于中国事态的过度猜测和质疑。

另外，"西安事变"爆发后，西安与外界的通信线路就被切

---

① Hallett Abend, "Mrs. Chiang in Sian to help dictator", *The New York Times*, Dec. 23, 1936, pg. 1.

② 何扬鸣：《西安事变时期国际舆论新论》，《浙江大学学报》（人文社会科学版）2008 年第 3 期。

断了，这种状况导致包括阿班在内的许多外国记者根本无法得到来自一线的消息，只能从政府高层内部人士或其他非正规渠道获取零碎的信息。因此，在阿班的报道中出现了来自多种不同消息源的内容，其中不乏一些未经证实的流言和互相矛盾的猜测。比如，在 12 月 15 日的报道中，阿班引用的消息源就包括：张学良本人发给南京军事委员会的电报，不明消息源、上海的传教士阶层，日本的天津消息源，南京军事部以及中国财政部长孔祥熙等，内容涉及"西安事变"发展的各种情况，甚至还包括了蒋介石已经从西安逃脱的不实消息，这种状况也在一定程度上提升了事态的不确定性。

当然，需要说明的是，"西安事变"本身就受到多种因素的影响，其发展趋势确实难以准确评估，这是阿班在报道中持续营造紧张不安气氛的客观原因。比如，就在蒋介石被释放的当天，由于没有及时得到最新的一手消息，阿班在事发当天的报道中还在暗自揣测。[①] 一直到 26 日，阿班才得到了来自官方的消息：

> 在多年来这一中国最严重的、关键的危机时刻，中国的独裁者、蒋介石委员长突然戏剧般地在圣诞节下午被释放了。更为重要的是，局势发生了翻天覆地的变化。逮捕蒋介石的前满洲"少帅"张学良将军亲自向被他囚禁在陕西西安长达 14 天之久的委员长投降了……首个报道"少帅"与蒋介石离开西安的消息由于太过离奇曾一度让人猜测怀疑，直到午夜，这一消息才得到官方确认。[②]

不难看出，这场中国危机的平安化解对于阿班来说也颇显意

　　① Hallett Abend, "China bids rebels free Chiang today of race conquest", *The New York Times*, Dec. 25, 1936, pg. 1.

　　② Hallett Abend, "GEN. Chiang freed, arrives in Nanking, ex – captor on way", *The New York Times*, Dec. 25, 1936, pg. 1.

外，之前在报道中被渲染的紧张气氛和悬而未决不得不戛然而止。正如阿班自己在回忆录中所述："试想，一个四亿五千万大国的首脑被人以暴力和屠杀的手段劫持，随时可能被弑，……接下的两周好戏连连，结果却皆大欢喜，蒋介石终于得到了最好的结局，对中国，这也是幸事。"① 这番表述实际上说明阿班一直对"西安事变"的前景不乐观，结局也大大出乎他的预料。

对于"西安事变"期间国际媒体的报道情况，宋美龄本人曾经做过这样的描述："盖此时之西安，就新闻观点言，已成死城矣"，"有线电报交通皆已断绝，越数小时，仍不能得正确消息，然烂语浮言，已传播于全球，骇人者有之，不经者有之，群众求知之心切，颇有信以为真者，世界报纸，竟根据之而作大字标题矣"②。埃德加·斯诺也曾表达过相似的观点："国民党及其追随者一方面竭力扣压真正的消息和事实，另一方面却向全世界发出一些愚蠢的谎言，使得中国更像是个疯人院一样的地方。"③ "西安事变"爆发后，由于新闻管制、通信中断以及地理距离遥远等方面的原因，大多数的西方记者实际上根本无法深入一线采访，致使他们只能依赖有限的官方消息源和其他间接消息源，这种状况在很大程度上促使他们倾向于选择更加简单易行、耸人听闻的方式进行报道，加剧了局势的不安程度。

迪克（Dijk）曾经指出，冲突、犯罪、战争等反面事件的信息"是对普通社会规范和价值观的考验，特别是涉及到不同形式的反常事件时，这些信息给团体内核心成员提供了外围团体成员或法外之徒的有关情况，并且可以运用所属团体一致认可的社会规范或价

---

① ［美］哈雷特·阿班：《民国采访战——〈纽约时报〉驻华首席记者阿班回忆录》，杨植峰译，广西师范大学出版社 2008 年版，第 193 页。

② 何扬鸣：《试论西安事变中新闻舆论的影响和作用》，《新闻与传播研究》2007年第 2 期。

③ 同上。

值观从反面来界定和证明自身的正确性"①。因此，阿班在进行"西安事变"报道时所刻意追求的冲突、悬念和不确定感势必会在某种程度上提升美国公众对中国局势的负面判断，并强化一种与西方有序的社会、稳定的政权、合法的政府理念等背道而驰的中国认知，"危机中国"的国家形象也会因此得到凸显。

值得注意的是，在报道"西安事变"的过程中，阿班再次流露出了对南京政府合法性的质疑，在全部的十五篇报道中，他屡次称蒋介石为"独裁者"，仅在新闻标题中就出现过四次，这一称谓标签的反复出现再次印证了阿班对中国社会的负面价值判断。

第二节　有关日本侵占上海的报道

上海不仅是阿班作为《纽约时报》首席记者的常驻地，而且也是近代中国最为重要的商业政治中心和外国人聚居区，正如第二章中的统计数字所示，上海是阿班进行一线新闻采访以及发稿频率最高的城市。从 1937 年"八·一三"淞沪抗战开始到 1940 年 10月被迫离开中国，阿班亲历了日本对上海的全面侵略，因此，这个阶段的上海新闻就成为他报道中国危局中的典型案例之一。

据统计，从 1937 年到 1940 年的二百余篇阿班中国报道样本中，专门报道上海的文章达到了 43 篇，约占样本总数的 20%，是阿班报道中国所有地区的抗战新闻中比例最高的。其中 1937 年 13篇，1938 年 1 篇，1939 年 12 篇，1940 年 17 篇。整体上看，这 43篇报道的主要议题包括"淞沪会战"、"日本占领上海"和"日美矛盾升级"三个方面，它们从不同侧面呈现了抗战时期中国局势的严峻与危险，同时也反映出了包括《纽约时报》在内的国际舆论开始同情和支持中国的历史性转变。

----

① ［荷］托伊恩·A. 梵·迪克：《作为话语的新闻》，曾庆香译，华夏出版社2003 年版，第 128 页。

一 淞沪会战

1937 年的淞沪会战历时约 3 个月，中国军队浴血奋战，一举打破了日本"三个月灭亡中国"的神话，是抗战时期战斗规模最大、最为惨烈的一场战役。包括《纽约时报》在内的英美大报严密关切上海地区的发展，对淞沪会战进行了全面的报道。

据统计，阿班对淞沪会战的报道总计约 10 篇，报道时间与这次会战的起始日期基本吻合，最早的一篇报道是 1937 年 8 月 20 日，最晚的一篇发表于 11 月 13 日，其中有 6 篇报道被刊登在《纽约时报》的头版，占全部报道比例的一半，其重要性可见一斑。总体上看，阿班对淞沪会战的报道旨在进一步说明了日本侵华的持续扩张和中国独立抗战的困难重重，重点表现了上海地区所遭受的损害和伤亡，尤其是英美租界以及美国人士所面临的挑战和危险。

值得注意的是，根据阿班的回忆录以及《纽约时报》报道的刊登情况，可以发现，在"八·一三"淞沪会战爆发当天，阿班并不在上海地区而是在当时形势严峻的天津进行采访。"七·七事变"爆发后，日本在华北地区大举进犯，并对北京、天津地区实施了早有预谋的军事打击，中日战争全面爆发。因此，事发后阿班便迅速赶赴天津采访以获取中国华北地区抗战实况的一手资料，但由于战事吃紧而滞留青岛无法顺利返沪。所以，在 8 月 13 日战争爆发的当天，《纽约时报》上发表的还是阿班对日本驻屯军司令官香月清司①有关华北战事的采访报道②，正如阿班所说："那天正是 8 月 13 日，上海之战爆发了。午夜时，所有的无线及有线电报局

---

① 香月清司：日本陆军军官，"卢沟桥事变"后担任中国驻屯军司令官，同年担任华北方面军第一军司令官，负责在河北省作战。1937 年"七·七事变"时期，积极参与策划并发动全面侵华战争，时任驻天津日本军司令官，是日本侵华期间的重要军事指挥官。（http：//zh. wikipedia. org/wiki/香月清司）

② Hallett Abend, "Katsuki says China is inviting a war", *The New York Times*, Aug. 13, 1938, pg. 8.

都被大量报道堵塞了，无不在详细描绘战况之惨烈，而我却被困在四百英里以外。"① 一直到 8 月 18 日阿班才返回上海，并在当天撰写了一篇长篇通讯，讲述了他从天津返回上海的十八天遭遇，发表于 8 月 19 日《纽约时报》头版。②

所以，阿班对于"八·一三"淞沪会战的报道真正开始于 8 月 20 日，也就是上海战事进入白热化的时间。根据史料记载，1937 年 8 月 20 日，蒋介石签发了《大本营颁国家战争指导方案训令》，将全国划分为五大战区，并同时发布海、空军优先支援第三战区淞沪战场的命令，海军"以闭塞吴淞口，击灭在吴淞口以内之敌舰，并绝对防止其通过江阴以西为主"；"空军应集中主力协同陆军，先歼灭淞沪之敌（以敌舰及炮兵为主目标）"。同时要求第三战区，"迅将目下侵入淞沪之敌，同时对于浙江沿海敌可登陆之地区，迅速构成据点式之阵地，阻止敌人登陆，或乘机歼灭之"③。此后，激烈的市街战和江岸战斗都有愈演愈烈之势，上海迅速成为世界媒体关注的焦点。

总体上看，阿班对于战事方面的报道基本上是符合历史事实，比较客观的，他更加倾向于冷静的观察和客观的分析。8 月 20 日《纽约时报》的第 1 版刊发了阿班撰写的长篇报道——《军事解决中国问题是目前唯一可能的方案》一文，对中国的局势和上海的抗战前景进行了非常深入的分析。在阿班看来，"八·一三"淞沪抗战的爆发实际就是中日冲突全面升级，中国抗战全面开始的重要标志性事件，因此他在文章开篇中就指出："中日冲突现在已经远远无法通过外交手段来解决了，唯一最终解决的可能存在于日本陆海军司令

① ［美］哈雷特·阿班：《民国采访战——〈纽约时报〉驻华首席记者阿班回忆录》，杨植峰译，广西师范大学出版社 2008 年版，第 210 页。

② Hallett Abend, "Scenes of ruin along Whangpoo lie before Tokyo Naval Squadrons", *The New York Times*, Aug. 19, 1937, pg. 1.

③ 中国第二历史档案馆：《抗日战争正面战场》（上），江苏古籍出版社 1987 年版，第 12—13 页。

和蒋介石中央政府之间。"① 同时，阿班还引用日本新闻发言人的话说明了中国方面不同以往的抗战姿态："通过外交途径解决分歧的最后机会是 8 月 13 号，但是由于中国增援部队在该地区的大量涌入，导致 14 号以来的战斗只能依赖一方的获胜作出最终解决。"② "中国方面已经承认，从杭州湾到苏州的长江沿岸区域目前已经集结了超过 15 万的兵力，而且还在持续增加。"③ 对此，阿班指出：很明显，中国已经开始着手长期战争的准备，并希望通过敌对区范围的逐渐扩大耗尽日本的资源。反日派的领导人坚信中国必定能取得长期消磨战的胜利。

不同于当时一般的报道口径，阿班的报道准确说明了当时中国政府积极调整作战方针，主动发起"八·一三"淞沪抗战的历史事实。"七·七事变"爆发后，日本大肆侵吞华北，计划迅速占领北方五省，谋求建立军事占领区并为日后侵占长江流域做好准备。面对这种的图谋，蒋介石欲打破日本暂时将对抗行动限于华北地区的计划，暗中调兵遣将积极备战，"不惜以精锐之师在战斗最激烈和持久的上海先发制敌，乃是为了全局利益，争取全国战略之主动，同时推动中国问题进一步国际化"④。因此，这次会战不失为中国政府变被动为主动，力挫日本侵华阴谋的一次积极有效的军事行动。

但是，对于中国方面在淞沪会战初期取得的有利局面阿班并没有盲目乐观，他在 20 日的报道中明确指出："一些中国人可能过于乐观了，他们无视上海的出海口黄浦江上的强大日本海军而认为日本在一个星期之内就会被赶出去。鉴于目前中国压倒性的军队数量，在军事上存在这种可能性，但这种轻易获胜的假想并未考虑到

---

① Hallett Abend, "Military settlement on China now held only possible accord", *The New York Times*, Aug. 20, 1937, pg. 1.

② Ibid. .

③ Ibid. .

④ 廖大伟：《变被动为主动：八一三抗战的爆发》，《史林》1994 年第 4 期。

即将抵达的日本增援，以及这种胜利所要面对的中方为削弱日方海军炮火将要付出的重大伤亡代价。"① 事实证明，阿班的这种担心和预判并无太大偏差，淞沪会战中后期，日军不断投入兵力总计达到 10 万之众，而且在日方强大海军火力的打击下，中国军队损失惨重，"每小时死伤辄以千计"②，之前的优势局面逐渐丧失并日渐陷于被动，最终被迫从上海撤退，总计伤亡近 20 万人。

根据阿班的回忆录，阿班 1937 年 8 月 18 日返回上海后，之前位于公共租界苏州河北面百老汇大厦的时报办公室已经无法正常使用，因此他临时租用了一家位于美国总领事馆对面的酒店。③ 在这里，阿班不仅能够眺望黄浦江，而且可以看到飞机空袭的状况。他便利用有利地形采写了关于数篇有关战况实景的报道。比如 1937 年 8 月 30 日报道文本里阿班对中日晚间交火情形的一段描述："目前这里的白昼比上个星期来说好受点了，可是一到夜晚却令人窒息。好几架中国飞机在夜间实施空袭，之后黄浦江上的日本战舰就开始进行轰轰作响的防空演练。在空袭的间歇，闸北中国人的火炮和装甲车开始轰击虹口，而日本战舰上大口径火炮发射的炮弹飞过了公共租界，在河面上爆炸的到处都是，让这里的黑夜变得异常恐怖。"④

8 月下旬，淞沪会战进入第二阶段，阿班继续用冷静的笔调记录了战况的进展："中日双方今天都准备拼命夺取上海北部地区，……双方部队都冲入上海西北部的宝山—罗店—嘉定一线，一场预计中的大战沿着日军进逼中国领土的楔形前线展开，这场战斗

---

① Hallett Abend, "Military settlement on China now held only possible accord", *The New York Times*, Aug. 20, 1937, pg. 1.

② 上海档案信息网（http://www.archives.sh.cn/shjy/scbq/201203/t20120313_5765.html）。

③ ［美］哈雷特·阿班：《民国采访战——〈纽约时报〉驻华首席记者阿班回忆录》，杨植峰译，广西师范大学出版社 2008 年版，第 214—215 页。

④ Hallett Abend, "Japanese pressing domination over civilian life in north China", *The New York Times*, Aug. 30, 1937, pg. 2.

将决定上海的命运。"① 到 9 月上旬，参与淞沪会战的守军和援军总计已经达到 70 万人，中方将士与不断登陆的日军展开激烈对峙，不分昼夜，浴血奋战，为据守阵地甚至不惜与敌人白刃肉搏，战争之激烈程度可想而知。对此，阿班也进行了如实报道，比如，他在 1937 年 9 月 8 日的报道开篇中称："昨天一整夜，从夜晚到黎明，中国军队与在整个上海前线进攻的日军展开殊死搏斗，坚持不懈地勇敢进攻。"② 11 月 13 日淞沪战役全面结束之时，阿班又在《纽约时报》头版刊发了《日本的六次进攻加速了中国的溃败》一文，对淞沪会战后期的情况作出了全面报道，并对战争的损失情况作出了比较客观的评估。③

但是，上述对淞沪战况近乎白描式的采写并不是阿班报道的全部。事实上，他还特别关注了这场战争对中国平民以及外国人造成的伤害，对日本的大范围空袭进行了严厉谴责，其中不乏一些人性化的描写。比如，在 1937 年 10 月 10 日的报道《死亡在上海肆虐》一文中，阿班就撰写了千字长文来表现上海在大战中的悲惨状况，并且配发了数张大幅照片反映普通老百姓的生存困境。他不无动情地写道："几个星期以来，上海没有和平也没有任何安全的迹象。周期性发射的重炮夜以继日地对这个城市进行轰炸，夺命的飞机随时在上空盘旋。没有一条街道是安全的，连最结实的大楼也在空中地雷的威力下被摧毁。白天弥漫在浓烟之中的宽阔河岸说明了虹口、闸北、杨树浦和浦东广大地区所遭受到的巨大破坏。夜复一夜，大火染红了地平线……身处如此环境的中国人民表现出了令人吃惊的忍耐力，他们长期忍受着令人难以置信的恐怖和艰辛，但却

① Halllett Abend, "Japanese promise not to bomb civilians 'at the present Time'", *The New York Times*, Aug. 31, 1937, pg. 1.

② Hallett Abedn, "Chinese pressing Shanghai attack; remove civilians", *The New York Times*, Sep. 8, 1937, pg. 1.

③ Hallett Abend, "6 Japanese drives spur Chinese rout", *The New York Times*, Nov. 13, 1937, pg. 1.

很少诉诸于暴力。"① 阿班甚至还描写了一名十二岁的中国小男孩不顾战火威胁重返黄浦江岸边的家中营救两只爱犬的故事②，生动地表现了中国人的坚忍和善良。

事实上，阿班本人也亲身遭遇了战火的伤害，经历了死里逃生的恐怖。1937 年 8 月 23 日，阿班与他的助理、时报上海分社的安东尼·比林汉姆（Anthony Billingham）一起在南京路遭遇了意外空袭，比林汉姆身受重伤，阿班受轻伤。8 月 24 日《纽约时报》在头版刊发了阿班撰写的标题为《两名时报记者在百货大楼轰炸中受伤》③ 的报道，对这次事件进行了详细记录，比林汉姆和阿班的个人照片也被同时刊登，阿班将本次经历称之为"南京路上的死亡与恐怖"④，足见当时上海局势之危重。

根据淞沪战役期间在最高统帅部——大本营担任作战组组长的刘斐等人的回忆，蒋介石及国民政府发起淞沪战役的主要战略意图之一在于"扩大帝国主义国家之间的矛盾"，而且"上海是国际观瞻所在，在这里进行坚强的作战，可以正国际间对中国的视听"⑤。历史表明，淞沪会战的爆发确实引发了《纽约时报》等国际主流媒体的广泛关注和报道，深刻地改变了国际关系的总体格局。1937年 10 月，罗斯福总统发表"检疫隔离"演说，以节制的方式谴责了日本，他说，"不论宣布的或是不宣布的战争，都是一种传染病，它会把离开最初作战地方很远的家和人民都卷进去"，并建议"爱好和平国家必须齐心协力，反对制造国际无政府主义和不稳定局势

---

① Hallett Abend, "Death stalks Shanghai", *The New York Times*, Oct. 10, 1937, pg. 136.

② Ibid. .

③ Hallett Abend, "Two times correspondents injures in boming of department stores", *The New York Times*, Aug. 24, 1937, pg. 1.

④ ［美］哈雷特·阿班：《民国采访战——〈纽约时报〉驻华首席记者阿班回忆录》，杨植峰译，广西师范大学出版社 2008 年版，第 215 页。

⑤ 余子道：《淞沪战役的战略企图和作战方针论析》，《抗日战争研究》1995 年第2 期。

的那些国家"①。因此，"到 1937 年底，可以清楚地看到日本的国际地位正在下降，而中国的国际地位正在成反比例地被提高"②。

二 日本占领上海

淞沪战役后，日本迅速占领上海，并迅速接管了邮政、海关、通信等公用事业，开始对上海实施全面控制，地区局势迅速恶化。从 1937 年 12 月到 1940 年底，阿班对上海的政治、经济和社会问题进行了全方位的报道，旨在反映日本占领对上海造成的伤害和创伤。1937 年末，时报在重要版面相继刊发了《日本全面接管上海的邮政和无线电》③、《在上海进行胜利游行的日本人遭手榴弹袭击》④ 等文，揭示了日本占领上海所引发的严重社会后果。1939 年 3 月，阿班又在时报发表长篇评论文章《上海成为犯罪飙升的中心》，对被日本统治下的上海现状进行了披露：

> 曾经以"远东巴黎"著称的上海现在成了一座拥挤不堪、污浊肮脏的城市。随之而来的是惊人般上升的犯罪、面临破产的外国公司以及让人沮丧的政治和经济上的不稳定。
>
> 名义上的外国人聚集区，即公共租界和法租界则经历奇特，它们变成了巨大战场里的中立区，是目前在戒严法和日军占领的广大地区之外的一个外国人控制基地，而被占领区则正在酝酿为日本人实现垄断地位的企图和野心。
>
> 国际区之外的行政管理效率低下、腐败不堪，一到太阳落

---

① [美] 富兰克林·德·罗斯福：《罗斯福选集》，关在汉译，商务印书馆 1982 年版，第 150—155 页。

② [美] 易劳逸：《中国战争时期的国民党中国，1937—1945》，载费正清、费维恺编《剑桥中华民国史》下卷，中国社会科学出版社 1994 年版，第 518 页。

③ Hallett Abend, "Japan takes over mail and wireless in all of Shanghai", *The New York Times*, Nov. 27, 1937, pg. 1.

④ Hallett Abend, "Grenade scatters Japanese in Shanghai victory march", *The New York Times*, Nov. 27, 1937, pg. 1.

山，商业中心一公里外的行人和乘客安全都无法得到保障。
抢劫、政治暗杀、暴力打劫更成了家常便饭……①

　　在阿班看来，仅仅在日本占领上海一年之后，这个曾经的世界
经济中心就遭遇了巨大的变故，包括租界在内的所有地区，经济贸
易和安全局势都不容乐观。阿班指出，淞沪会战爆发后，上海的工
资水平从 1937 年初的一百零三元迅速下降到了 1939 年的六十二
元，同时物价上涨，货币贬值，生活成本大幅提高。因此，欧美贸
易遭受巨大损失，海关数据显示外国贸易总额与战前相比下降了
46%，其中进口跌 47%，出口跌 45%。②

　　可以说，对上海的占领不仅充分暴露了日本的侵华野心，同时
也成为向世界展示日本丑恶侵略行径的契机，至此，中国开始赢得
国际舆论的广泛支持，对日本的公开谴责开始成为英美主流媒体的
共同选择。

　　1940 年，阿班出版了他的新闻评论集《亚洲的混乱》（Chaos
in Asia），书中详细记述了他在上海目睹的数起日军针对中国平民
的暴力事件。③ 据阿班观察，日本占领下的上海已经毫无人权和尊
严可言，来到外白渡桥，在这个被日本统治的地方，所有在日本哨
兵面前的中国人都必须脱帽，高举通行证并要向他们深深地鞠躬。
而且，日军每天还上演着"难以计数的、不公正的暴力事件"，对
手无寸铁、清白无辜的中国平民实施伤害。④ 在阿班看来，日军的
侵略行径已经远远地超出了西方的价值标准，势必遭到国际舆论的
严厉谴责。他在回忆录中说："日本本应该在上海循规蹈矩，将这

---

① Hallett Abend, "Shanghai a center of soaring crime", *The New York Times*, Mar. 13,
1939, pg. 5.

② Ibid. .

③ 其中包括日本宪兵在外白渡桥通行站对一名中国老妪的殴打、对阿班私人司机
和一名无辜中国苦力的无情殴打，以及对上海百老汇大厦经理的故意逮捕等。参见 Hal-
lett Abend, *Chaos in Asia*, The Bodley Head, London, 1940, pp. 272 – 282。

④ Hallett Abend, *Chaos in Asia*, The Bodley Head, London, 1940, p. 283.

座伟大的城市打造成为展示日本美德的橱窗，因为这里不仅居住着
四百万正在敏锐审视占领者政策和行为的中国人，而且还驻留着同
时也在时刻观察和分析占领者举动的六万欧美侨民，他们都希望生
意事业一如既往。但是，日本人却反其道行之。他们把守着通往租
界的每一条马路，每一座桥梁。初见日兵劣迹之时，上海的外国人
以为他们是迫不得已才暴露出最差的一面，但他们后期的种种表现
却充分说明了日本兵本质就是如此，并没有什么更好的方面。"①
阿班评价道："对世界和平来说，日本军队是比希特勒和墨索里尼
的联盟还要强大的一个潜在威胁。"②

　　可以说，阿班之前对日本方面的好感此时也已经荡然无存③，
取而代之的是对日方日渐严厉的批评和质疑之声。从 1939 年到
1940 年，阿班又发表了多篇有关日本在上海培植恐怖势力，进行
商业走私和侵犯人权等方面的报道。与此同时，阿班还发表了数篇
名为"日本统治下的中国现状"的系列评论文章（*a series of arti-
cles on conditions in China under Japanese domination*），比如《把
"新的无序"带给中国》、《日本正在中国获得垄断》、《北中国的
货币混乱》、《中国有数百万无家可归的流浪者》④ 等，从不同方面

---

① ［美］哈雷特·阿班：《民国采访战——〈纽约时报〉驻华首席记者阿班回忆
录》，杨植峰译，广西师范大学出版社 2008 年版，第 242 页。

② Hallett Abend, *Chaos in Asia*, The Bodley Head, London, 1940, p. 197.

③ 1927 年阿班因批评南京政府而受到电报拍发方面的限制，因此曾经求助过日本
方面通过日方电缆拍发电报。进入《纽约时报》后，阿班与日本军方以及新闻界等方面
的人士交往频繁，在其报道中曾经大量依赖日方新闻源。在 1927 年对东北的采访中，
还曾经对日本统治下的大连发表过溢美之词，在一定程度上表现出了对日方某些方面的
肯定。"九·一八"事变后，阿班开始不断揭露日本的侵华野心，并将自己有关东亚局
势的洞见和对远东外交政策的看法向美国方面提交过秘密分析报告，因此日渐受到日方
的警觉和排挤。至 1939 年，阿班与日方关系彻底破裂，并成为受到日方严密监视的外
国记者之一，还曾遭受日军的严格搜查和残酷殴打，1940 年 10 月被迫离开上海回国。

④ Hallett Abend, "A 'New Disorder' brought to China", *The New York Times*,
Mar. 12, 1939, pg. 36; Hallett Abend, "Japan is gaining monopoly in China", *The New York
Times*, Mar. 14, 1939, pg. 8; Hallett Abend, "Money confusion marks north China", *The New
York Times*, Mar. 16, 1939, pg. 12.; Hallett Abend, "Millions in China wander homeless",
The New York Times, Mar. 22, 1939, pg. 11.

揭示了日本对中国造成的破坏。

在此严峻情形之下，美国的远东策略也开始有所调整。1938年12月，美国与中国达成《桐油借款》协议，批准了总数为2500万美元的对华贷款项目。学者迈克尔·沙勒（*Michael Schaller*）曾经指出："这项决定最重要的一面，在于总统及其亲密顾问已开始把中国看成美国安全中的一个重要环节。他们把中国看作是抵抗日本的第一道防线，看作是美国未来在亚洲施展影响的潜在基地。"① 这是美国政府在援华制日道路上迈出的关键一步，意义深远。但是，为继续维持与日本的关系，协议条款还特别规定了禁止中国使用此款项购买武器和其他战略物资，直到"珍珠港事件"之后，美国对于中国问题的态度才开始全面改观。②

三　日美矛盾升级

从"九·一八"到"七·七事变"，欧美国家虽然目睹了日本对中国的不断侵略，贸易利益遭受不同程度的损害，但并未殃及上海及长江流域诸口岸等在华核心利益范围，因此他们对于中国事务的态度总体上比较冷淡。然而，淞沪战役的爆发使战火蔓延到了外国人及其商业在中国最大的聚集区，导致英美在华经济利益面临巨大危险，迅即引发了英美国家的震动。据美国政府统计，"九·一八"事变之后，美国对中国的直接投资几近半成都在上海。③ 美国投资商人特别看好上海的贸易口岸地位，在美商看来，"当时世界上还没有任何一个港口服务于如此众多的人口"④。欧美的各种跨国企业、商行、银行等云集上海。截至1937年，仅英国在上海的

---

① ［美］迈克尔·沙勒：《二十世纪的美国与中国》，徐泽荣译，生活·读书·新知三联书店1985年版，第69页。

② ［美］易劳逸：《中国战争时期的国民党中国，1937—1945》，载费正清、费维恺编《剑桥中华民国史》下卷，中国社会科学出版社1994年版，第573页。

③ ［美］麦雷：《外国人在华投资》，蒋学楷译，商务印书馆1959年版，第72页。

④ George B. Cressey , *China's Geographic Foundations*, *A Survey of the Land and its People*, New York: McGraw – Hill Book Company, 1934, p. 147.

直接投资就高达 1.8 亿英镑，占其投资总额的 72%。上海对于欧美国家的重要性可见一斑。

然而，随着日本势力在中国的不断扩张，英美国家的核心利益开始面临严重挑战。淞沪会战之后，上海迅速沦陷，英美法等西方列强在上海控制的租界区受到日军包围成为孤岛，但由于这些国家在租界区的巨大经济利益和长期军事武装的存在，日军没有立刻入侵，结果使得租界成为所谓的"国际区域"，并由此获得"中立地位"，不受日军管辖限制。但是，日本独霸上海的野心并未就此停止，在日本强大军事实力的支持下，占领租界很快成为日军目标。1937 年 12 月，日军借口"炸弹事件"[①] 向上海工部局提出了镇压反日运动的要求，要求增加日籍巡警数量并在重要机构增加日籍侨民份额，"应该指派一日籍公民出任工部局总裁，享有同英籍总裁同样的地位"[②]。12 月，日方要求再次升级，提出由日籍警察全面控制苏州河以北的公共租界地区。[③] 与此同时，日方还对英美侨民所享有的领事裁判权提出异议，提出在华第三国公民应该遵守日本军事法。[④] 1939 年 3 月，通过上海工部局被迫与日方拟定的《上海公共租界维持治安详细协定》，日本宪兵队以"协同工部局维持治安"之名得以常驻租界。同年 5 月，日方向英美方面提出改组上海公共租界行政权和《土地章程》的要求，并宣称如果公

---

① 1937 年 12 月，数千名日军在苏州河以南公共租界区举行胜利游行，结果遭到反日爱国青年投掷手榴弹的袭击，炸伤日本军民数名。

② *The Consul General at Shanghai（Gauss）to the Secretary of State*，January 9th，FRUS，1938，Vol. 4，pp. 117－118. 转引自田肖红《美国与上海公共租界（1843—1948）》，博士学位论文，山东师范大学，2013 年，第 161 页。

③ *The Consul General at Shanghai（Gauss）to the Secretary of State*，December 8th，FRUS，1938，Vol. 4，pp. 139－143. 转引自田肖红《美国与上海公共租界（1843—1948）》，博士学位论文，山东师范大学，2013 年，第 162 页。

④ 吴孟雪：《美国在华领事裁判权百年史》，社会科学文献出版社 1992 年版，第 223 页。

共租界妨碍日本利益，日军将进行占领。[1] 至此，日美矛盾开始迅速激化。

值此之际，阿班在《纽约时报》大篇幅报道了日本与英美等西方国家在上海发生的严重对峙和摩擦，生动呈现了"珍珠港事件"爆发前美日关系的破裂和转折。根据笔者统计，从 1939 年 5 月日本提出改组公共租界管辖权要求到 1940 年 10 月阿班乘船离开上海，《纽约时报》一共发布了阿班撰写的 20 余篇有关上海问题的报道，包括《日本威胁上海中立区》、《日本透露在上海的计划》、《上海拟定保卫计划》、《美国海军守卫上海街区》、《日本威胁上海的法国人》、《日本挑起反美主义》、《日本向美国发出"放弃亚洲"的威胁》、《日本加剧了上海的危险》、《英国撤退震惊上海，美国军队身处险境》、《上海紧张局势再度升级》、《美国"建议"遭上海方面警告》、《守卫上海以防冲突发生》等[2]，对日本步步紧逼、态度强硬的侵略行为进行了充分的暴露和说明。

在《日本傀儡攻击美国政策》一文中，阿班写道："在中国的被占领区，受到日本操纵的傀儡们正在竭力煽动中国大众的反美主义。他们进行反美演讲，受到日本审查和控制的报纸和杂志攻击并

---

① 田肖红：《美国与上海公共租界（1843—1948）》，博士学位论文，山东师范大学，2013 年，第 162 页。

② Hallett Abend, "Japan threatens neutrail Shanghai", *The New York Times*, May. 3, 1939, pg. 3; Hallett Abend, "New defense plan in view in Shanghai", *The New York Times*, Sep. 14, 1939 pg. 8; Hallett Abend, "Janpanese reveal plan at Shanghai", *The New York Times*, Apr. 18, 1940 pg. 6; Hallett Abend, "U. S. marines guard Shanghai streets", *The New York Times*, Jun. 11, 1940 pg. 7; Hallett Abend, "Japanese menace Shanghai French", *The New York Times*, Jun. 20, 1940 pg. 6; Hallett Abend, "Japanese foment anti – Americanism", *The New York Times*, Jul. 11, 1940 pg. 7; Hallett Abend, "'Quit Aisa' threat given Americans", *The New York Times*, Jul. 24, 1940 pg. 8; Hallett Abend, "Japan increase peril at Shanghai, *The New York Times*, Jul. 27, 1940 pg. 5; Hallett Abend, "British retreat stuns Shanghai; U. S. forces in serious position", Aug. 10, 1940 pg. 6; Hallett Abend, "Shanghai tension gets new impetus", *The New York Times*, Oct. 1, 1940 pg. 7; Hallett Abend, "Shanghai alarmed over U. S. 'advice'", *The New York Times*, Oct. 9, 1940 pg. 5; Hallett Abend, "Shanghai guards against outbreak", *The New York Times*, Oct. 10, 1940 pg. 4; ect.

歪曲美国的远东政策和动机。"① 可见，到 1940 年下半年，日本与美国的矛盾已经全面公开化。虽然美英国家对日本的无理要求和侵略行径一再妥协退让，但仍然无法满足日本的扩张野心，并最终受到日军的沉重打击。1940 年，已经离开中国的阿班在新加坡为《纽约时报》撰写了《美国从东方最大规模的撤离》的长篇报道，并配大幅照片，生动描绘了美国在对日政策上的重大失败：

> 从东方被迫撤离的一万六千名美国人与自 1939 年 9 月后在欧洲出现的千百万移民相比看似无关紧要，但实际上，这却是一次世界大战以来降临在美国人身上最让人震惊的一场灾难。在枪林弹雨之下的这场大规模的撤退现在还没有完成，这是一次交织着惊慌失措、恐惧害怕、不可挽回的巨大损失以及让太多人面临贫困威胁的撤离。与此同时，这场撤离也充满着离别的痛苦和挣扎，成千上万人的悲哀和对那些制造这种悲剧的人和野心的必然仇恨……②

阿班指出，日本的军事征服就像吸食鸦片一样难以遏制，从 1937 年夏天蚕食中国华北的河北、齐齐哈尔和山东后，迅速蔓延到对上海、南京、广州等更多沿海省份的占领，"伴随着这些军事胜利随之而来的就是对美国和欧洲利益的打击"③，包括"轰炸隶属西方国家的使馆、医院、学校和教会"、"故意炸沉美国帕奈号"、"垄断商业贸易"④ 等。他同时在文中强调，目前美国只是从受到日本军国主义笼罩的远东地区撤离，但如果形势进一步恶化的

---

① Hallett Abend, "Japanese puppets assail U. S. policy", *The New York Times*, Oct. 7, 1940, pg. 4.

② Hallett Abend, "The great American exodus from the orient", *The New York Times*, Dec. 8, 1940, pg. 134.

③ Ibid. .

④ Ibid. .

话，特别是日本与美国开战的话，"那么，更多的美国人就不得不从菲律宾、马尼拉、缅甸和荷属东印度群岛逃离"①。在阿班看来，日本的侵略可能最终导致美国丢失整个东亚地区，而这种预期恰恰是"九·一八"事变以来美国政府竭力想要避免的局面。

在租界安全之外，阿班还对影响日美关系的商业贸易问题特别关注。1938 年 11 月 3 日，日本近卫内阁公开发表声明，正式提出了建立东亚新秩序的政策，并声称日本有权使用军事手段干涉中国的局势。研究者指出，近卫的声明标志着"日本正式放弃门户开放原则、脱离华盛顿体系并在东亚建立新秩序的开始"②。至此，日本开始了公开地、大规模地对华贸易垄断。1938 年，日本一跃成为对华贸易份额的最大占有者，无论是进口还是出口，日本所占比例均远远超过英美等西方国家。③ 尤其在"沦陷区"，日本几乎控制了所有的进出口贸易。相反，曾经在 1931 年取代日本成为最大对华出口国的美国，则遭遇日方排挤，贸易损失惨重。1938 年，美国在"沦陷区"的进口总额仅为 14.6%，远远低于日本的42%。④ 加之日本在"沦陷区"所从事的大规模贸易走私，美国所占比例就更小。⑤

因此，从 1938 年底开始，阿班明显加大了日本对华贸易垄断方面的报道力度，而且在文章中频繁使用了一些负面词汇加以描述。比如"mulct"（抢夺）、"cow"（恐吓）、"confiscate"（没收）、"choke off"（抑制）、"ruin"（毁灭）、"bankrupt"（使破产），

---

① Hallett Abend, "The great American exodus from the orient", *The New York Times*, Dec. 8, 1940, pg. 134.

② 王立新：《意识形态与美国外交政策：以 20 世纪美国对华政策为个案的研究》，北京大学出版社 2007 年版，第 308 页。

③ 郑友揆：《中国的对外贸易和工业发展》（1840—1948），上海社会科学院出版社 1984 年版，第 170 页。

④ 同上。

⑤ 杨淑洁：《论抗战时期的美中经济关系（1937.7—1945）》，硕士学位论文，郑州大学，2010 年，第 23 页。

"dominate"（支配）、"control"（控制）等，以表现日本对中国贸易的全面控制和对西方贸易自由原则的巨大破坏。1939 年初，阿班在时报发表了《日本正在中国获得垄断地位》一文，全面报道了日本在中国进行的商业垄断、原材料榨取以及贸易禁运的情况。阿班指出，日本实施的诸如封锁长江流域的外国船只、向外国商品索要高额关税，禁止外国人进入中国内地等多种手段已经严重打击了美国的对华贸易，"据估计，美国对中国的贸易损失总额已经高达 2 亿 2500 万美金，这还不包括美国人的财产损失以及拥有中国政府关税征收和铁路收益的美国债券持有人的损失"[1]。1939 年 12 月 17 日，在汪伪政权成立前夕，阿班发表了《小心日本人夺取海关》一文，他警告说，日本傀儡政权的组建可能导致中国主要港口海关人事权和管理权的彻底易手，那么，"就会出现各种差别化运作和规则，它们会非常有效地将切断美欧与中国的贸易关系而让日本获得实质性的垄断"[2]。1940 年，阿班在《汪（精卫）想要控制长江贸易》[3] 一文中，再次暴露了日本企图夺取长江下游贸易管理权的野心。

可以说，在美日关系全面破裂之前，阿班已经对日本的贸易垄断和美国的经济损失进行了充分的报道和评估，揭露了日本种种伪善的嘴脸和手段，在新闻评论集《亚洲的混乱》（Chaos in Asia）一书中，他严厉质疑了日本对欧美的公开排挤："为什么允许成千上万的日本人进入内地定居和贸易？为什么鼓励以前的中国居民返家还田？但同时为什么大部分美国人、英国人和其他第三方国家的人却遭到禁止？"[4] 阿班十分悲观地指出："日本道歉者试图降低美国人对远东贸易的忧虑，称美日贸易一直以来都比其他贸易更加重

---

① Hallett Abend, "Japan is gaining monopoly in China", *The New York Times*, Mar. 14, 1939, pg. 8.

② Hallett Abend, "Japanse seizure of customs feared", *The New York Times*, Dec. 17, 1939, pg. 30.

③ Hallett Abend, "Wang to control trade on Yangtze", *The New York Times*, Jan. 28, 1940, pg. 17.

④ Hallett Abend, *Chaos in Asia*, London: The Bodley Head, 1940, pg. 229.

要，而且还会在战后得到进一步提高。然而，美国人视而不见的事实是，日本已经开始在中国的被占领区大力改善并大幅提高棉花和烟草的种植面积。如果他们赢得这场战争的话，那么，在中国种植的棉花和烟草就可以满足日本市场，而美国就会丧失远东贸易中的这一重要部分。"①不难看出，阿班已经对日本独霸中国的野心了然于心，他说："日本并不喜欢我们，就像大不列颠每天遭受日本的凌辱一样，日本毫无顾忌地对英国的贸易进行限制，破坏并蔑视英方的利益。如果美国在太平洋上没有强大的舰队，我们一定也会受到同样的侮辱，美国在远东的贸易和利益也会遭受损失。"②

不难看出，从 1937 年淞沪会战爆发一直到 1940 年，阿班对于中国上海的报道集中反映出了全面抗战时期中国形势的危机和紧迫。聚焦于"淞沪会战"、"日本占领上海"和"日美矛盾升级"三个方面的考察，典型地说明阿班竭力刻画了一种"危机中国"形象，而且这种形象事实上可视为太平洋战争爆发之前《纽约时报》向美国方面发出的最后预警。

第三节　有关新闻自由的报道

在考察和衡量一个现代国家的政治、经济、文化发展水平的多重指标中，新闻自由始终是美英等西方国家热衷选择的一个社会面相。民国时期，中国的言论和出版自由开始受到西方人的严格审视和批评，并成为西方媒体建构中国国家形象中的重要一环。

中国对于言论和出版自由的压制由来已久。最早发端于唐代的中国古代报纸没有机会发展成为现代报纸的重要原因之一就是封建帝国的统治者对信息广泛传播的限制。③宋代崛起的小报虽然满足

---

① Hallett Abend, *Chaos in Asia*, London：The Bodley Head, 1940, pg. 144.

② Ibid., pg. 289.

③ 戈公振：《中国报学史》，生活·读书·新知三联书店 2011 年版，第 60—61 页。

了当时社会对新闻的迫切需求，但从诞生之日起就受到官方的重压和打击，难成气候。一直到第一次鸦片战争，中国的近代新闻业才开始由西方传教士引入中国。但是，早期的传教士们来华后都曾体验过言论限制的痛苦经历，直到《南京条约》签订以后才开始享有自由传播的权利。① 1833 年 12 月，德国传教士郭士利在自己创办的中文刊物《东西洋考每月统计传》上发表《新闻纸略论》一文，第一次用中文报道西方报纸的出版情况和新闻自由的观念，力图改变中国盲目排外和信息闭塞的现状。② 上海《申报》创刊以后，也发表了数十篇有关新闻学方面的专论，历陈西方新闻自由之潮流，"彼西洋各国之新报亦系传述各国国家之事，上至朝廷，下及闾里，一行一言一器一物，无论美恶精粗，备书于纸"③。《申报》明确指出新闻的自由流通是革除积弊，社会进步的通途，"譬如水之横流也，鲧拥之则泛滥，禹顺之则平行，今子欲塞其源，阻其流，其势当益猛而益扰，不如清源导流之为得计也"④。中国人自办报纸开始后，也同样力争新闻自由，然而，"从晚清到民国，从袁世凯到蒋介石，对言论的压制如出一辙"⑤，中国的报纸和报人在言论出版自由方面仍然遭受着种种的非难和挫折。

　　然而，在大洋彼岸，美国则在建国后不久旋即颁布了宪法《第一修正案》，奠定了新闻自由的法理基础。20 世纪初，美国又通过多起有关新闻自由案件的审理进一步厘清了言论自由和新闻自由的意义，对政府染指新闻自由的情况严加限制。⑥ 研究者指出，

---

① 刘家林：《中国新闻史》，武汉大学出版社 2012 年版，第 55 页。

② 吴廷俊：《中国新闻史新修》，复旦大学出版社 2010 年版，第 31 页。

③ 《邸报别于新报论》，《申报》1872 年 7 月 23 日。

④ 《论各国新报之设》，《申报》1873 年 7 月 20 日。

⑤ 傅国涌：《笔底波澜：百年中国言论简史》，中华书局 2013 年版，"前言"，第 1 页。

⑥ ［美］安东尼·刘易斯：《批评官员的尺度：〈纽约时报〉诉警察局长沙利文案》，何帆译，北京大学出版社 2011 年版，第 103 页。

可以将美国式的自由主义称之为"极端自由主义"、"自由至上论"①，它特别警惕政府权力对社会的干涉和限制，因此，新闻自由构成了美国新闻媒介思想体系的核心。② 19世纪90年代以后，美国新闻职业化的发展使得新闻自由的理念更加深入人心。20世纪20年代，以"客观性"为代表的新闻专业主义在美国勃兴，其所包含的摆脱外界干涉，尤其是摆脱政府干涉的内容成为美国新闻界秉承的关键信条，深深地影响了一代美国新闻人。

20世纪30年代，西方新闻记者开始大批来到中国。阿班属于较早来到中国的美国职业新闻人之一。在来华之前，他已经在美国报业打拼多年，深受美国新闻自由主义理念的浸染。在阿班看来，任何形式的新闻审查不仅是难以容忍的，而且也是完全有悖于西方价值标准的落后社会表现。正如研究者所言，"作为新闻从业者，在一个与之前相异的工作环境下，他们也面临着将之前所获得的职业技能和经验带入到新语境时可能遇到的困难"③。因此，阿班一开始就十分关注中国的新闻自由问题。

历史地看，从晚清一直到北京军阀时代，由于中国政权的孱弱以及西方列强通过系列不平等条约所攫取的特殊权利，相比中国本土新闻人，西方驻华记者们享有更多的新闻自由，他们的报道和评论"几乎是绝对自由的"④。但是，在1928年南京国民政府组建以后，国民党便开始采取行动对外国记者的言论加以限制，同时对中国本土新闻界实施打压。1929年，南京政府颁布《全国重要都市

---

① 展江：《关于本书的语境和关键词》，载［美］新闻自由委员会《一个自由而负责的新闻界》，展江、王征、王涛译，中国人民大学出版社2004年版，第Ⅸ页。

② 展江：《译序》，载［美］迈克尔·埃默里、埃德温·埃默里、南希·L.罗伯茨：《美国新闻史：大众传播媒介解读史》，展江译，中国人民大学出版社2004年版，第10页。

③ 钱进：《作为流动的职业共同体：驻华外国记者研究》，博士学位论文，复旦大学，2012年，第9页。

④ 王立诚：《从宋子文与亚朋德的交往看抗战前国民政府与英美记者的关系》，载吴景平《宋子文与战时中国（1937—1945）》，复旦大学出版社2008年版，第106页。

邮件检查办法》；1930 年颁布《出版法》，推行出版登记许可制度；1933 年实施新闻检查制度……可以发现，这个时期正是阿班初来中国之时。完全不同的社会语境让这位初来乍到的美国新闻人立刻感到了严重的不适和愤懑，因此，实时公开中国新闻自由的状况成为阿班报道中国新闻时的必然选择。

可以发现，阿班对于中国新闻自由问题的关注集中于 1928 年到 1936 年，期间共发表了专题报道 13 篇，此后，阿班则完全转向了对日本在中国"沦陷区"新闻管制的批判和揭露。1928 年 6 月，阿班撰写了《中国人漠视新闻规范》一文，讲述了他在青岛的电报局向《纽约时报》拍发紧急电报时遭到中国雇员索要高额费用且稿件被私下出售的经历，第一次公开表达了对中国新闻业的不满和批评。文章说："在青岛，连新闻电讯稿都可以在中国地方的电报局公开叫卖。记者的电讯稿被翻印成了七零八碎的中文提供给其他新闻对手，并以一定价格卖给了日本新闻通讯社的代理，甚至将原文兜售给了在青岛出版的英文报纸。这一切听起来不可思议，但是它就是我的个人经历。"① 但是，阿班在这篇报道中对中国新闻业的批评还是比较温和的，仅仅将问题圈定在新闻伦理的讨论范围之内。

从 1929 年开始，伴随着国民党政府对外国记者和报纸言论限制的不断升级，阿班的批评之声渐趋激烈，态度也更加严厉。1929 年，南京国民政府首先采取行动封杀了当时北方唯一一份由美国人主办的报纸《华北明星报》（North China Star），命令邮政局停止对该报的邮递，而起因仅仅是这份向来同情国民党的报纸发表了 1929 年春阎锡山、冯玉祥将要与蒋介石开战的消息。② 2 月 5 日禁

① Hallett Abend, "Chinese dispregard newspaper ethics", *The New York Times*, Jun. 17, 1928, pg. 52.

② H. G. W. Woodhead, *A Journalist in China*, pp. 214–215. 转引自王立诚《从宋子文与亚朋德的交往看抗战前国民政府与美英记者的关系》，载吴景平《宋子文与战时中国（1937—1945）》，复旦大学出版社 2008 年版，第 107 页。

令发出后，阿班迅速在时报发表了《中国可能会驱逐批评人士》的报道，该文称："国民党禁止天津的美国人报纸——《华北明星报》的决心看似以后还会将一些不赞成南京政府或国民党的外国记者从中国都赶出去。"① 明确表达了他对国民党新闻管制进一步加大的预感和担忧。同时，阿班在文中指出，外国人享有的新闻自由在治外法权的保护之下，国民政府驱逐外国记者和禁止美国报纸的做法并不合法。

　　1929 年 4 月，由于揭露国民党的不端行为，美国在华著名新闻人索克斯（Sokolsky）受到国民党外交部驱逐。同年 5 月，因辱骂蒋介石，上海租界内有重要影响力的英文《字林西报》遭封杀。同期，美国人主办的《上海大美晚报》（The Shanghai Evening Post；简称《大美晚报》）也因批评政府的报道被一度封杀。同年 8 月，美资的《北京导报》（The Peking Leader）和法资的《北京报》（Le Journal de Peking）再遭国民党查禁。根据统计，1929 年被国民政府查禁的刊物高达 272 种，比 1928 年增加了 90%，其中一半以上针对国家主义、无政府主义、第三党和帝国主义倾向的"反动报刊"②，钳制言论自由之猛烈可见一斑。研究者指出，1929 年，国民政府集中打压外国报纸的原因有以下两个方面——"一方面为了显示废除外国人治外法权的决心，另一方面也为了加强对国际舆论的控制。"事实上，南京国民政府组建后不久，就于 1928 年 10 月通过了《训政纲领》，"以法律的形式规定了'一党专政'的方针和'以党治国'的原则"③，统一将国民党和非国民党报纸全部纳入政府行政管理的范围，制定并颁布了一系列的新闻管理条例，对国内新闻舆论统一采取高压手段，"文网之严密远过于北洋军阀时期"④，反映出南京政府

---

　　① Hallett Abend, "China likely to try to deport critics", The New York Times, Feb. 19, 1929, pg. 6.

　　② 傅国涌：《笔底波澜：百年中国言论简史》，中华书局 2013 年版，第 196 页。

　　③ 吴廷俊：《中国新闻史新修》，复旦大学出版社 2010 年版，第 246 页。

　　④ 傅国涌：《笔底波澜：百年中国言论简史》，中华书局 2013 年版，第 190 页。

在组建初期巩固中央集权的决心和力度。

　　针对国民党如此密集的新闻查禁，阿班于 1929 年 8 月和 11 月在时报分别发表了《南京又限制了两份报纸》和《禁止邮递上海报纸》的文章，对南京政府对外国报纸的封杀情况进行了及时报道。① 与此同时，阿班还特别关注了中国人士的言论自由问题，1929 年 10 月，他发表了《南京警告胡适停止批评》一文，揭露了南京政府对中国自由知识分子言论的打压和限制。②

　　值得注意的是，阿班自己在 1929 年也同样由于指摘国民党而遭遇南京政府的逐客令和长达近两年的新闻封杀，"所有中国人控制的电报局都收到命令，不许处理我发出的电报，无论是新闻报道还是私人电报……中央政府及所有省政府官员均不得接见我，并禁止政府雇员向我提供新闻。我在社会生活上也遭到放逐，任何与政府有关之人士，不得进入我的房子或办公室，亦不得邀请我参加公开或私人的机会活动"③。虽然《纽约时报》拒绝了南京国民政府从中国调离阿班的要求，但是阿班的新闻活动确实受到了严重影响。在阿班遭遇国民党全面封锁和打击之际，日本方面趁机向他示好，不但积极给阿班提供重要的新闻线索，而且还主动让他使用日方的电报线路，这些做法导致阿班此后主要依赖日本消息源对中国进行报道，此种情形在一定程度上加剧了阿班对南京政府的负面情绪以及对中国社会的消极判断。

　　虽然包括阿班在内的外国记者以及中国本土新闻人都对政府钳制新闻自由的做法进行了尖锐的批评，但南京政府依然我行我素，并无根本性改观。1930 年，国民政府又颁布了《出版法》，对报纸

---

① Hallett Abend, "Nanking restricts two more papers", *The New York Times*, Aug. 5, 1929, pg. 5; Hallett Abend, "Shanghai newspaper barred from mails", *The New York Times*, Nov. 7, 1929, pg. 7.

② Hallett Abend, "Nanking tells Hu Shih to cease criticizing", *The New York Times*, Oct. 1, 1929, pg. 5.

③ ［美］哈雷特·阿班：《民国采访战——〈纽约时报〉驻华首席记者阿班回忆录》，杨植峰译，广西师范大学出版社 2008 年版，第 86 页。

和杂志的登记以及限制事项作出了更加详细的方案力图将新闻控制合法化。该法还特别规定外国新闻记者必须在中国外交部领取相关证件之后才能使用中方的电报系统，而且国民党电报局和电话局的检查员可以对任何妨害国民政府的消息随时进行截留。① 1931 年，国民政府又颁布了《出版法实施细则》、《宣传品审查标准》、《日报登记法》等文件，进一步加强新闻审查的力度。1933 年之后，国民党开始推行事前新闻检查制度，1935 年又专门成立中央新闻检查处，打造更加严密的新闻检查体系，以达到"党化新闻界"②之目的。可以说，上述所有这些做法都与新闻自由的理念背道而驰，引起了广大中外新闻界人士的共同抵制。

　　1931 年 6 月，阿班在《纽约时报》发表了专题报道《审查通过中国的新闻》，对 1931 年 5 月国民党颁布的《电讯检查条例》进行了公开揭露，文章说："迄今以后，所有从中国发往国外以及在中国城市之间的电报都不允许自由传递，除非它们贴有经南京政府审查后指定的官方邮票或者电报是经由领事担保的外国公司发出的，以防有关中国军事或政治审查禁令的信息传播出去。"③ 阿班指出，这一举措是中国政府历史上首次对上海租界中的电报公司实施审查。正如研究者所言："此条例向外资所有的大北电报局、大东电报局及太平洋商务电报公司进行了公布。从而形成了第一个覆盖外国在华记者的新闻检查制度。"④ 通过转发上海《大美晚报》和《字林西报》的相关评论，阿班在文中还表达了其他外国报纸和记者对于国民党新闻审查的尖锐批评，称国民党的新闻检查就是制造政府垄断专权和滋生社会不信任的诱因，不仅有损国家声誉，而且难以成功。

---

　　① 王立诚：《从宋子文与亚朋德的交往看抗战前国民政府与英美记者的关系》，载吴景平《宋子文与战时中国（1937—1945）》，复旦大学出版社 2008 年版，第 111 页。

　　② 吴廷俊：《中国新闻史新修》，复旦大学出版社 2010 年版，第 247 页。

　　③ Hallett Abend, "Censors to pass on Chinese news", *The New York Times*, Jun. 21, pg. 56.

　　④ 王立诚：《从宋子文与亚朋德的交往看抗战前国民政府与英美记者的关系》，载吴景平《宋子文与战时中国（1937—1945）》，复旦大学出版社 2008 年版，第 111 页。

　　可以发现，在 1937 年之前，国民党当局对新闻业的态度是比较强硬的，与外国记者和报纸也多有对立和冲突发生，引发了中外新闻从业者的严重不满和猛烈抨击。因此，阿班对于中国新闻自由问题的报道多出现在 1937 年之前，他明显将国民党的新闻审查视为中国社会落后闭塞的象征，并称南京政府为"中国自推翻满清政府以来最独裁的政府形式"①。

　　但是，在"九·一八"事变爆发后，南京国民政府却一反常态，开始采取各种措施拉拢英美报纸和记者，出现了"从早先的对立为主转变为以合作为主的新趋势"②。南京政府明确希望通过外国媒体向世界传播日本侵华的事实，以争取国际舆论支持，推动美英政府采取对日本的遏制政策。1937 年 11 月，南京政府专门成立了负责对外联络的国际宣传处，由董显光督导，曾虚白具体主持，主动为外国记者的新闻采访提供方便和支持，并特别建立了"以美国为中心的外国新闻网"③，积极加强了与西方国家的联系。因此，在"淞沪会战"、"武汉沦陷"等重大新闻发生之际，美国记者都参与了及时报道，他们不但揭露了日本的种种暴行，还赞扬了中国军民的浴血奋战，为中国抗战赢得广泛的国际舆论支持做出了贡献。④ 同期，阿班与南京政府的紧张关系也得到了根本性的改善，甚至与政府高层建立了私人关系，比如宋子文、端纳等，开始拥有获取中国内幕新闻的重要渠道，从而打破了对日本消息源的过度依赖，对日态度也开始发生重大变化。"九·一八"事变爆发

---

　　① Hallet Abend, "Nanking's critics use foreign press", *The New York Times*, Nov. 25, 1928.

　　② 王立诚：《从宋子文与亚朋德的交往看抗战前国民政府与英美记者的关系》，载吴景平《宋子文与战时中国（1937—1945）》，复旦大学出版社 2008 年版，第 111 页。

　　③ 敦枫、赵婷：《抗战时期重庆国民政府对外国记者的管理刍议》，《东南传播》2010 年第 10 期。

　　④ 张克明、刘景修：《抗战时期美国记者在华活动纪事（一）》，《民国档案》1988 年第 2 期；《抗战时期美国记者在华活动纪事（二）》，《民国档案》1988 年第 3 期。

后，阿班所供职的《纽约时报》即刻发表了言辞激烈的社论，称日方"突然以武力攫取沈阳，这种狡诈、不顾国际信义的行为，完全代表日方古代之野蛮酋长"①，对日本侵略行径进行公开谴责。

　　就在国际舆论开始发生重大扭转之际，日本开始在中国沦陷区实施野蛮的文化专制政策，建立"法西斯殖民新闻统治"，严厉打压言论出版自由。1937 年上海沦陷之后，日本强令上海华界的报纸、杂志和电台全面接受新闻检查，导致《申报》、《大公报》等民营报纸被迫停刊。1939 年 6 月至 7 月，《中美日报》、《大美晚报》、《每日译报》等"洋旗"报纸先后遭日方捣毁和迫害，书籍查禁则高达上百种之多。②阿班在当年的报道中也明确指出："在占领区，日本对所有的邮局进行审查，根本不顾已经反复重申的不要干涉外国信函来往的请求，所有外国报纸、杂志和书籍的运输均遭扣留和破坏。"③

　　1940 年 10 月，日伪颁布《全国重要都市新闻检查办法》，对所谓"泄漏政治军事外交应守秘密者"，"挑拨离间，企图倾倒政府，危害民国者"，"破坏邦交者"等一律令行禁止④，开始实施全面的新闻检查，遏制了所有抗日和不满之声。1941 年底，日本占领上海租界，不仅封闭了所有的中国民营电台，而且还接收了美国人创办的广播电台，同时禁止租界内独立报纸的自由发行。⑤太平洋战争爆发后，上海的《大美晚报》、《大美周报》、《中美日报》、《大英业报》、《大晚报》等外商报纸均遭日军查封。⑥

---

　　①　张功臣：《外国记者与近代中国（1840—1948）》，新华出版社 1999 年版，第194 页。

　　②　李群：《抗日战争时期国民政府与图书报刊查禁》，《档案天地》2006 年第 4 期。

　　③　Hallett Abend, "Japan is gaining monopoly in China", *The New York Times*, Mar. 14, 1939, pg. 8.

　　④　马光仁：《日伪在上海的新闻活动概述》，《抗日战争研究》1993 年第 1 期。

　　⑤　吴廷俊：《中国新闻史新修》，复旦大学出版社 2010 年版，第 345—346 页。

　　⑥　傅国涌：《笔底波澜：百年中国言论简史》，中华书局 2013 年版，第 269 页。

　　虽然处于如此背景之下，阿班有关日本称霸远东野心的新闻报道和评论却还在不断地见诸报端。事实上，早在"九·一八"事变爆发之前，阿班就曾给《纽约时报》撰文，大力揭露日本吞并东北的野心和企图。"七·七事变"爆发之前，他再次通过《纽约时报》说明日本吞并华北的计划和阴谋。上海沦陷后，阿班又发表了一系列揭露日军暴行的文章，更成为第一个报道日本加入轴心国的美国记者。因此，1937 年以后，随着日美矛盾的不断激化，阿班逐渐成为日方敏感人物，并最终成为日本新闻控制的重点目标，多次受到日方的人身攻击。

　　1940 年 7 月 20 日晚，日本人再次袭击了阿班在上海的住所，不仅其公寓遭彻底搜查，而且阿班本人也被严重殴打。该事件迅速在上海引起轰动，《纽约时报》于事发后三日连续报道了"阿班案"（the case of Hallett Abend）①，美日驻沪领事也都参与到事件的解决之中。根据阿班的回忆，日本人对他的这次袭击"可谓残忍到了极点"②，而且是他第四次遭受日本人的"抢劫和侮辱"③。此外，阿班的助手以及母亲等人也同样受到过日本人的拷问。④ 不难想见，以阿班的身份和地位尚且遭受日方如此迫害，那么一般人的境遇可想而知，阿班曾十分感慨地说："想象一下在中国内地的人们所承受的那些畏惧和惊慌，在那些地方，就连外国人提出的事实和批评都是毫无威力的。"⑤ 这番经历和感受无疑进一步提升了阿班对于"危机中

---

① Hallett Abend, "Shanghai guards American writers", *The New York Times*, Jul. 21, 1949, pg. 19.

② ［美］哈雷特·阿班：《民国采访战——〈纽约时报〉驻华首席记者阿班回忆录》，杨植峰译，广西师范大学出版社 2008 年版，第 287 页。

③ Hallett Abend, "Shanghai assassin slays journalist", *The New York Times*, Jul. 20, 1940, pg. 6.

④ Hallett Abend, *Chaos in Asia*, The Bodley Head, London, 1940, p. 287, 182 – 186.

⑤ Ibid. , p. 287.

国”的印象和认知。

　　事实上，在阿班看来，“报道自由和评论自由”也是衡量这场战争成败以及战后和平的试金石，他说：“若不能使传媒恢复彻底自由，并在鸣金收兵后即可生效，则这场战争便是徒劳。”①

　　① ［美］哈雷特·阿班：《民国采访战——〈纽约时报〉驻华首席记者阿班回忆录》，杨植峰译，广西师范大学出版社 2008 年版，第 329 页。

第五章　哈雷特·阿班"危机中国"形象建构的逻辑、策略与意涵

历史地看，西方建构和传播中国形象的历史已达四百余年，但是，这四百年并非一种平铺直叙的发展，而是"一个跌宕起伏的过程"①。从18世纪的"中国热"到19世纪的"东亚病夫"，再到20世纪以来的"中国威胁论"，中国形象在西方历经了若干不同的发展阶段。美国学者哈罗德·伊罗生（Harold R. Isaacs）曾经以"崇敬"（18世纪）、"蔑视"（1840—1905）、"仁慈"（1905—1937）、"钦佩"（1937—1944）、"幻灭"（1944—1949）、"敌视"（1949年以后）概括了从18世纪到1949年间美国的中国形象观。②然而，事实上，我们很难对美中交往的每一个历史阶段进行简单的描述和总结，所谓的好恶之别也很难涵盖历史的全部真相，更无法视其为美国人对华情感和认知的全部体验。事实上，美国的中国形象演变是一种复杂而长期的经历和传统，每一个发展阶段都不是纯粹的非黑即白，而是一个个具有深刻历史关联的过程。因此，想要分析和考察阿班通过《纽约时报》所建构和传播的中国形象，也必须置身于美国的中国形象发展的历史脉络中加以理解和阐述才可能清晰可辨，有所启发。

---

① 张西平：《材料、方法与视角——漫谈中国的"美国学"与美国的"中国学"（下）》，载《中华读书报》2009年10月21日第17版。

② ［美］哈罗德·伊罗生：《美国的中国形象》，于殿利、陆日宇译，中华书局2006年版，第43—44页。

第一节　中国形象的历史性嬗变与逻辑

根据史景迁（J. Spence）的观点，欧洲最早关于中国的认知始于汉代，即丝绸之路所带来的有关"丝人国"的传说。① 但大多数研究认为，中国形象真正进入西方世界应该开始于 13 世纪，正如周宁所言："1250 年前后，柏朗嘉宾与鲁布鲁克出使蒙古，他们在《柏朗嘉宾蒙古纪行》与《鲁布鲁克东行记》中有关'契丹'的介绍，最初将中国形象带入中世纪晚期的西方文化视野，开启了马可·波罗前后两个世纪的有关'大汗的大陆'的传奇。"② 从此，西方的中国形象建构进入了一个持续、复杂而长期的历史发展过程。

在马可·波罗的笔下，中国不仅疆域辽阔，而且城市繁荣、交通便利，完全是一个政治稳定、商业发达、无可比拟的盛世国度。③ 之后，英国作家曼德维尔（Mandeville）所著述的《曼德维尔游记》也同样构筑了名噪一时的东方传奇，它同样描绘了东方帝国的繁荣昌盛、地大物博和至上君威。④ 事实上，现存的十多本在中世纪欧洲时期的有关中国形象的文学文本，包括《马可·波罗游记》和《曼德维尔游记》在内，几乎达成了一种对当时中国形象的共同表述和一致认知——"富庶、广阔、强大的大汗帝国"⑤。可以说，这就是中国在早期西方世界中的典型形象。

---

① ［美］史景迁：《文化类同与文化利用——世界文化总体对话中的中国形象》（北大讲演录），廖世奇、彭小樵译，北京大学出版社 1990 年版，第 14 页。

② 周宁：《天朝遥远：西方的中国形象研究（上）》，北京大学出版社 2006 年版，第 2 页。

③ ［意］马可·波罗：《马可·波罗游记》（作者口述，鲁思梯谦笔录），陈开俊等译，福建科技出版社 1981 年版。

④ 周宁：《天朝遥远：西方的中国形象研究（上）》，北京大学出版社 2006 年版，第 20—24 页。根据周宁的观点，《曼德维尔游记》主要在英、法、德流传。

⑤ 周宁：《天朝遥远：西方的中国形象研究（上）》，北京大学出版社 2006 年版，第 25 页。

　　然而，在史景迁看来，包括马可·波罗在内的早期欧洲人在游记和探险文学文本中有关中国形象的美好描述并不足以为信，只不过是作者们头脑中的臆想，"得不到任何印证"，是一种"现实与想象的混合物"①。这表明，在西方建构中国形象的发端，西方传播者就表现出了较为突出的"自我"意识和"他者"立场，中国从一开始就是为其所用的一个被创造物。正如周宁所言，此时以"大汗的大陆"为代表的人间乐园式的中国形象是"世俗与财富的象征"，它实际上反映的是"西方现代文化萌芽中的世俗资本主义商业精神与绝对主义王权政治期望"②。

　　从13世纪到17世纪，伴随着文艺复兴、地理大发现和宗教改革的到来，中国的西方形象开始被注入新的历史因素并得以持续美化。首先，在世界交通网络形成以后，对中国的实地考察变得日益便利，地理知识的增长促使中国逐步从一个遥不可及、虚无缥缈的国度成为一种近在咫尺、触手可及的现实存在，因此，西方的中国形象首先开始了一轮去神秘化的过程。比如，1585年西班牙人门多萨（Mendoza）撰写的《大中华帝国史》，就取材于一批西方外交家、传教士和水手等在中国生活的真实经历，其笔下的中国显得既遥远但又清晰可触。同期来华的意大利人利玛窦以亲身经历撰写的《利玛窦中国札记》也同样体现了这种现实化的写作风格，中国的形象日渐丰满和真实。很明显西方文化在迈向理性化的过程中却依然刻意地将中国打造成为一个伟大的国家，无论是门多萨还是利玛窦都试图建构一种强大中国的观念和形象。让汉学家史景迁感到惊奇的是，在目睹了明朝晚期中国传统社会日渐解体的残酷现实

---

①　［美］史景迁：《文化类同与文化利用——世界文化总体对话中的中国形象》（北大讲演录），廖世奇、彭小樵译，北京大学出版社1990年版，第15页。

②　周宁：《天朝遥远：西方的中国形象研究（上）》，北京大学出版社2006年版，第3页。

之后，利玛窦却仍旧向欧洲宣称中国是"世界上最伟大的社会"①。后期金尼阁（Tvigault）和白晋（Bouvet）等人的描述更加的夸张和偏激，而且这种被美化了的印象深深地影响了欧洲社会的中国认知。②

原因何在？研究者曾经指出，这种做法主要源自欧洲人功利主义的价值观，被美化过的中国形象不仅可以成为批判欧洲的重要砝码，而且也可以成为交好中国的有力借口，正如史景迁所言："由于那发自内心的扭曲，欧洲得到了关于中国的错误信息。这并不是外人强迫的，而是欧洲人内心所希望的。"③ 中国学者周宁认为，这个时期西方人有选择性地塑造这种完美主义的中国形象事实上反映了的是地理大发现和资本主义扩张时代西方自我意识的觉醒："塑造这样一种中国，西方现代文化认同了自我意识与无意识中的忧虑与渴望，不仅假设一个异在的优越的他者文明，具有自我批判与超越意义；同时也隐喻性地表现了西方现代性自我的核心意义，包括追求知识与财富的理想，自由批判的理性精神，通过教育建立和谐的社会秩序甚至最初的民主与进步观念等。"④

因此，美化中国成为一种必然的选择，现实因素的注入并没有妨碍西方对中国形象的再度美化，并形成了"具有连续性的中国形象的话语传统"⑤。在西方人眼中，中国依然地大物博、资源丰富、商业发达、管理有序、司法公正，是远远优于世界其他民族的文明国家。事实上，这种近乎神话般的中国形象几乎一直延续到了18世纪，在长达5个世纪的历史进程中，中国持久地成为西方参照和模仿的典范。

---

① ［美］史景迁：《文化类同与文化利用——世界文化总体对话中的中国形象》（北大讲演录），廖世奇、彭小樵译，北京大学出版社1990年版，第17页。

② 同上书，第21—23页。

③ 同上书，第22页。

④ 周宁：《天朝遥远：西方的中国形象研究（上）》，北京大学出版社2006年版，第69页。

⑤ 同上书，第63页。

　　直到 17 世纪末 18 世纪初，西方人才开始了对中国社会和文化的重新思考，中国形象的塑造和传播也继而发生重大历史性转折。史景迁指出，新教徒的到来以及满人对明朝的征服是激发西方对中国知识经验进行反思的主要因素，至此，中西文化分道扬镳。①

　　到 18 世纪中后期，西方中国形象的逆转之势已经表露无遗，在欧洲著名思想家的著述中开始大量出现有关中国社会的负面评述。比如伏尔泰在《世界史》中称："中国在这样漫长的历史继承中在物质方面却没有什么重大改善，而且中国的法律、礼仪、语言和服饰业几乎一如既往。"② 亚当·斯密则使用了"停滞不前"、"陈陈相因"等消极词汇来评价中国。③ 同期，中国落后的形象也见诸丹尼尔·笛福的《鲁宾逊漂流记》和乔治·安森（George Anson）的《世界旅行记》等多种文学文本中。在这些作品中，典型的中国意向包括了专制的中央集权、低劣的教育制度、落后的风俗礼仪等多个方面，这些曾经在 16 世纪专门用于对中国加以美化的层面完全以相反的性质呈现出来，一个落后的、迥异于西方文明的东方国度出现了。

　　至 18—19 世纪虽然以中国艺术为代表的"中国热"（Chinoiserie)④ 还在欧洲继续流行，但西方对中国的评价已经完全代之以负面的批评，往昔那种带有感情色彩的些许好感和赞扬之词也荡然无存。黑格尔在《历史哲学》一书中，称中国一直身处"历史的童年"，"无法产生那种创造性的历史进程"，是一个"无反思的"、

---

　　① ［美］史景迁：《文化类同与文化利用——世界文化总体对话中的中国形象》（北大讲演录），廖世奇、彭小樵译，北京大学出版社 1990 年版，第 23 页。

　　② 同上书，第 58 页。

　　③ 同上书，第 62 页。

　　④ 又称"中国潮"或者"中国风"，是指 17—18 世纪在西方兴起的对中国事物的热情以及对中国艺术的追求，具体表现在室内设计、家具、陶瓷、织品、绘画等多个方面。（周宁：《天朝遥远：西方的中国形象研究（上）》，北京大学出版社 2006 年版，第 293 页；维基百科 http://en.wikipedia.org/wiki/Chinoiserie。）

"转过身去背对海洋"的落后国家。① 值得注意的是，与黑格尔唯心主义立场取向完全不同的马克思也同样表达了对于中国的负面看法。他认为东方始终是"野蛮的"、"愚昧的"和"停滞的"，没有"任何伟大和任何历史首创精神"，无论东方社会发生的政治动荡是多么的频繁，但"它的社会状况却始终没有改变"②。马克思的这些观点成为19世纪以后有关中国形象的典型话语代表。

那么，导致西方的中国形象话语变迁的原因到底是什么？根据相关研究的发现，中国形象的逆转大致与以下几个方面相关：

首先，从审美心态上看。18世纪末，西方对中国古典艺术的狂热从巅峰上衰落，取而代之的是以哥特风格为代表的西方艺术浪潮的兴起。此时的西方不仅已经能够自行生产出大批的瓷器，而且工艺上也取得了很大的进步，包括屏风、刺绣、壁画等传统上代表中国魅力的艺术崇拜感开始消失。

其次，从价值观念层面看。18世纪欧洲启蒙运动带来的对民主共和的热情开始取代对专制王权的信仰，从有神论向无神论过度，从重农主义转变为重商主义，从而使包括理性、自由、进步等在内的启蒙价值观成为主导西方精神世界的核心理念。在此背景下，中国传统的专制王权、农耕主义和孔教文化等价值观念显然已经远远落后于时代发展的潮流，势必沦为欧洲摒弃的对象。

再次，从政治经济关系的层面看。18世纪中叶恰恰是中西方权力关系的转折点。一方面，清统治下的中国社会在经历过康乾盛世的发展高峰之后转而陷入衰退期：人口膨胀、政治腐败、经济增长缓慢，社会问题激化。然而，同期的西方世界却恰恰相反，英法德等资本主义国家正在步入经济高速发展时期：资本主义的原始积累业已完成，产业革命蓬勃展开，经济增长迅猛。而且，在强大的

---

① ［美］史景迁：《文化类同与文化利用——世界文化总体对话中的中国形象》（北大讲演录），廖世奇、彭小樵译，北京大学出版社1990年版，第66页。

② 《马克思恩格斯选集》第二卷，生活·读书·新知三联书店1957年版，第62—69页。

军事和经济实力的支持下，全球范围内的资本主义殖民扩张愈演愈烈，西方开始成为世界经济体系中的核心支配性力量。因此，中西权力关系格局已经悄然改变，中国的东方神话丧失了赖以存在的政治经济根基，转而开始成为西方资本侵略和掠夺的对象。

因此，史景迁指出："1790 年以后，一系列有关中国的新观点、新看法在西方国家广为流传，这是西方人对中国的理解开始摆脱耶稣会影响的重要时代。"① 中国在 18 世纪中叶前后，开始以西方现代文明的否定性原型出现，有关中国的负面言辞俯拾皆是。比如 1792 年的马戛尔尼使团访华后对中国社会的评述，不仅全面否定了中国的专制主义政治理念，而且预言了中国的衰败和灭亡之势——"中华帝国只是一艘破败、疯狂的战船……即使不会马上沉没，也是像残骸一样随流东西，最终在海岸上撞得粉碎，而且永远也不可能在旧船体上修复。"② 早期来华的英国传教士罗伯特·马礼逊（Rebert Morrison）也在他与伦敦布道会的多次书信来往中提及中国人的愚昧、堕落和骄傲自大。③

两次鸦片战争之后，军事和经济实力上的绝对优势最终使西方人对中国残存的兴趣、热情和敬畏完全不复存在，取而代之的是冷漠、排斥和居高临下的优胜者姿态。比如，罗伯茨（Roberts）对19 世纪西方人中国印象的研究所揭示出的当时普遍存在的那种西方对于东方的失望情绪和鄙夷态度。④ 20 世纪初，传教士、政客、商人和军人的书信、报告和文学作品等传播载体表述中的中国形象

---

① ［美］史景迁：《文化类同与文化利用——世界文化总体对话中的中国形象》（北大讲演录），廖世奇、彭小樵译，北京大学出版社 1990 年版，第 68 页。

② J. L. Cranmer Bye（ed.）. *An Embassy to China: Lord Macartney's Journal 1793—1794*，Longmans，1962. 转引自周宁《天朝遥远：西方的中国形象研究（上）》，北京大学出版社 2006 年版，第 311 页。

③ ［英］马礼逊夫人编：《马礼逊回忆录》，顾长声译，广西师范大学出版社 2004 年版。

④ ［英］约·罗伯茨：《十九世纪西方人眼中的中国》，董重跃、刘林海译，中华书局 2006 年版。

基本都是负面的，"贫困、肮脏、混乱、邪恶、残暴"①，中国的形象进入到了完全不同的另外一个极端。

可见，伴随着西方对中国交往和知识积累的增加，带来的结果并不是西方对中国兴趣和好感的递增，反而是那种与日俱增的否定态度。总体上看，造成如此变化的社会因素是复杂和多样的，包括了东西方知识结构、审美情趣、宗教信仰、经济发展、国际关系格局等诸多方面的影响。特别重要的是，中国的现实并非引发西方中国形象变迁的主要动因，真正的推手其实在于西方政治、经济和文化层面发生的根本性转折。按照史景迁的说法，这种改变源自18世纪末以来西方世界对中国文化进行的"摒弃"和"更新了的利用"②，即西方根据自身的文化需要重新建构起了一种不同以往的中国形象。正如道森（Dawson.）所言："工业、社会和政治革命给欧洲带来了引人瞩目的种种变化，这些变化不仅诱使人们把文明形象化为一个标尺，由此衡量出欧洲比世界其他任何地区都要进步得多，而且诱使人按照欧洲的范畴、类别对其他文明作粗鄙的分析，把它们与欧洲文明的早期各阶段相比较。"③ 在西方流行的进步主义文明观念之下，中国事实上已经沦为显示西方工业文明的一种反面教材，其在西方世界中的负面形象主导了整个19世纪，深深地影响了欧洲人对于中国的认知和理解。

那么，美国的中国形象史又会如何呢？美国社会塑造和传播中国形象的逻辑和动机是否与欧洲有所不同呢？

总体上看，美国的中国形象史与其作为一个独立性的世界大国

① 周宁：《天朝遥远：西方的中国形象研究（上）》，北京大学出版社2006年版，第353页。

② ［美］史景迁：《文化类同与文化利用——世界文化总体对话中的中国形象》（北大讲演录），廖世奇、彭小樵译，北京大学出版社1990年版，第68页。

③ ［美］雷蒙·道森：《中国变色龙——对于欧洲中国文明观的分析》，常绍民、明毅译，中华书局2006年版，第94页。

的成长历史几乎同步，它的起点被界定为 18 世纪，比欧洲晚了近五个世纪。① 因此，在建国初期，美国的中国概念几乎全部来自欧洲的知识传统。曾经在欧洲流行的"中国热"明显影响了美国早期的中国印象，大部分美国人的中国认知是基于中国器物的东方想象，并形成了"浪漫、刺激、朦胧、美丽、距离、古怪、精致和危险合在一起的混合物"② 般的美式中国观，建国之父们也同样公开表达了一种美好的中国印象。③

　　与欧洲类似，美国的中国形象从 19 世纪中叶开始发生明显的逆转，包括早期的美国商人、传教士、外交官、学者、作家、记者等在内的多种力量都参与了中国形象去浪漫化的过程，传教士尤甚，他们"为美国人对中国看法的感情基础打下了永久的、决定性的烙印"④。包括裨治文（1830）、卫三畏（1833）、伯驾（1834）等在内的首批来华的美国传教士都对中国落后形象进行了刻画和传播，其中伯驾有关中国病夫形象的传播案例特别生动地揭示了 19 世纪以后美国有关中国形象话语发生的历史性转变。⑤ 稍后来华的著名美国传教士，比如丁韪良（1827—1916）、林乐知（1836—1917）、卫理（1854—1944）等人也基本对中国持否定观点，"他们从旁观者的角度，凭借清政府不敢得罪的洋人身份，透过中西社会的对比，对中国社会弊端进行揭露和批判"⑥。总体上

---

　　① ［美］哈罗德·伊罗生：《美国的中国形象》，于殿利、陆日宇译，中华书局 2006 年版，第 43 页。

　　② 同上书，第 39 页。

　　③ Chan, David, The China Syndrome：Some Thoughts and Impressions After a 1979 Trip. In *America Views China：American Images of China then and Now*，Jonathan Goldstein，Jerry Israel and Hilary Conroy（ed.），Bethlehen：Lehigh University Press，1991，p. 185.

　　④ ［美］哈罗德·伊罗生：《美国的中国形象》，于殿利、陆日宇译，中华书局 2006 年版，第 40 页。

　　⑤ 韩依薇：《病态的身体——林华的医学绘画》，刘贤译，载杨念群主编《新史学：感觉·图像·叙事》，中华书局 2007 年版，第 185—216 页。

　　⑥ 王立新：《美国传教士与晚清中国现代化》，天津人民出版社 2008 年版，第 231 页。

而言，美国传教士大都致力于把中国塑造成一个需要被改造和拯救的东方国度，而根本没有将中国视为一个平等的交往对象。

比传教士更早来到中国的是美国的商人。18世纪末，他们最早把中国的丝绸、茶叶等带回国并追随当时在欧洲流行的"中国热"。然而，中国的现实却令商人们沮丧，初来乍到的他们不仅被限制在广州一隅，没有行动自由，而且受到了中国官员的粗暴对待，因此他们当中曾有人形容中国是世界上"最残暴"的国家。① 值得注意的是，早在16世纪，欧洲人曾经亲历过比美国商人更加不堪的遭遇，比如欧洲的外交官和水手在中国被长期监禁，却并未引发他们对于中国的否定看法，反而称颂"一个强大的、中央集权的中国"②。但是，类似的经历却立刻引发了美国商人的厌恶之情，并毫不犹豫认定中国是一个野蛮落后的国家。可见，同样的经历在不同的时代产生了完全不同的感受和理解。

为何会有如此巨大的反差呢？研究者指出，其背后的根本原因仍然是西方社会现实的改变："与当时清政府的腐败、中国经济的凋敝正好相反，美国建国后经济迅速发展，建立在西方先进理念基础上的政治体制平稳建立并不断完善。"③ 因此，对美国商人而言，中国已经完全丧失了可取之处，根本没有刻意美化的必要了。

19世纪30年代，美中交往开启了商人与传教士"相依而行"的时代，他们"分享着那个时代鼓吹以'先进'文明征服'异教'国家和'落后'地区的殖民主义心态和帝国主义意识形态"，共同

---

① 潘志高：《中国在美国的形象：变与不变》，《解放军外国语学院学报》2003年第26卷第2期。

② ［美］史景迁：《文化类同与文化利用——世界文化总体对话中的中国形象》（北大讲演录），廖世奇、彭小樵译，北京大学出版社1990年版，第16页。

③ 潘志高：《中国在美国的形象：变与不变》，《解放军外国语学院学报》2003年26卷2期。

承担起"拯救"和"改造"中国的使命。① 美国人作为世界主宰者的霸权意识形态深入骨髓，影响深远。在上帝与玛门的携手合作的过程中，同盟者们共同向美国社会传达出了一种落后愚昧的中国形象和认知。

此外，美国本土有关中国的文学作品也为美国社会如何理解中国提供了重要的知识来源，特别是伴随着 19 世纪中叶发生在美国西海岸的中国移民潮。据统计，在 1854—1882 年间，大致有 30 万中国劳工进入了美国，与当地华人的接触成为仅次于传教士经历的美式中国印象基础。② 历史表明，虽然中国移民在美国的西部铁路建设、荒地种植、矿山开发等方面为当地发展做出了巨大贡献，但由于当时美国国内经济的不景气和显著的文化差异，美国人对待中国人的态度并不友好，甚至采取了对立和仇视的姿态。在美国人看来，中国人是"'不合群'、'狡猾'、'危险'、'鬼鬼祟祟'、'下贱'、'不诚实'、'邪恶'、'无论从智力上还是从道德上说都低一等'的人"③。同期应运而生的"中国城小说"，特别是以"乱伦"、"娼妓"等为主题的犯罪和历险小说典型地说明了"美国人当时在政治和经济上对中国人的敌对情绪有多么的强烈"④。1884 年，美国出台了禁止中国人移民的法律。

最后是有关美国新闻业所提供的知识资源。不难发现，在阿班来华之前，有关中国的新闻就已见诸美国大报。以《纽约时报》为例，从 19 世纪中叶起就连续刊载中国报道。在中国

① 王立新：《美国传教士与晚清中国现代化》，天津人民出版社 2008 年版，第 58—63 页。

② ［美］哈罗德·伊罗生：《美国的中国形象》，于殿利、陆日宇译，中华书局 2006 年版，第 40 页。

③ 潘志高：《中国在美国的形象：变与不变》，《解放军外国语学院学报》2003 年第 26 卷第 2 期。

④ ［美］史景迁：《文化类同与文化利用——世界文化总体对话中的中国形象》（北大讲演录），廖世奇、彭小樵译，北京大学出版社 1990 年版，第 77 页。

研究者郑曦原先生所选录的 1854 年至 1911 年间《纽约时报》的 300 余篇对华报道文本中，很容易发现当时美国社会对于中国的基本认识和理解。整体上看，这些早期的报道已经涉及中国社会的方方面面，但其中绝大部分并非出自专业新闻记者之手，采写这些中国消息的主要是美国的外交官、商人、工程师、旅行家等非专业人士，这些报道总体上反映的还是 19 世纪中叶以来西方社会所普遍持有的较为负面的中国观念，比如经济的落后、司法的残酷、官场的腐败等种种令人费解和厌恶的社会现象。

事实上，想要完全找到并梳理出阿班塑造中国形象背后的历史资源和文化脉络并非易事。在美国，能够提供中国知识和概念的材料难以计数，广泛涉及文学、历史、政治、外交、经济等诸多领域。正如罗伯茨所言："所有这一切的综合，构成一系列纷杂的对中国和中国人的看法、印象、概念、直接或间接的知识，一代又一代的数百万美国人在某种程度和某种广度上接受了它们。"①

综上所述，从第一次鸦片战争到辛亥革命，包括美国传教士、商人、作家和旅行者等在内的西方传播者参与建构的中国形象总体上是一个与西方文明形成鲜明对照的落后国家。可以说，这一形象是西方数百年来相关中国知识传承演变的结果和产物，正如周宁所言："在历史的维度上，特定的形象一旦产生就具有重复生产的特征，尽管不同时代西方的中国形象有不同的特征，但总有一些套话性的，原型性的基本特征，是跨越时代的断裂延续下来的。"② 因此，在美国传教士、商人以及学者等所提供的有关中国形象的多重话语资源中，我们很容易发现阿班"危机中国"形象的原始影像。

① ［美］史景迁：《文化类同与文化利用——世界文化总体对话中的中国形象》（北大讲演录），廖世奇、彭小樵译，北京大学出版社 1990 年版，第 42 页。

② 周宁：《天朝遥远：西方的中国形象研究》（上），北京大学出版社 2006 年版，第 64 页。

历史地看，阿班对中国形象的塑造和传播无疑是对美国的中国形象话语传统的继承和发展。但有所不同的是，阿班所凭借的是现代国际传播背景下具有公共特质的新闻话语平台，他将以一种更具客观中立色彩的语言、更加现代迅捷的传播方式向美国公众讲述一个非常时代的中国。

第二节　"危机中国"形象建构的话语策略

西方新闻话语研究者迪克曾经指出，新闻是通过观点、态度和意识形态的表达和传播来维持既有社会认知模式的一种公共话语形式。①因此，通过考察新闻文本的内在话语建构机制可以有效地洞悉新闻生产的深层社会内涵，也就是说，话语分析的方法不仅能够帮助我们观察到沉淀在新闻中的社会权力关系和结构，而且还可以呈现出文本背后的政治经济影响和社会文化逻辑。正如西方话语研究的重要人物费尔克拉夫（Fairclough）所言："在社会学意义上，话语是建构性的，建构社会主体，建构社会关系，建构知识和信仰体系。"② 新闻话语分析可以达成从微观角度洞悉宏观社会机制的目标。

根据迪克的观点，虽然新闻报道具有客观性的限制，但"潜藏的信念和态度"能够"以很多方式间接地在文章中显示出来"③。这些所谓的"间接的方式"即能够达成新闻记者内在价值体系的新闻话语策略，它们一般包括内容的选择、主题的控

---

① ［荷］托伊恩·A. 梵·迪克：《作为话语的新闻》，曾庆香译，华夏出版社2003 年版，第77—78 页。

② ［英］诺曼·费尔克拉夫：《话语与社会变迁》，殷晓荣译，华夏出版社2003 年7 月第1 版，第35 页。

③ ［荷］托伊恩·A. 梵·迪克：《作为话语的新闻》，曾庆香译，华夏出版社2003 年版，第77—78 页。

制、词语的选择、信源的调用等。[①]因此，本书试图通过以下五个方面来展现哈雷特·阿班如何通过报道文本塑造近代中国之形象。

一　报道内容的选择

第二章的"议题类别分析"部分已经说明，阿班以及《纽约时报》在20世纪30年代进行中国报道时的主要关注点是内政和国际关系问题，报道总量为845篇，占到了样本总数的68%。那么，这八百余篇报道在内容选择上的聚焦点又是什么？通过对文本内容的分析发现，从1927年到1940年，阿班在中国内政和国际关系议题上主要报道了各种社会力量和政治势力之间的矛盾、对峙和冲突，这样的"冲突报道"占据了大部分的版面，如表5—1所示：

表5—1　　　　1927—1940年"冲突报道"数量及所占比率

年度	"冲突报道"的主要内容	数量	年度比
1927	中日东北铁路冲突，北伐战争，京津地区的军阀混战	13	72%
1928	北伐战争，中日山东冲突，中日俄北方地区矛盾，皇姑屯事件	52	54%
1929	中日俄北方地区矛盾，山东叛乱，蒋冯阎冲突，废除治外法权争议	96	80%
1930	蒋冯阎战争，中日俄东北地区冲突，国共南方地区冲突，治外法权谈判及反帝运动	86	66%
1931	广西、广州、云南等地军阀战乱，国共战争，北方军阀战乱，中日俄东北冲突，废除治外法权，反日运动	142	70%
1932	中日北方冲突，中日上海冲突，国共冲突，四川派系斗争，反日运动	115	78%

①　［荷］托伊恩·A.梵·迪克：《作为话语的新闻》，曾庆香译，华夏出版社2003年版。

年度	"冲突报道"的主要内容	数量	年度比
1933	中日北方冲突，中日上海矛盾，国共冲突，冯玉祥与南京政府对峙，福建、广东地区军阀战乱	79	72%
1934	福建、广州地区军阀战乱，国共冲突，中日上海冲突，中日东北矛盾	25	71%
1935	中日北方冲突，中日东南沿海地区冲突，中日上海冲突，反日运动	62	79%
1936	广州、广西军阀战乱，中日上海冲突，中日绥远地区冲突，"西安事变"，反日运动	87	90%
1937	西北地区冲突，中日全面战争（京津、上海、南京、广州等地区）	50	86%
1938	中日全面战争（京津、南京、广州、湖南等地区）	27	75%
1939	中日全面冲突（上海、南昌、天津等地区）	50	72%
1940	中日上海冲突	11	18%

可以发现，这八百余篇基本上都是有关中国社会不同层面的冲突和矛盾的报道，内容广泛涉及中日对抗、国内军阀战争、地方派系冲突以及中共对峙等多个方面。而且，这种以冲突矛盾为取向的新闻在历年的报道总量中几乎都占到一半以上（1940年除外），有2/3以上的年份甚至达到了70%—80%，1936年的比例更是高达90%，在内容选择上呈现出了非常明显的倾向性。

值得注意的是，另外的四百余篇报道虽然涉及的不是明显的冲突事件，但大部分也是比较负面的新闻，比如关税的流失、地方的盘剥、农村地区的严重饥荒和极端贫困等。众所周知，矛盾和冲突正是一个国家或地区面临社会危机的具体表征和体现，它们都属于稳定国家秩序的对立面。媒体对一个国家反面性事件的关注度越高，曝光率越大，那么这个国家的安全性和稳定性就越容易遭受外界质疑，这个国家的形象也越糟。因此，内容选择上的偏向性构成了阿班建构和传播"危机中国"形象的重要话语策略之一。

二　报道主题的归纳

迪克指出，作为整体的新闻话语具有"宏观断言"（superassertion）① 的功能。一般来说，这一宏观命题就是新闻文本的主题，可以起到概述整个文本内容的作用，在新闻的理解中扮演着非常重要的角色。对报纸新闻来说，主题一般是通过新闻标题的形式加以表达和暗示的，它构成了新闻文本的"纲要性概述"②，可以反映新闻文本的报道主旨。因此，我们可以通过分析阿班中国报道的标题来洞悉其新闻主题，发掘并揭示出其"危机中国"形象建构话语的策略和路径。

此外，从国际新闻发展的历史看，20 世纪 30 年代的新闻标题已经出现了多层化的特点，正如研究者所言："读者现在能够进行第一眼选择（他们感兴趣阅读的），文章越重要，标题层级越多……读者可以发现她/他想要知道的已经在标题里提供了，因此使她/他不用再去阅读附加的报道。"③ 可见，当时的新闻标题较之以前更具概括性，不仅可以说明整篇报道的主旨，还可呈现正文部分的段落重点，从而成为人们阅读新闻时的重要指导。

分析发现，阿班中国报道的大部分文本中出现了多级标题的现象，少则有一个主标题和一个副标题，多则有一个主标题和几个副标题，副标题有时甚至多达五到六个，对于文本主题的展现非常全面。

首先，从标题的组织结构上看，每一组主标题和副标题之间，以及它们与文本主体之间都具有很强的逻辑关联。主标题基本上是以高度概括的宏观命题形式加以呈现的，主要由名词和动词组装而

---

① ［荷］托伊恩·A. 梵·迪克：《作为话语的新闻》，曾庆香译，华夏出版社 2003 年版，第 29 页。

② 同上书，第 38 页。

③ Elefteria Xekalakis, *Newspaper through the Times: Foreign Reports from the 18th to the 20th Centuries*, Udo Fries, Ph. D. , 1999, p. 59.

成，而副标题则是"倒金字塔式"（top – down）排序，通过"相关性控制"（relevance controlled）以及"循环组装"（cyclical in-stallments）① 的方式对主标题和文本主题展开的进一步说明。

以 1929 年 11 月 20 日的这篇报道为例，其主标题为"叛军挺进，危及汉口"，五个副标题分别是"湖北前线的部队逃跑，南京面临严峻的国内战争考验"；"襄阳被占领"；"蒋（介石）亮出了最后的预备部队，号召年轻的军校生扭转战局"；"该部队在河南获胜"；"报道称 2 万叛军夺取登封，中央军被迫撤退到陕西"②。可以看出，主标题是对中国当时国民党鄂西北战局情形的总体描述，而副标题则是有关此次战事的具体说明，通过循环组装的结构方式，生动说明了当时动荡不安的国内局势。再比如 1931 年 12 月 23 日的这则报道，主标题是"日军继续大举进攻满洲"，四个副标题分别是"南京内阁整体辞职"；"蒋（介石）到乡下躲避，部分政府官员弃职"；"广州领导人窃喜"；"虽然争执的谣言四起，但估计新政府会迅速组建"③。不难发现，主标题交代的是"九·一八"事变发生三个月后日本对中国东北的持续侵略，而四个次级副标题描述的则是此种背景下南京中央政局出现的一次大规模震荡，它们的重要性虽然次之，却与主标题紧密相关，说明的是日本侵略对中国造成的严重政治影响，是主标题的进一步扩展和延伸，

---

① 这是梵·迪克对新闻话语如何实现主题方式的概括，事实上就是三种不同的结构组织形式："倒金字塔式"一般是指最重要的信息在前，不重要的次级信息在后、比较传统的新闻写作和制作方式；"相关性控制式"是指新闻报道中优先陈述最高层次的主题（中心事件、中心事件参与人等）后按顺序进一步交代事件的有关细节信息；"循环组装式"则是指"最先交代的是政治上相关的中心事件和参与人员，然后循环不断地提供中心事件和次要时间的中心参与人、次要参与人的身份、时间的组成部分、局势、影响和发生的方式、事件、地点等细节信息"。（［荷］托伊恩·A. 梵·迪克：《作为话语的新闻》，曾庆香译，华夏出版社 2003 年版，第 47—50 页。）

② Hallett Abend, "Drive by rebels imperils Hankow", *The New York Times*, Nov. 20, 1929, pg. 6.

③ Hallett Abend, "Wide Japanese drive continues in Manchuria", *The New York Times*, Dec. 23, 1931, pg. 13.

主副标题共同勾勒出当时中国内政外交上的困顿局面。

其次，从标题的符号内容上看，可以发现主副标题的内容概括主要集中在矛盾、纷争和对抗这几个主题上。以名词和动词的使用为例，标题中出现的高频核心词汇有："rebel"（名词：造反者、叛乱者、反抗者；动词：反叛、造反、叛乱）、"riot"（名词/动词：暴乱、骚乱、暴动）、"invade"（动词：入侵、侵略、侵袭）、"clash"（名词/动词：冲突、不协调、抵触）、"crush"（动词：镇压、制服、摧毁）、"fight"（名词/动词：战斗、打仗、斗争）、"battle"（名词/动词：斗争、决斗、作战）、"defeat"（名词/动词：打败、击败、战胜）、"drive"（名词/动词：迫使、逼迫、推进）、"control"（名词/动词：控制、支配、操纵）、"fear"（名词/动词：危险、恐惧、害怕）、"danger"（名词：威胁、危险）、"peril"（名词：危险、冒险）等。

一般来说，标题的信息单元是由一套或多套"述谓语结构"①组成的句子。也就是说，从语法构成上看，标题的信息主要是通过一个新闻陈述句中的核心动词和名词来呈现的，因此，新闻标题中出现的高频动词和名词能够传达出非常特殊的含义，正如索绪尔所言，语言符号的词汇选择和组合使用一起构成了"符码"（code），能够"传播社会和自然世界中的特定文化观点"②。

可以发现，哈雷特·阿班和《纽约时报》在报道中国时在标题中频繁使用的名词和动词大都是充满紧张和压迫感的语言符号，基本上属于表现不稳定和矛盾状态的负面词汇，是针对反常社会环境的特定描写和典型叙述，对这些语言符号的大量调用无疑是在传达一种有关中国无序、混乱和动荡的观点，是"危机中国"这一媒介形象的生动反映和表达。

---

① 李杰：《媒体新闻语言研究》，中国传媒大学出版社 2009 年版，第 31 页。
② 转引自［英］安德斯·汉森《大众传播研究方法》，崔保国、金兼斌、童菲译，新华出版社 2004 年版，第 244 页。

三　信息的相关性控制

与其他的传播文本不同,新闻文本中主题的呈现具有典型的组装性,即"每个主题只在某一部分出现,而不贯穿整个文本"[①],但在"超文本"(superstructure)[②] 结构的作用下,通过相关性控制等方法,文本中的次级命题/次级框架仍然可以与宏观命题/主导框架实现内在逻辑上的联系,展示报道的主题思想。在阿班的中国报道中,信息的相关性控制也是呈现"危机中国"这一主题形象的重要话语策略之一。

以 1932 年 8 月 21 日的报道《中国 1931 年的形势更糟》[③] 为例,全文由十六个段落组成,具体如下:

第一自然段:全文概述——中国 1931 年的状况比去年更糟;

第二自然段:在东北与日冲突中丧失了大片领土;

第三自然段:广州政府与南京政府继续对峙;

第四自然段:第一部分——去年的长江洪水泛滥引发了巨大灾难;

第五自然段:霍乱大面积爆发;

第六自然段:去年的"剿共"无果而终;

第七自然段:江西的共产主义运动构成了威胁;

第八自然段:第二部分——南京政府处于财政困境之中;

第九自然段:南京政府开支出现严重赤字;

---

① [荷]托伊恩·A. 梵·迪克:《作为话语的新闻》,曾庆香译,华夏出版社 2003 年版,第 45 页。

② 同上书,第 52 页。"超文本结构"是指新闻文本在宏观主题的指导下进行组织的一种结构性特征。

③ Hallett Abend, "Conditions in China worse than in 1931", *The New York Times*, Aug. 21, 1932, pg. E5.

第十自然段：东北的海关税收被伪满洲国截留；

第十一自然段：政府公债发行不利；

第十二自然段：地方财政出现赤字；

第十三自然段：第三部分——政府垄断鸦片贸易以牟利；

第十四自然段：中央政府试图全面控制鸦片税收；

第十五自然段：国民党失信，地方统治不保；

第十六自然段：反对南京政府的叛乱再次出现。

不难看出，"中国形势更糟"这一宏观命题是通过"与日冲突失败"、"地方统治失控""洪水疾病灾难"、"财政赤字严重"、"鸦片贸易盛行"等系列次级命题所提供的信息得以表达的，它们都与"危机中国"这一基本判断具有内在的逻辑关系。

值得注意的是，1937年中日战争全面爆发后，阿班的"危机中国"命题还调用了另外一种新的信息相关性控制的表达形式，比如1937年7月的三篇头版报道，时报在阿班报道的正文之前特别配发了以"中国局势"为题的一组消息总汇，由来自中国内地、东京、北平、华盛顿、伦敦等不同地点的消息概要组成，具体如下文所示：

1937 年 7 月 22 日（第 1 版）[①]
"中国局势"

天津——坚持反日立场的第29军37师没有根据所谓的协议放弃北京西而是坚守阵地。（第1页）

东京——东京和南京政府都很强硬，均拒绝向有关争端地区的解决方案屈服。日本外交部长警告中国政府不要插手。（第10页）

---

① Hallett Abend, "Chinese hold fast to their positions, reinforcing them", *The New York Times*, Jul. 22, 1937, pg. 1.

华盛顿——德国大使告诉国务卿赫尔，德国对远东局势将维持中立并与美方政策保持一致。（第10页）

伦敦——外交部长艾登称在目前北中国的紧张局势下不会举行中日磋商。（第10页）

1937 年 7 月 27 日（第 1 版）①
"中国局势"

北京——蒙受巨大损失后，城内的中国部队阻断了向大使馆进军的日本先遣队。胜木缘将军提出了北京地区实施全面非军事化的建议。（第1页）

天津——在北京沿途的廊坊，增援部队和轰炸机赶走了与日作战的中国部队。（包含在以上报道中）

东京——天皇接见了政府和军方的主要领导，陆海军方面准备采取强硬手段对付中国。（第4页）

华盛顿——中国大使告诉国务卿赫尔，中国正严密关注北中国事态的发展，如果有必要就会采取行动。（第4页）

1937 年 7 月 31 日（第 1 版）②
"中国局势"

天津——日本发言人称中国军队已从北京西绵延100公里的永定河地区向塘沽溃退。攻击天津的几个旅在遭受巨大损失后也开始撤退。但北京地区的通讯依然受到游击先遣队的威胁。（第1页）

北京——占领卢沟桥后，强大的日军焚毁了通过永定河的道路，并从北京城西南十五公里处向前推进。（第1页）

---

① Hallett Abend, "Japanese troop cut off in Peiping; many killed; Tokyo plans stern action", *The New York Times*, Jul. 27, 1937, pg. 1.

② Hallett Abend, "Clashes continue", *The New York Times*, Jul. 31, 1937, pg. 1.

东京——报道称南京5万多人的部队正在距离北京南四十公里处；天皇已经收到了打击中国的"第二步"计划。（第2页）

华盛顿——罗斯福总统计划周末考察时在华盛顿停留几个小时，以解决中国出现的冲突危机。（第2页）

从效果上看，将这些来自不同消息源的中国讯息组织在一起，大大强化了中国形势的紧迫性和严重性，形成了对"危机中国"这一核心框架的有力支持和说明。

四　措辞的风格

在措辞风格方面，阿班显然更多地选择了一些否定性的词汇对中国加以描述，这些消极词汇大量地出现在对中国社会多个不同方面的描述上，以下图表说明了来自阿班报道中国内政、外交、经济、社会和文化议题时所使用的典型核心词汇及其内涵。

表5—2　　　阿班报道中国各议题的核心词汇及内涵

（一）国内政治议题

报道时间	报道内容	消极词汇的选用	释义
1927 年 12 月 25 日	中国政治时局被描述为由独立派系所瓜分的"牺牲品"	prey（牺牲品），disintegration（瓦解），division（分裂）	暗示着中国内部政局的混乱、不安和无序，且局势严重，难以逆转
1928 年 6 月 22 日	中国时局被总结为"混乱"和"无序"	chaos（混乱），anarchy（无政府状态、无秩序），desperation（绝望）	暗示了中国的分裂和即将陷入的社会动乱

续表

报道时间	报道内容	消极词汇的选用	释义
1928 年 8 月 12 日	将中国军阀称为"耍嘴皮子"之人	lip - service（耍嘴皮子，空口应付），cynical（玩世不恭的），guise（伪装），insincere（虚假的）	反映了中国政客的自私和狡猾，暗示了中国政治局势的危险和动荡
1929 年 3 月 21 日	将反对蒋介石的地方派系称为"叛国者"	traitor（叛国者），conspiracy（密谋），exile（流放），oust（罢黜），rebel（叛乱）	表明了中央政权的不稳定和内部政治集团的纷争，暗示了南京中央政权的合法性危机
1930 年 12 月 24 日	中国的共产主义运动被描述为"浩劫"，共产党被定义为"土匪"	havoc（浩劫，大破坏），menace（威胁），loot（掠夺），massacre（大屠杀）	暗示了共产主义运动的巨大社会影响和对南京政府的挑战
1931 年 9 月 24 日	将中国学生的反日运动称为"示威游行"	demonstration（示威游行），inflammatory（煽动性的），hysterical（歇斯底里的）	暗示了中国民众对政府的普遍不满和反抗
1933 年 11 月 16 日	将南京中央政府的政治举措称为"试图"结束分裂运动	try to（试图），doubtful（不置可否的），delay（延迟），unsuccessful（失败的），disaffected（有叛意的）	暗示了中国实现统一的难度，表明了国家命运的不确定
1934 年 2 月 11 日	河南的地方形势被定性为"严重的"	critical（严重的），poor（贫困的），restive（不安的）	暗示了地方行政区存在的严重社会问题和治理危机

报道时间	报道内容	消极词汇的选用	释义
1936 年 7 月 29 日	将南京中央政权对桂系的打击称为"讨伐"	punitive expedition(征讨、讨伐),rebellion(叛乱),invade(侵袭),defiance(挑衅)	暗示了地方派系对中央政权构成的严重威胁
1938 年 3 月 5 日	将处于日本侵略下的中国描述为"被俘获的国家"	destitution(赤贫),death(死亡),fear(恐惧),hardship(艰难)	暗示了中国大面积的国土沦丧以及国家濒临绝望的境地

(二) 国际关系议题

报道时间	报道内容	消极词汇的选用	释义
1929 年 8 月 3 日	中国东北边境的情况被概述为"恐慌"	panic(恐慌),paralyzed(瘫痪的),dangerous(危险的)	暗示了中国北方边界可能会发生的冲突和战争
1929 年 12 月 29 日	中国废除治外法权引起的各方纷争被描述为"危机"	crisis(危机),threaten(威胁),disastrous(灾难性的)	暗示中国废除治外法权将会引发的与西方列强的冲突
1931 年 11 月 21 日	将中日发生的军事冲突定义为"国家战争"	state of war(国家战争),hostilities(战争),hostile(敌对的),offensive(攻击性的)	暗示了中日矛盾的严重性(当时中日两国实际上还未正式宣战)

报道时间	报道内容	消极词汇的选用	释义
1932 年 3 月 28 日	将国际各方对中国时局的看法归结为"严重的担忧"	gravest misgivings（严重的担忧），disunion（分裂），lamentable（可悲的）	暗示了中国时局的危险境遇
1933 年 3 月 5 日	将中国边疆局势描述为一个被"瓜分"的过程	partition（瓜分），tear away（撕裂），alienation（离间），threat（威胁）	暗示了中国领土主权正在遭遇的严重损害
1935 年 7 月 27 日	将中日之间的战争描述为"生死较量"	showdown（生死较量，决战），inevitable（难以避免的），ultimate（极端的）	暗示了中国面临的巨大困境
1936 年 1 月 11 日	将日本的对华策略描述为"王牌"	joker（王牌），menace（威胁），overrun（侵占）	暗示了日本在侵略中国上的优势地位
1937 年 10 月 10 日	将日本对上海的攻击和轰炸描述为"恐怖"	terror（可怕），terrible（可怕的），bitterness（苦难），crucifixion（钉在十字架上，磨难）	暗示了中国在日本攻击下所遭受的巨大创伤以及中国面临的生死考验
1938 年 8 月 28 日	将受到日本攻击的广州描述为"瘫痪的"	paralyzed（瘫痪的），destruction（毁灭），standstill（停滞不前），ruins（废墟）	暗示了中国重要城市遭受到的毁灭性打击

续表

报道时间	报道内容	消极词汇的选用	释义
1939 年 3 月 14 日	将日本在中国的地位描述为"垄断"	monopoly（垄断），control（操纵），curb（控制），domination（支配）	暗示中国的政治、经济、文化等国家主权遭受到的全面损害

（三）中国经济议题

报道时间	报道内容	消极词汇的选用	释义
1928 年 5 月 28 日	将中国工厂的状况描述为充满了"虐待"	abuses（虐待），burdens（重负），privation（贫困），child labor（童工），sullen（郁闷的）	暗示了中国工厂环境的恶劣和可能发生的社会反抗
1931 年 1 月 29 日	将中国的税收管理描述为"巨大的混乱"	great confusion（巨大的混乱），utmost confusion（乱七八糟）	暗示了中国经济管理体系存在的严重问题和高度风险
1931 年 8 月 9 日	将中国的地方税收描述为对长江贸易的"扼杀"	killing（扼杀，谋杀），force（强迫），excessive（过度的），vicious（恶毒的）	暗示了地方税收的失序和贸易环境的恶劣
1934 年 12 月 16 日	将日本影响下的中国经济状况描述为"商业危机"	business crisis（商业危机），disastrous（灾难性的），unemployment（失业），smuggling（走私）	暗示了中国经济所遭受的沉重打击及困顿局面

报道时间	报道内容	消极词汇的选用	释义
1935 年 3 月 10 日	将国外贷款描述为中国的"唯一的指望"	only hope（唯一指望），deficit（赤字），decline（衰退）	暗示中国经济已经陷入巨大困境

（四）中国社会文化议题

报道时间	报道内容	消极词汇的选用	释义
1928 年 5 月 13 日	将发生饥荒的山东社会状况描述为"恐怖"	horror（恐怖），violence（暴行），murder（谋杀），mob（成群攻击），infanticide（杀婴）	暗示了中国民众生活状况的悲惨，以及中国人的盲目无知
1930 年 3 月 9 日	将两广地区居住在船上的人称为"流民"	floating population（流民），suffer（遭受苦难），poor（贫穷），slum（贫民窟）	暗示了中国人生存状态的恶劣和中国社会基础的不稳定
1930 年 6 月 1 日	将出版《万有文库》的商务出版社总经理王云五称为一个"大胆的"人	daring（大胆的），great gamble（最大的赌注），fear（担心），venture（冒险）	暗示了推动中国文化改革发展的艰巨性和挑战性
1930 年 8 月 13 日	将中国图书出版的潮流和白话文运动称为中国"所谓的'文学复兴'"	so called "literary Renaissance"（所谓的"文学复兴"），propaganda（宣传），doubtful value（不确定的价值）	暗示了中国文化发展史上的盲目性和激进性

报道时间	报道内容	消极词汇的选用	释义
1931 年 4 月 26 日	将中国水路交通称为世界上"最危险的"航行	the most dangerous（最危险的），frenzy（狂乱），peril（极大危险）	暗示了中国交通状况的恶劣和社会管理的失控
1931 年 8 月 8 日	将遭受洪灾的中国人描述为"牺牲品"	victim（牺牲品，牺牲者），misery（悲惨境遇），homeless（无家可归）	暗示了中国社会底层的无助和生存环境的险恶
1932 年 1 月 3 日	将在日本傀儡政权统治下的东北社会称为"放荡"	orgy（放荡、纵欲），indulge（沉溺），vice（恶习），gambling（赌博），opium smoking（吸鸦片）	暗示了东北社会秩序的混乱以及中国人的愚昧落后
1933 年 7 月 9 日	将上海苏州河上的舢板船称为"乞丐船"	beggar boat（乞丐船），crowded（拥挤的），filthy（肮脏的）	暗示了中国普通大众生活的极端贫穷
1934 年 4 月 8 日	将中国农村的情形概括为"崩溃"	collapse（崩溃，瓦解），overpopulation（人口过剩），exactions（强征暴敛），abandon（放弃），plight（困境），bankruptcy（破产）	暗示了中国底层民众中存在的严重社会问题和巨大的生存挑战

报道时间	报道内容	消极词汇的选用	释义
1940 年 5 月 12 日	将传统的中国帆船制造业描述为行将"失传"的行业	be lost to posterity（失传的行业），old - fashioned（过时的）	暗示了中国传统文化的衰败

不难发现，以上来自哈雷特·阿班中国报道文本中的典型措辞都试图阐述同样一个观点，即当时的中国正处在国家崩溃的边缘。无论是在内政、外交这两大核心议题方面，还是在经济、社会和文化这些比重相对较轻的议题上，中国的形势都不容乐观，这些负面词汇的使用都可视为对"危机中国"这一国家形象的积极建构和主动塑造。

五 典型的话语修辞

从新闻传播的效果上来看，记者如果希望让受众理解并且接受自己的观点和看法，就需要运用新闻修辞将文本中的语义表达得更加清晰可信才能达到预定的传播目标。正如迪克所言："我们日常生活中的大量新闻都是断言性的行为。为了能使这些语言行为恰当，作者必须表述一些还不为听众或读者了解而想要他们了解的命题。"[1] 在这样的表述过程中，不同的话语修辞手法将得以积极调动。从整体上看，阿班在传达"危机中国"这一基本认知时主要使用了突出官方消息源、提供精确数据、陈述事态进程等典型修辞方法，大大提升了报道文本的真实性和说服力。

（一）消息源

阿班在报道中国时所采纳的信源主要有三类，即中国信源、日

---

① ［荷］托伊恩·A. 梵·迪克：《作为话语的新闻》，曾庆香译，华夏出版社 2003 年版，第 86 页。

本信源和第三方消息源。其中，中国信源主要包括中国领导人（总统、总理、地方实力派首领等）、政府高级官员（外交部长、省长、市长等）、社会知名人士（作家、企业家、社会活动家等）以及中国本土媒体（《申报》、《新闻报》等）。日本信源则包括日本外交官（总领事、领事、公使等）、日本军事领导人（陆海军大将、上将等）、日本媒体（同盟社等）。第三方信源大致包括西方驻华使馆官员、欧美驻华部队长官、西方传教士、外国观察家以及在华的西方新闻记者等。

　　总体上看，阿班对于所有的权威消息源都更加偏爱，无论是来自中方的还是日方的消息，阿班在报道中都倾向于采纳官方的说辞。以 1937 年"七·七事变"爆发后的三篇新闻报道为例①，我们可以清晰地看到阿班消息源网络的基本特征，如下表所示：

表 5—3　　　　　　　　　**阿班消息源网络的基本特征**

信源类型	具体来源	总数量
中国信源	Peiping's mayor（北平市长）, the foreign office of Nanking（南京外交部）, Chen Chieh, vice minister of Foreign Affairs（外交部代理部长陈介）, Nanking's newspaper（南京的报纸）, officials（一般官员）, the vice minister for foreign affairs（外交部副部长）, a high government spokesman in Shanghai（上海的政府高级发言人）, a government spokesman（政府发言人）, Hu Shih（胡适）	8

---

　　① 这三则报道分别是：Hallett Abend, " Fighting dies down", *The New York Times*, Jul. 9, 1937, pg. 1; "Tokyo lists terms in north china row", *The New York Times*, Jul. 10, 1937, pg. 1; "Hostilities rage on Peiping's edge; China wars foes", *The New York Times*, Jul. 12, 1937, pg. 1.

信源类型	具体来源	总数量
日本信源	the secretary Kato of the Japanese Embassy（日本使馆秘书加藤），General Seeichi Kita（陆军中尉喜多成一），a Japanese official at the Tientsin headquarter（天津指挥部的日本官员），Shigeru Hidake, counselor of the Japeanse Embassy（日本使馆参赞日高茂），Japanese Army headquater（日本陆军指挥部），Japanese diplomats（日本外交官），the Japanese command（日方司令），Japanese consular officials（日本领事馆官员），the Japanese Army spokesman（日本陆军发言人），the Japanese report（日方报道）	10
第三方信源	Telegrams from Tientsin（来自天津的电报），observer here（当地的观察家），dispatches from Peiping（来自北平的快报）	3

从以上统计信息中不难发现，阿班在其报道中对于日本和中国官方的消息都更加的信赖，尤其是日本军方。而且日方信源的比例要高于中国信源和第三方信源（特别是在 1931 年中日冲突逐步升级后），是使用度最高的消息源类型，共计 10 条。对于此种选择倾向，阿班还特意进行过说明和解释：

目睹中国这场漫长而痛苦之战的美国人民，会将他们的看法主要建立在报纸阅读的基础之上，他们很少依赖杂志文章和演讲声明。那么美国人民应该如何区分消息的真假呢？哪种信源才是精确而公正的呢？……大体上说，报纸上明确引用的日军发言人的"官方声明"一般可视为事实加以接受，而中国官方的军事公报大多都与事实有较大出入，不是过度的自我检讨就是敏感的真假掺半，其实不过是为了"挽回面子"而对中外公众进行的故意误导罢了。①

　　可见，阿班明显对日本信源的评价更高。事实上，阿班对权威消息源，尤其是对日本官方消息源的倚重与"危机中国"这一形象塑造有关。一方面，高级消息源的说服力要远远高于普通消息源，在更加令人信服的观点支持下，阿班反映的中国现实无疑会更具说服力。另一方面，当时大多数日本人，尤其是侵华的日本右翼高级官员对中国的看法都非常的激进和负面，因此更多地引述日方的说法必然会进一步强化美国对中国时局的关注和忧虑，大大提升阿班建构"危机中国"形象的传播力度。

　　（二）精确数据

　　精确数字的运用在阿班的中国报道中也非常典型，通过具体的时间、清晰的价格和明确的数量，阿班生动勾勒出了中国社会的现实图景，更加具有说服力。以下是 1937 年 7 月 9 日一则有关"卢沟桥事变"的典型报道：

　　　　昨夜七点半，北京卢沟桥附近再次发生剧烈炮击，随后逐渐平息，到了晚上十一点钟，这里的冲突才全面停止。昨晚八时，大量的日本增援部队乘坐火车或搭乘每辆可运载五百名步兵的卡车离开天津赶赴丰台。天津和北京都实施了戒严。北京已经关闭了所有城门并从今天下午开始禁止通行……②

　　通过一系列时间数字的呈现和罗列，中日冲突爆发的紧迫性和严峻性跃然纸上，报道的现场感得以展示。再比如 1931 年这一有

---

①　Hallett Abend, *Chaos in Asia*, Bodley Head, London, 1940, pp. 17 – 18.

②　Hallett Abend, "Fighting dies down", *The New York Times*, Jul. 9, 1937, pg. 1.

关中国鸦片种植和贸易问题的报道：

> 去年 11 月，汉口的鸦片售价从每盎司 2 美元涨到了 2.2
> 美元。汉口发布了一份重庆和万山之间成熟鸦片价格的粗略官
> 方数据，以每 1000 盎司 2200 美元为基础价格的鸦片利润构成
> 如下：
>
> 农民种植户每 1000 盎司可得 100 美元，佣金、河运和途
> 经的军事保护费每 1000 盎司 200 美元；万山的鸦片税是 300
> 美元；宜昌是 200 美元；汉口的登陆费是 400 美元；到汉口的
> 船运和保护费是 150 美元。不算被没收的风险，在生意成交之
> 前估计商人利润中的 350 美元会以各种各样的"勒索"被瓜
> 分……①

通过呈现一系列精确的价格数据，中国地方苛税的繁重和
贸易成本的高昂都得到了非常生动的展示和说明，新闻的真实
性得以有效提升。同样还有下面这则有关 1933 年山东洪灾的
报道：

> 看来只有奇迹才能将济南从洪水中挽救出来。济南是山东
> 的省会，坐拥六十万人口。这座城市上游的黄河水面距离兰州
> 堤坝顶端仅剩两英寸了。
>
> 严重的决堤已经在济南北部的长清县出现，附近的三百个
> 村庄都淹没在了十英尺深的水下。来自甘肃省的报道称当前的
> 水势虽然使涌向河南平原的激流舒缓了下来，但河北和山东省
> 的洪水已经涌到。
>
> 大雨在继续，黄河水已经在一天之内上涨了十二英尺。

---

① Hallett Abend, "War Lord benefit from opium trade", *The New York Times*, Apr. 12,
1931.

西部的山西省有七十余县遭遇洪水，平均水深四英尺。来自山东省西部的报道称，这里已经淹没了一千两百多个村庄……①

一连串的数字不仅勾勒出了山东洪水的来势迅猛，而且也将灾情的严重性凸显了出来。

事实上，正如以上三则新闻所示，数字本身并不是问题的关键，而是通过这些数字所暗示出的强烈现场感和真实性。通过精确的数据呈现，事态的严重性和紧迫感在无形中得到了确认和肯定，它们与"危机中国"的认知和形象不谋而合。

（三）直接描述事态进程

对事件进程的直接描述也是阿班在处理中国新闻时的常用修辞手法，通过简洁生动地描写正在发生的新闻事件，"危机中国"这一宏观命题在大量有效信息的支持下得到了积极的展现，例如以下这则有关中国内战的报道：

大连，2 月 20 日——在沈阳到归德途中的一场秘密会议举行之时，反对南京政府总统蒋介石的联合力量正在河南中部的开封迅速集结。为了即将来临的这场自 1928 年夏占领北京以来最大规模的冲突，大批军队奔赴前线。

为了在北京组建一个临时政府并召开全国人民大会以解决党派领导人之间的争端，同时恢复已经被蒋介石取消了的这些派系领导人在国民党中的代表地位，政客们正在忙于制定一项阎锡山授意的计划。

蒋介石在沈阳召开了全体满洲市民和军事领导人参加的会议，并向阎锡山派遣了特使。山东省主席陈调元也向阎派了代

---

① Hallett Abend, "Flood is menacing Shantung capital", *The New York Times*, Aug. 27, 1933.

表，并调遣人马想要加入石友三和韩复榘的部队。韩复榘的军队已经与南京部队发生了小规模的交火。

长江北部的紧张局势让南京政府倍感财力吃紧，这是桂系和铁军重新逼近广州的一个信号，这两支军队已经交替进退了四月之久。①

从以上段落结构看，各自然段之间基本上是平衡和并列的，每一个自然段都是对当下政治局势的描写，分别包括"中部地区反对势力的联合"、"北方阎锡山的分裂动议"、"蒋介石的政治动员"以及"西南派系的军事挑衅"。通过对这些正在发生的相关事件的压缩式叙述（精练的、直接的、简明的），并采用叠加递进的方式加以处理，中国政局动荡不安的紧张气氛被成功地营造出来。

更加典型的是 1937 年这则发表在《纽约时报》头版上有关日本进攻南京的报道：

上海，12 月 13 日，星期一。

从早晨四点日军攻克中山门开始，由坦克开道的军队已经潮水般地涌入了南京城。日本陆军指挥部投降近在咫尺。

昨晚，在明朗夜空的半轮月色之下，战斗持续了一整夜，而且丝毫没有减弱的迹象。昨天，日本人已经夺取了毗邻南京北城墙的莲花湖沿岸，那里曾经是林德伯格上校夫妇 1931 年 9 月驾机着陆中国时的地点。

昨天太阳落山之前日本国旗在整个南城墙上飘扬。日本人首先占领了光华门和城门西拐角以及中华门和附近的另一个角落。

---

① Hallett Abend, "Wide alliance forms to war on Chiang", *The New York Times*, Feb. 21, 1930.

　　星期天，通过长江北岸到达吴江的日本陆军先遣队攻占了津浦铁路南端的浦口，那里就位于南京的正对面。这样一来，日军就切断了中国部队从南京及其周边地区逃生的最后一线希望。

中国人显示了勇气

　　中国的普通士兵又一次在南京显示了勇气，那是一种让大多数人感觉绝望之时能够承受痛击并坚守阵地的勇气。

　　虽然大部分人没有报酬，营养不良，也没任何的伤病给养，中国军队却能让日本人在占领城门周边的每一寸土地时必须付出惨重的代价。

　　就像在 1900 年据守天津城门时的情形一样，尸横遍野，战死七千，中国军队在 1928 年山东济南的战斗中再次表现出了同样的勇气，令人刮目相看。日本人前行的每一步都要面对中国人的挑战。

　　通过光华门城墙上的多个有利据点以及紫金山和城市周围的其他制高点，日本人向南京城内实施了近五十个小时的密集性扫射和炮轰。几乎每个小时就有一次空中轰炸，但中国人仍在坚持他们近乎自杀式的战斗。

　　为了攻克这个已经被前线阵地包围的城市，日本人昨天从南京和芜湖之间的太平穿越了长江，并在浦口开始了顺流而下的进军。

　　昨天，除了整日轰炸南京外，日方还在中午袭击了南昌飞机场。飞行员报告称他们击落了两架驱逐机并摧毁了地面的另外十二架飞机。

　　星期天午夜之后，日本人又对南京进行了三次夜间突袭，他们使用了大量的维里灯以便寻找目标。

　　星期天傍晚之前，日本海军飞机的几个中队对距离遥远的陕西省省会西安进行了一次意外袭击，据称已经摧毁了一家飞机修理厂、两座飞机库、三处营房和三架已着陆的中国飞机。

日本人正准备敲响苏州寒山寺中历史悠久的青铜钟以显示他们在这里取得的胜利。在新年前夕，这一消息通过广播传遍了日本。[1]

不难发现，以上每个自然段落都旨在描述一个完整的局部动作或事件，语义上彼此独立，但逻辑上却相互关联，层层递进，共同呈现了日本攻打南京时的动态过程。而且，有如在新闻现场的目击者一样，阿班不断地切换镜头，从月色掩映到太阳落山，从中山门到南城墙，生动地刻画了中日交战的场景，让人印象深刻。虽然阿班在报道的第二部分描述了中国军队的不怕牺牲和顽强战斗，但从整篇报道看，日军显然占据优势和主动，因此，整个文本的主题可以归结为"南京受到日本全面攻击"，这一点显然与阿班"危机中国"的形象塑造保持着高度一致。

第三节　"危机中国"形象的意涵

西方的中国形象史业已表明，塑造与传播中国是一种主动选择的话语表意过程。哈雷特·阿班在长达十五年的驻华新闻实践中一直试图为美国社会建构一种"危机中国"的认知与形象。正如笔者分析所示，这一概念并非哈雷特·阿班的突发奇想抑或凭空捏造，而是在深厚的社会历史文化背景之下，通过积极的话语建构策略，由阿班和《纽约时报》共同参与完成的一种特定概念的知识生产。它不仅传承着原有的美式"中国观"，同时也历史性地开启了一种不同以往的中国认知，是对18世纪以来美国传统的中国话语资源的继承和发展，构成了美国的中国形象史上不可或缺的一环，具有非常独特的社会文化意涵，是20世纪30年代美国特有文化政治心理的反映和表现。

---

① Hallett Abend, "Nanking invested", *The New York Times*, Dec. 13, 1937, pg. 1.

一　"危机中国"是美国进步主义意识形态和西方文明比照下的产物

历史地看，20 世纪 20—30 年代是美国作为一个世界性大国在国际社会迅速崛起和成熟的时期。历经建国后一百余年的发展，美国在 20 世纪初获得了巨大的进步和成长，强大的经济实力让这个年轻的国家开始拥有一种优越感明显的政治文化心理。尤其在国际安全方面，美国人已经开始考虑将其所捍卫的自由和民主理念传播到世界各地以实现美国意识形态的全球垄断。事实上，1898 年的美西战争不仅成为美国称霸世界欲望的最早见证，也标志着美国走上霸权主义道路的开始。此后不久，一战的爆发、苏联共产主义的胜利以及德国和意大利法西斯独裁政府的崛起，尤其是日本在远东地区的侵略扩张，让美国更加难于置身事外。在敏感的政治观察家们看来，美国的理想和安全正面临着前所未有的巨大挑战。虽然普通的美国民众强烈地反对参与国际政治纠纷，但美国已经开始了参与世界性事务的尝试和努力。

与此同时，20 世纪 30 年代也是让美国深感绝望的年代。从 19 世纪末开始流行的怀疑主义思潮到 20 世纪 30 年代已经发展成为对包括人性、民主和科学等在内的社会传统价值观的全面质疑。加之经济大萧条的沉重打击，整个美国的社会文化心理都陷入到低迷茫然和悲观失望的状态之中，正如研究者所言，那就是一个"民主绝望"、"怨声载道"[①] 的历史时期。

因此，阿班的"危机中国"就是对美国当时这种复杂的政治和文化心理的折射和回应。正如研究者所言，尽管美国媒体上的国际新闻多种多样，但它们的实质都是在谈论美国自己[②]，与其他的

---

① 转引自［美］迈克尔·舒德森《发掘新闻：美国报业的社会史》，陈昌凤、常江译，北京大学出版社 2009 年版，第 110 页。

② Philo C. Wasburn, *The Social Construction of International News：We're Talking about Them，They are Talking about US*, Westport，CT：Praeger, 2002, p. 19.

话语体系一样，新闻所呈现的仍然是言说者自己的知识经验和价值理念。可以说"危机中国"不仅反映着美国自 18 世纪以来流行的进步主义价值观和民主自由的传统信念，同时也表达着美国社会自身正在经历的矛盾、焦虑和不安，是 20 世纪 30 年代美国社会在面临国际关系、意识形态、经济结构和文化思潮巨大转型之时的逻辑理念。

总体上说，阿班笔下所呈现的中国内政和外交上的困顿与挫折是美国进步主义价值观和民主自由主义意识形态观照下的直接产物。军阀混战、政府动荡、边疆主权丧失、财政赤字、赋税繁重、新闻检查等无一不与美国所信奉的文明国家标准相悖。事实上，被阿班所关注、所选择、所描绘的中国现实以及最终被《纽约时报》所刊载的内容都是中美比较的结果。中国的知识和形象是被纳入一种野蛮与文明、东方与西方的二元对立框架中加以呈现的，在以进步、自由、开放、有序等为代表的西方社会价值观支配下，阿班笔下的中国必然会成为落后、专制、闭塞、混乱的危险国家。

而且，这种思维定式还使得阿班在面对纷繁复杂的中国社会现实时得以保持认识上的稳定和连贯。也就是说，在采访报道中国的十五年中，阿班判断和衡量中国的尺度一直没有发生根本性的改变。被美国新闻业所珍视和遵从的传统理念，包括民族优越感（ethno-centrism）、负责任的资本主义（responsible capitalism）、个人主义（individualism）、秩序（order）、领导地位（leadership）等"恒久价值"① 在国际新闻生产中持续地发挥着作用和影响。有趣的是，在 1928 年南京政府建立之初，阿班还曾表达过对这个中国新生共和国的美好期望和友好感情，但是，当他发现南京中央政府实际上并不具备真正西方共和国的性质且与美国的政体大相径庭之后，中国便迅速落入被批判的境地，批评矛头直指国民党政府及其独裁统治。

---

① ［美］赫伯特·甘斯：《什么在决定新闻》，石彬、李红涛译，北京大学出版社 2009 年版，第 52—86 页。

萨义德曾经在《东方学》中总结出西方传统中"最纯粹的东方学信条",包括:东西方之间低级和高级之间的"绝对的、系统的差异",忽视现代东方价值而过度依赖所谓"古典东方文明"的理论认识,建立在西方所谓"客观性"科学基础之上的对于东方"永恒如一、始终不变"的判断,以及东方社会必将威胁世界或者受到西方控制的宿命,① 这些有失偏颇的思维定式在阿班的中国报道中均有不同程度的体现和反映。

二　"危机中国"是美国功利主义国际关系观和国家利益考量的结果

值得注意的是,在进步主义的西方文明观之外还有残酷的功利主义国际关系观。在此思维范式之下,阿班甚至将早期日本对中国东北地区的某些侵略行为理解为日本对自身利益的争取和保护,以及将治外法权的废除视为对西方在华利益的损害,完全无视中方的立场和观点。正如中国研究者王立新所言:"观察美国人作为意识形态人(ideologist)的时候不是在他们谈论国内政治的时候,而是在他们谈论国际政治的时候,特别是在他们谈论与世界其他地区关系的时候。这时我们会发现即使是普通的美国人也以一种独特的意识形态框架来看待政治问题。"② 西方功利主义的意识形态在阿班论及远东外交政策时有着较为全面的体现,例如以下阿班于1936年针对日本对华政策所发表的看法:

> 当美国将边界扩张到密西西比河,随后又向西推进到太平洋、向南扩展到格兰德河的时候,得到的是大片的荒地。而今,日本正在世界人口最稠密的一个地区进行扩张统治。在这

---

① [美]爱德华·W.萨义德:《东方学》,王宇根译,生活·读书·新知三联书店2007年版,第385页。

② 王立新:《意识形态与美国外交政策:以20世纪美国对华政策为个案的研究》,北京大学出版社2007年版,第21页。

个工业化的时代，确保对众多人口（潜在的消费者）的支配要比一百年前吞并广袤的无人区显得更加重要。

有意思的是，笃信天皇从天而降，并对此抱有神秘崇拜的日本人在今天向世人所证明的却是：在国际政治和外交政策的方方面面，日本都是全世界最残酷的现实主义者。

在历史回顾的感伤之外，我们必须承认那些国家所具备的残酷而现实的生存法则。放眼远东，日本在过去 75 年已经获得了巨大进步，成为东方诸国中的强者。

因此，日本不会停滞不前，因为那样就会走向毁灭。对日本而言，在拥挤狭小的世界中确保生存的唯一方法就是获得毗邻土地，并对其进行安全有效的政治和经济统治。那些地方不仅可以给日本多个城市的工厂提供原材料、为几百万的日本劳工提供粮食，而且还能为日本人的产品提供稳定的市场。①

很明显，阿班所理解的国际法则就是所谓适者生存，强者为王的理念。在他看来，日本在中国进行的对外扩张与美国建国后实施的挺进西部并没有本质差别，都是生存与发展这一时代性潮流的必然结果。如果不是日本野心太大，想要完全排斥欧美的在华利益、实现对中国的垄断独占并全面推行殖民统治的话，那么一切都会显得合情合理，无可厚非。正如研究者所言，在当时的美国看来，"自由贸易和对重要市场的非正式控制，与占领殖民地政权相比，在意识形态上是比较容易接受的，在经济上也是代价较低的一种做法"②。因此，"七·七事变"之后阿班对日本的批评和否定在很大程度上也只是出于美国利益的考量而已。

因此，阿班对中国危机的塑造事实上是一场真正关乎美国政治

① Hallett Abend, *Can China Survive?* New York: Ives Washburn, Inc. , 1936, pp. 1 - 2.
② ［美］彼得·卡赞斯坦：《地区构成的世界：美国帝权中的亚洲和欧洲》，秦亚青、魏玲译，北京大学出版社 2007 年版，第 5 页。

和经济危机的言说。在报道中将蒋介石称为"独裁者"、将共产主义说成是一种"威胁"、将反帝运动视为某种"危险"等，不但是在用美国的价值观给中国贴标签，同时也是在表达一种对美国文化和政治经济利益前景的恐慌和担忧。从 20 世纪 20 年代末开始阿班就密切注意治外法权废除、地方苛税、新闻检查、日本垄断东北等问题，到 30 年代中后期则集中报道日本对长江流域贸易的垄断、对上海租界的占领等，始终可见阿班作为一名美国记者对国家利益的关注和担忧。虽然在当时不断有人指责阿班是亲日或者亲中分子①，但事实上，阿班的立场一直都只是美国的。

　　具体而言，在 20 世纪 30 年代初美日矛盾还未全面爆发、美国利益还没遭受到日本重创之前，中国的国内问题是阿班首要的关注焦点，尤其是中国的共产主义运动。在 1930 年出版的新闻评论集《痛苦的中国》一书中，阿班说："目前的中国正在走向全面的混乱，必须阻止这种发展趋势。无论如何，必须从毁灭中挽救这个素质杰出的民族。在适应现代社会并从西方文明汲取营养、融入世界而又不失民族特性的艰难发展过程中，我们必须给予中国必要的协助。这不仅是中国人的问题，也是全世界的问题，它关乎四亿八千万人文明的最终发展及其统治性质，中国人的命运事关世界未来。"② 可见，在阿班看来，中国的内政是和世界，尤其是美国的利益联系在一起的，美国应该也必须要插手中国事务。

　　到 20 世纪 30 年代中期，阿班关注中国的焦点发生了改变，中心问题已经演变为日本对华的侵略扩张。在 1940 年初出版的新闻评论集《亚洲的混乱》一书中，阿班讨论的中国问题广泛涉及"日本如何继续"、"中国如何继续"、"在北中国"、"在内蒙古"、"两年后的上海"、"上海的未来"、"香港的困境"、"广州，毁灭

---

　　① George E. Sokolsky，"Men who know modern China"，*The New York Times*，Nov. 29，1936.

　　② Hallett Abend，*Tortured China*，The Vail – Ballou Press，Inc.，Binghamton，N. Y.，1930，p. 294.

了的城市"、"灾难财"、"三千万无家可归的人"、"赶走白人"、
"日本的排外主义"① 等多个方面，议题几乎涵盖日本侵华的方方
面面，中国的内部矛盾显然已经让位于日本方面的挑战和威胁。对
美国利益而言，共产主义让人担忧，日本的东方独占也同样无法让
人安宁。

因此，早在1930年，阿班就向美国发出了对中国实施"人道
主义国际干预"② 的呼吁，要求美国插手中国事务。到20世纪40
年代，随着日本侵华行径的不断加剧，阿班再一次提出了实质相同
的对华政策与建议，针对当时美国国内普遍的孤立主义情绪以及轻
视中美贸易的观点，阿班指出：

　　　　尽管目前的对华贸易非常不景气，但这个国家的生命力
却异常惊人。中国已经连续获得了三年的大丰收，而且购买
的外国商品也不再仅仅局限于勉强度日的生活必需品。中国
的改造和重建必然会完成，到那时会有比现在多得多的对华
贸易。如果外国公司想要"坚持"到战争结束，那现在就得
经历无可避免的萧条。但是，如果日本获得胜利，哪怕只是
小部分的胜利，战争结束之时也不再会拥有正常的贸易环
境——相反，那时会出现一种前所未有的、被强化了的日本
垄断。

　　　　美国人将深刻地感受到这场大战的结局。逃避现实的天性
和孤立主义的说教都无法阻挡这样的结果。有人可能认为自己
享有置身度外的安全，相信美国强大而不会受到那些远方事务
的威胁，也有人以为美国的兴趣仅仅是从感情上同情一下当地
的被压迫者，还有那些试图说明美国对中国的投资总额不及对

---

　　① Hallett Abend, *Chaos in Asia*, The Bodley Head, London, 1940, p. 145.

　　② Hallett Abend, *Tortured China*, The Vail－Ballou Press, Inc., Binghamton, N. Y.,
1930, p. 294.

任何一个新兴偏远乡村投资的大量自欺欺人的数据，这些全都是愚蠢的本位主义。

这场战争的结局会深深地影响美国的就业形势，严重地压缩各种原材料市场，还会悄悄地改变美国多数农场的生产计划。而且美国可能还需要装备更加强大的陆海军，如果那样的话就得提高税收，所有美国人的钱袋子都会因此受到影响。

罗斯福总统已经表达了这样的信念："这一代美国人拥有'一个命中注定的集结地。'如果没有地理界线的话，那个地方很可能就在太平洋，因为大洋的那头正在进行一项企图改变历史进程的阴谋，它不仅与美国的利益背道而驰，而且也非我们所愿。"①

上述言辞表明，阿班坚信中国与美国的命运已经紧密地联系在一起了。尤其对以"重商主义"②为特色的美国外交来说，日本对中国的侵略业已经成为美国对外贸易上一场实实在在的危机，而化解危机的钥匙显然只能来自美国自身。而且，与大部分美国人一样，阿班已经接受了这样一种自信的观点，"美国的历史，特别是其政治民主的成功，物质繁荣以及在解决社会矛盾方面的成就，为解决世界上的矛盾和冲突提供了典范。拥有超乎人们想象的经济生产，仍然令人羡慕的生活标准和世界上最古老的民主宪政体制，美国人一直相信他们的制度具有普世效力。无论是理性的辩驳还是偶

---

① Hallett Abend, *Chaos in Asia*, The Bodley Head, London, 1940, p. 145.

② 18 世纪以来的美国外交一直具有非常显著的商业主义精神："商品经济的发展使得美利坚民族比世界其他民族更具有商业精神。商业被视为最重要的谋生手段，盈利赚钱成为实现自身价值和道德理想的最高尺度。从商业精神衍生出来的个人主义、冒险主义和开拓欲望等，已逐渐成为美利坚民族性格的特征，以及价值观念的主要构成要素。"（王玮、戴超武：《美国外交思想史（1775—2005）》，人民出版社 2007 年版，第 29 页。）

尔的失败都不能撼动这一信念"①。

在 20 世纪 30 年代，虽然美国正在经历着对自身传统价值体系的反思，但丝毫也未影响到处于上升时期的美国人想要在全世界推广其意识形态并进行对外干涉的政治意愿和野心。甚至可以说，"危机中国"在一定程度上是美国自身在 20 世纪 20—30 年代遭受文化、政治和经济危机时进行自我救赎的一种外在表现。在包括阿班在内的很多美国人士始终坚持认为，如果美式法则可以通行全球的话，那么，美国自身的诸多问题可能也就会迎刃而解，这也正是 20 世纪以来美国外交政策的核心理念。②

1930 年，当阿班第一次把中国称为一位"病人"之时，他写道："今天，中国简直就是一个痛苦之身——由于无法找到治愈之方，她正在遭受体内顽疾的折磨。医生诊断后就会发现，这个病人身上活跃的无形病菌比半打严重的疾病还要多……土匪武装与强盗军队、饥荒与疾病、鸦片和文盲、国家破产和经济低迷——这些都是中国的并发症。"③ 假设如此负面的中国印象是阿班偶然之感慨的话，那么六年之后当他再一次将中国描绘成为一个身患绝症、正在生死线上垂死挣扎的"病体之躯"④ 时，此种"危机中国"的认知和形象就必须被纳入"国际政治霸权的文化表述或意识形态"⑤ 框架中加以阐述和理解了。

事实上，阿班的中国报道并不缺乏对当时社会真相的反映，正如笔者在第二章中所述，阿班发表在《纽约时报》上的千余篇报

---

① Whitcomb, Roger S., *The American Approach to Foreign Affairs: An Uncertain Tradition*, Praeger Press, 1998, p.43. 转引自王立新《意识形态与美国外交政策：以 20 世纪美国对华政策为个案的研究》，北京大学出版社 2007 年版，第 127 页。

② 王立新：《意识形态与美国外交政策：以 20 世纪美国对华政策为个案的研究》，北京大学出版社 2007 年版，第 231 页。

③ Hallett Abend, *Tortured China*, The Vail - Ballou Press, Inc., Binghamton, N. Y., 1930, p. vii.

④ Hallett Abend, *Can China Survive*? Ives Washburn, Inc., New York, 1936, p.267.

⑤ 周宁：《天朝遥远：西方的中国形象研究》（下），北京大学出版社 2006 年版，第 703 页。

道与中国的社会实况是能够产生共鸣并可以得到多方面印证的。但是，如果我们不能揭示阿班"客观性"报道之下更多的真相，解释中国知识和形象建构背后的权力关系和意识形态内涵，那么对于这种"反映"的理解和认识将是肤浅和没有价值的。事实上，我们永远也无法把西方传播者所构造出来的中国概念作为既成事实而毫无保留地接受下来，因为中国的自我认同在很大程度上将来自于对这种异域文化知识形象的持续反思和批判。

结语　难以超越的他者

历史地看，专业性的美国对华报道开始于 20 世纪 30 年代，在此之前，美国的中国报道还远未形成气候和规模，正如库伯（Cooper）所言："在整个 19 世纪，完全持孤立主义态度的美国并未意识到国际新闻的重要性。大体而言，美国人唯一获得的国外新闻来自美联社……而美联社提供的唯一的国外新闻却来自路透社领导垄断的欧洲新闻通讯联盟。"[①]虽然以《纽约时报》等为代表的美国媒体从 19 世纪中叶已经出现了零星的中国的报道，但是，这些早期的中国新闻并不是由专业的新闻记者采写的，而是出自美国的驻华外交官、旅行者、商人或者临时受聘的通讯员等非专业人士之手，这些稿件的文学色彩比较突出，新闻时效性也不大，也很少说明采写者的身份。可以说，这个时期的美国涉华报道还停留在早期的萌芽阶段。

一直到 20 世纪 30 年代，当美国的四家主要报社开始形成驻外记者群体时，美国的涉华报道才真正发展起来。[②]研究者指出，美国的驻华记者以太平洋战争为界可以划分为前后两个不同的阶段，"战前，由于美国政府持'中立'立场，许多记者大都以第三者身

---

① Cooper, K. Barriers Down: The Story of the News Agency Epoch. New York: Farrar & Rinehart, 1942. 转引自［美］罗伯特·福特纳《国际传播：全球都市的历史、冲突及控制》，华夏出版社 2000 年版，第 91 页。

② ［美］迈克尔·埃默里、埃德温·埃默里、南希·L. 罗伯茨：《美国新闻史：大众传播媒介解释史》，展江译，中国人民大学出版社 2004 年版，第 396 页。

份进行采访和报道。战争爆发后，美国成为中国的盟国，有切身利害关系，在华记者对国民党当局和中国共产党的方针、政策及其在抗战中的作用，特别关注，并且对中美有关当局施加了一定的影响"①。也就是说，在太平洋战争爆发以前，美国记者的对华报道基本处于常规化的运作轨道，较少受到政治因素的干预，而且大都集中在中国的大城市，记者们"可以广泛进行采访，获取新闻资料。还可以避开新闻检查，自由发电，生活条件也比较优越"②。因此，1940 年以前美国的中国报道更加自由和中立，这一时期的驻华记者不仅属于美国主流新闻机构开展中国报道的先声力量，他们的报道实践也能够更加真实地反映当时国际新闻生产的发展水平和内在规律。

美国人兰德（Rand）曾经描写过 20 世纪初若干来华的美国记者，其中包括瑞娜·普若姆（1925 年来华至 1927 在苏联逝世）、哈罗德·伊克萨斯（1930 年来华至 1935 年回国）、埃德加·斯诺（1928 年来华至 1941 年回国）、海伦·福斯特·斯诺（1933 年来华至 1940 年回国）、白修德（1939 年来华至 1945 年回国）、克里斯托弗（1943 年来华至 1947 年回国）、芭芭拉·史蒂芬（1945 年至 1947 年逝世）、格拉姆·裴克（1935 年到华至 1947 年左右回国）等人。不难发现，这些记者在中国驻足的时间都未超过阿班，而且他们中的大多数是以自由记者的身份在中国活动的，不固定于一般的新闻机构。与此同时，这些新闻人选择书写的中国题材相对来说都比较集中，新闻时效性也不高，因此不属于常态化的中国报道。比较而言，阿班的中国新闻则更加日常化、快捷和全面。像他一样的驻华记者不但归属于固定的媒介组织机构，而且有较为稳定

---

① 张克明、刘景修：《抗战时期美国记者在华活动纪事（一）》，《民国档案》，1988 年第 2 期。

② 刘景修、张钊：《美国记者与中国抗战》，《民国档案》1989 年第 1 期。

的经济来源，他们常驻上海，负责每日突发新闻的报道。① 因此，他们的采访和写作能够反映出美国主流新闻业更加常态化的国际新闻生产方式，代表了美国媒体在建构中国现实方面更具普遍性的一种社会认知与实践，是体现西方媒体新闻价值诉求和传播规律的较好范本。

阿班 1926 年来华，1940 年离开，在担任《纽约时报》驻华首席记者的十余年中，他采写了一千余篇的中国报道并撰写了若干本有关中国问题的论著，这些文字不仅见证了一个专业的美国新闻记者对近代中国的所见、所感和所想，而且成为美国普通公众建构有关近代中国知识、概念和形象的重要日常来源。总体上看，阿班的中国报道不仅构成了《纽约时报》一百五十余年美式"中国观"的一个重要部分，而且也成为 20 世纪以来美国的中国形象史上不可忽视的一环，具有非常突出的研究价值。

但是，迫于日本侵华势力的威胁和打击，阿班在 1940 年底无奈离开中国，因此他错过了 20 世纪 40 年代后美国新闻业在中国大有作为的历史时期，而且由于他本身不属于像"密苏里帮"（Missouri Mafia）②那样的学院派，所以没有形成具有集合效应的广泛社会影响力。总之，阿班不属于 20 世纪 40 年代那些被时代推向历史前台的美国记者。他身处中美外交历史转型的前夜，虽然也曾声名鹊起，影响非凡，但由于当时的美国还未把注意力真正地投向中国，因此阿班很难逃脱被时代遮蔽的宿命。此外，阿班来到中国时已经人近中年，因此当美国本土于 20 世纪 70 年代后期开始着手对美国驻华记者展开研究之时，阿班早已不在人世，因此有关他的资

---

① ［美］彼得·兰德：《走进中国——美国记者的冒险与磨难》，李辉、应红译，文化艺术出版社 2001 年版，第 332 页。

② "密苏里帮"是对 20 世纪以来具有美国密苏里大学背景，并在远东展开其职业生涯的美国新闻记者群体的一种指称。他们中包括著名的美国新闻人密勒（Thomas F. Milliard）、鲍威尔（J. B. Powell）、斯诺（Edgar Snow）等，他们所开创的新闻专业主义以及新闻冒险精神对美国的中国报道产生了深远影响。

料很少为人所知。可以说，阿班在某种程度上已经被历史所尘封。

　　然而，历史需要一种必要的串联和更加完整的表达，当既有研究把目光的焦点投向那些业已得到承认的驻华记者之际，对"阿班们"的探索就会成为对当代国际新闻传播研究的一种有益补充，这种探索将会使美式"中国观"的历史发展轨迹呈现得更加完整和流畅。此外，值得注意的是，阿班的中国报道业已作为一种历史资料频繁地出现在当代有关中国研究的多种中外著述之中。①因此，无论从历史还是现实的角度看，都需要对阿班和他的中国报道进行深入的分析和评价。

　　从研究文本的总体倾向和话语特征看，在 1927 年至 1940 年漫长的 14 年驻华记者生涯中，阿班通过《纽约时报》建构并传播了一个危机四伏、濒临危亡的中国形象。这一"危机中国"的媒介图景典型地反映了 20 世纪 30 年代西方社会对于近代中国的认知与理解。然而，西方的中国形象史业已表明，塑造中国形象是一种主动选择的话语表意过程，它并不等于中国的现实，而是来自于一种典型的"他者"化的知识立场，是"西方现代意识为确立以自身为中心的价值与权力秩序，为表达文化主体自身的观念、想象、价值、信仰与情感而塑造的一个与自身对立的文化影像。这个文化影像可以是理想化的，表现欲望与向往的；也可能是丑恶化的，表现恐惧与仇恨。西方文化无意识深处的欲望和恐惧，构筑了作为'文化他者'的中国形象，中国的似是而非的'现实'不过构成了表现西方自我文化无意识内容的载体"②。而阿班作为一名以"客

---

　　① 比如陈志让对中国共产主义运动的研究，葛凯（Gerth）对近代中国消费文化的研究，周宁对西方中国形象塑造的研究等。（参见［美］费正清、费维凯《剑桥中华民国史（1912—1949）下卷》，中国社会科学出版社 1994 年版，第 189 页；［美］葛凯：《制造中国：消费文化与民族国家的创建》，黄振萍译，北京大学出版社 2007 年版，第 371 页；周宁：《天朝遥远：西方的中国形象研究》，北京大学出版社 2006 年版，第 518 页。）

　　② 周宁：《天朝遥远：西方的中国形象研究》，北京大学出版社 2006 年版，第 344 页。

观"报道见长的知名驻华记者，同样也难逃此种充满意识形态霸权色彩的知识立场，他在《纽约时报》上所塑造的负面中国形象事实上是 20 世纪 30 年代美国社会典型政治文化心理的反映，是这个西方大国在面临经济、政治和文化巨大压力和全面挑战时期关于自我恐惧的一种公开演说和表达，中国的危机不仅仅是中国的，更是美国的。

因此，"危机中国"的形象实际上是阿班在美国主流社会意识形态指导下对中国现实进行的一种类型化处理。正如休梅克和瑞斯（Shoemaker & Reese）所言，在影响媒介内容的因素结构等级中，以包括意识形态、经济体系和社会控制等方式在内的"社会制度的影响是最根本的影响"①。作为"一个具有强烈意识形态色彩的国家"②，美国人接受了以资本主义制度安排为基础的，包括稳定政治秩序、合法权力来源、自由竞争市场、开放言论出版等在内的系列西方价值观。20 世纪 30 年代，正是在这样一整套美国意识形态体系的观照下，阿班完成了对"危机中国"这一近代中国国家形象的塑造与传播。

值得注意的是，在意识形态支配之外，阿班的中国报道还受到了个人经验、组织规范、外部集团以及通讯技术等多种因素的影响与制约，它们在不同程度上促生、加强或者弱化了"危机中国"这一媒介形象的塑造和表达。

以阿班的个人经验为例。在中国，阿班不仅遭遇了南京政府的驱逐和封杀、日本人的威胁与殴打，而且也亲历了炸弹袭击等一系列危险事件。无可置疑，所有这些体验都会以不同的方式渗透到阿班的中国报道框架之中。正如戈夫曼所指，框架作为人们对外在世界的诠释方式来源于人们的日常生活片段，是人们对日常经验所做

---

① 陈力丹：《美国传播学者休梅克女士谈影响传播内容的诸因素》，《国际新闻界》2000 年第 5 期。

② Michael Mandelbaum, "Reflections on the Friendly Tyrants: An American Dilemma Today", Pipes and Garfinkle, eds., *Friendly Tyrants: An American Dilemma*, 1991, p. 257.

出的总结和归纳，"这些被整合条理化的经验知识，又成为人们下一次理解现实生活世界的基础"①。可以说，长达十五年的在华生活经历是阿班达成"危机中国"认知的关键因素之一。而且，与大部分的驻外记者一样，他们"追逐的报道目标是革命、大规模战争以及其他与本国利益相关的、有煽动性和诱惑力的新闻事件"②，这种强烈的通过"独立署名"并"能够吸引成千上万的读者阅读他们的报纸"③ 的成名欲望也会促使阿班满足于书写一个危机重重却引人注目的中国社会。

再从组织规范角度看。在整个 20 世纪 30 年代，《纽约时报》美国总部里的国际版编辑们事实上一直无法分享阿班对于中国社会的认知和判断，他们对中国几乎没有什么兴趣，而且也很难相信局势已经发展到了阿班所说的危险境地，甚至连当时《纽约时报》的发行人苏兹贝格先生都认为阿班高估了中国问题的严重性④。在这种普遍的群体认知压力之下，很难想象阿班的"危机中国"报道能够在时报上得到淋漓尽致地展现。比如，在 1931 "九·一八"事件爆发的紧急关头，阿班却不得不奉时报上级部门之命前往南京采写有关林德伯格（Lindbergh）上校夫妇自驾飞机访问中国的新闻。正如塔奇曼所指，身处新闻机构内部的记者和编辑的行为无一不受到组织规范的制约和影响，新闻价值的评估是新闻机构内部协商的过程和结果而非新闻记者个体的私人决定。⑤事实上，在从一名普通的驻外记者升任到驻华首席记者的过程中，阿班的中国报道

---

① 黄旦：《导读：新闻与社会现实》，载［美］盖伊·塔奇曼《做新闻》，麻争旗、刘笑盈、徐扬译，华夏出版社 2008 年版，第 2 页。

② 张功臣：《外国记者与近代中国（1840—1949）》，张功臣，新华出版社 1999 年版，第 48 页。

③ R. L. Duffus, "Fifteen Writers on A World - wide Quest", *The New York Times*, Apr. 18, 1937, p. 94.

④ ［美］哈雷特·阿班：《民国采访战——〈纽约时报〉驻华首席记者阿班回忆录》，杨植峰译，广西师范大学出版社 2008 年版，第 248 页。

⑤ ［美］盖伊·塔奇曼：《做新闻》，麻争旗、刘笑盈、徐扬译，华夏出版社 2008 年版。

一直遭受着不同程度的冷落和质疑，正如本书第二章中的统计数据所示，阿班报道被置于时报重要版面的机会并不是太多。此外，美国国际新闻发展的阶段性特征也同样束缚着他的中国报道，阿班同样要诉诸"倒金字塔"的写作方式、同样要力求文字的简洁畅晓以节省电报费用，同样也要在《纽约时报》八栏排版的局促空间中进行有所克制的表达。因此，《纽约时报》的组织规范对阿班"危机中国"形象的塑造和表达事实上形成了某种程度的压制和弱化。

因此，阿班的中国报道实践是一个充满了复杂互动的新闻话语建构过程，反映了一种充满张力的国际新闻生产与传播的实况。但是，从根本上说，阿班"危机中国"的形象认知来源于美国"具体的局限性和要求的普遍性之间存在的矛盾"①，当始终持有"拯救世界"心理的美国人固执地想要将其价值观推行到全世界之时，其具有内在偏见的"他者"的立场就在所难免。因此，无论对于阿班，还是任何参与中国形象塑造的西方传播者来说，想要轻松地超越此种预存的文化立场都并非易事，况且美国新闻业本身对于社会合法性的挑战似乎历来都底气不足，甚至常常沦为社会主流意识形态的驯化工具。所以，时至今日，美国的国际新闻报道依然继续在用"神话方式"而非"历史的方式"看待发展中国家。②

事实上，正如哈贝马斯所理解的那样，如果想要实现超越，就应该对普遍性重新做出理解："它意味着在认同别的生活方式乃合法要求的同时，人们将自己的生活方式相对化；意味着对陌生者及其他所有人的容让，包括他们的脾性和无法理解的行动，并将此视作与自己相同的权利；意味着人们并不孤意固执地将自己的特性普

---

① ［美］彼得斯：《交流的无奈》，何道宽译，华夏出版社2003年版，第255页。

② 根据亚当斯的观点，西方新闻界关于用"神话方式"而非"历史方式"看待世界，而以神话方式视角观察到的不发达国家始终是以暴力、冲突、愚昧等为代表的刻板形象。（参见 William C. Adams, Television Coverage of International Affairs, Norwood, N. J.：Ablex Publishing Corporation, 1982, p. 61.）

遍化；意味着并不简单地将异己者排斥在外；意味着包容的范围必然比今天更为广泛。"①即对"他者"立场的坚持应该仅仅成为对自我特性的一种珍视和尊重而非对他者特性的排斥和压制。

毋庸置疑，阿班所建构的"危机中国"形象对于如何理解20世纪20年代以后美国新闻界的中国报道具有较为重要的参考价值。不难想象，当所有的美国人已经熟悉、甚至厌倦了"阿班们"所塑造的落后和无望的负面中国之时，斯诺以全新视角所发现和书写的那个在当时沉闷中国中显得颇为新鲜和陌生的西北一角会引发怎样的社会震动，实际上"红色中华"恰好是在"危机中国"这类主流中国形象的底色上得以鲜活呈现的。

有意思的是，到20世纪40年代末，当美国《时代》周刊著名驻华记者白修德等人再次将中国社会的黑暗和腐败呈现在美国公众面前之时，阿班笔下的"危机中国"形象很快就得到了一种历史性的复现。美国有关中国的知识显然具有传承性和交替性，恰如伊克萨斯在其调查报告中所言，中国在美国的形象演变基本上可以划分为肯定和否定的两种，而且"这两种形象时起时落"，"任何一种形象都从未完全取代过另一种形象。它们总是共存于我们的心目中，一经周围环境的启发便会立即显现出来，毫无陈旧之感"②。

更为重要的是，当这种媒介形象一旦为公众所接受，就会演变成社会行动的资源，深刻地改变中美关系的走向和历史发展的进程。美国研究者克里斯托弗（Christopher）曾经指出，以《时代》周刊为代表的美国主流媒体在20世纪30—40年代塑造的中国形象"直接影响到了美国的对华政策失误以及最后'丢失中国'的结

---

① 包亚明主编：《现代性的地平线——哈贝马斯访谈录》，上海人民出版社1997年版，第137页。

② ［美］哈罗德·伊克萨斯：《美国的中国形象》，于殿利、陆日宇译，时事出版社1999年版，第77—78页。

局"①。阿班的"危机中国"显然构成了 20 世纪 30 年代美国人民有关中国"危险和有害"认知的一个重要组成部分,是当时美式"中国观"的一个典型代表,在敦促美国政府插手远东事务,"挽救"近代中国的进程中,阿班和《纽约时报》成为不可回避的历史参与者,影响深远。

① Jespersen Christopher, *American Images of China*: *1931 – 1949*, Stanford University Press, 1996, p. 42.

附录 哈雷特·阿班中国报道的样本目录[*]

1927 年 (18 篇)

序号 Order	刊载日期 Posting Date	电头 Dateline	版位 Page	主标题 Main Title
1	1927/10/23	Peking, 9/25	E7	Manchurian centre ofMoscow action
2	1927/10/23	Harbin, 9/22	E1	Harbin's "squeeze" highly developed
3	1927/10/24	Peking, 10/02	7	Yen thestraddler on; on fence 16 years
4	1927/11/06	Peking, 10/18	E1	Schools teach that foreigner rob China; Alien educators fear effect in Children
5	1927/11/06	Peking, 10/14	E6	Why Yen began war puzzles Chinese
6	1927/11/06	Peking, 10/18	E6	Chinese war stirs political schemes
7	1927/11/03	Dairen, 10/12	E1	Grim struggle on to rule Manchurian
8	1927/11/03	Tientsin	XX5	Marines settle down for winter inTientsin
9	1927/11/20	Mukden, 10/14	E1	Peking challenges Japan in Manchuria
10	1927/11/22	Peking, 10/19	15	Yen just missedcaptured Peking
11	1927/11/27	Peking, 11/04	E1	Discord with China laid to our "pests"

---

* 附录中第二栏"刊载日期"的格式是"年/月/日";第三栏新闻"电头"的格式是"发稿地点,时间(月/日)"。

序号 Order	刊载日期 Posting Date	电头 Dateline	版位 Page	主标题 Main Title
12	1927/11/27	Harbin, 10/15	E7	North Manchuria in Chinese control
13	1927/12/04	Mukden, 11/10	E1	Japan seeks hold in inner Mongolia J
14	1927/12/11	Mukden, 11/12	E1	Japan warns China on Manchuria line
15	1927/12/18	Dairen, 11/14	E1	Dairen is thriving, port author dying
16	1927//12/18	Peking, 11/18	E6	Imperial ambitions credited to Chang
17	1927/12/25	Peking, 12/01	E7	China prey to many factions
18	1927/12/25	Peking, 12/01	E1	China yields graft to enrich generals C

1928 年（96 篇）

序号 Order	刊载日期 Posting Date	电头 Dateline	版位 Page	主标题 Main Title
1	1928/01/08	Peking, 12/05	53	Peking hungry fed by salvation army
2	1928/01/15	Peking, 12/16	34	Women are active in China intrigues
3	1928/01/15	Peking, 12/20	34	Chinese war lords debauch currency
4	1928/01/22	Peking, 12/20	51	China seen in peril of utter anarchy
5	1928/01/29	Peking, 01/02	56	Customs receipts dropping in China
6	1928/02/05	Peking, 01/06	53	Sun family loom large in Nanking regime; accused of "grabbing" power and profit
7	1928/02/12	Peking, 12/23	55	Great health work goes on in Peking
8	1928/02/12	Peking, 01/12	50	China's banks show amazing vitality

序号 Order	刊载日期 Posting Date	电头 Dateline	版位 Page	主标题 Main Title
9	1928/02/19	Peking, 01/20	56	Treaty amendment as viewed in Peking
10	1928/03/04	Tsinan – fu, 02/07	29	12, 000, 000 suffer in Chinese famine
11	1928/03/05	Tsinan – fu, 02/08	6	Two Chinese lead aid for suffering
12	1928/03/06	Tsing – Tao, 02/09	6	Shantung millions flock to the North
13	1928/03/11	Peking, 02/11	49	Chinese are itching for higher tariffs
14	1928/03/25	/	153	Aliens in Peking Always on guard
15	1928/03/26	Peking, 02/22	21	200 years of peace predicted inChina
16	1928/04/10	Peking, 03/13	4	Flatterers hide truth from Chang
17	1928/04/15	Peking, 03/18	30	Mongolia regrets soviet alliance
18	1928/04/15	/	142	Gen. Butler's maries win friends in China
19	1928/04/22	Peking, 03/28	53	Miss Stinnes Tells of long auto tour
20	1928/04/29	Peking, 03/30	E8	Marshal Feng aids soviet organizers
21	1928/04/29	Peking, 03/23	E1	F. L. Mayer faces a marked change
22	1928/05/02	Dairen, 05/01	1	Nationalists rout foes in Shantung
23	1928/05/04	Peking, 04/09	6	Moscow and Peking " milk " eastern line
24	1928/05/05	Tsing – tao, 05/04	4	Panic grips Tsing – Tao
25	1928/05/08	Tientsin, 04/12	6	Taxes are ruining China's wool trade
26	1928/05/09	Tsing – tao, 05/08	1	Chiang opens war on Japan; troops attack at Tsinan; Tokio sends 18, 000 more

序号 Order	刊载日期 Posting Date	电头 Dateline	版位 Page	主标题 Main Title
27	1928/05/10	Tsing – tao, 05/09	1	Japanese bombardTsinan to drive out the Chinese; Americans flee under fire
28	1928/05/11	Tsing – tao, 05/10	1	Japan wins Tsinan; drives out Chinese in week's fighting
29	1928/05/13	Peking, 04/12	53	Famine inShantung nearing bitter end
30	1928/05/15	Tsing – tao, 05/10	2	Tsing – tao Chinese plunged in despair
31	1928/05/16	Dairen, 05/15	2	20, 000 Northerners deserting
32	1928/05/20	Peking, 05/19	1	Chang willfight to last in Peking; scorn Yen's offer
33	1928/05/21	Peking, 05/20	2	Talk of moving legation
34	1928/05/22	Tientsin, 04/26	4	Red agents caught in Chang's armies
35	1928/05/22	Peking, 05/21	1	Peking blames foe for continuing war
36	1928/05/24	Peking, 05/23	1	Peking seeks truce as its forces drive southerners back
37	1928/05/28	Tientsin, 04/27	4	Chineseindustry full of abuses
38	1928/06/03	Tsingtao, 05/03	E1	Traveling in China costly progeeding
39	1928/06/04	Peking, 06/03	1	Peking unharmed as northern hosts pour out of city
40	1928/06/05	Peking, 06/05	7	Peking famine looms
41	1928/06/05	Peking, 06/04	1	Peking to be shorn of capital glory
42	1928/06/06	Peking, 06/05	4	Southern cavalry nearPeking gates
43	1928/06/07	Peking, 06/06	6	Peking is anxious as overturn nears

序号 Order	刊载日期 Posting Date	电头 Dateline	版位 Page	主标题 Main Title
44	1928/06/09	Peking, 06/08	1	Nationalist troops march into-Peking as new flags rise
45	1928/06/10	Peking, 05/05	49	Macmurray' a job in China stiff one
46	1928/06/10	Harbin, 05/07	56	Two – Nation flag flies overHarbin
47	1928/06/17	Tsing – tao, 05/13	52	Chinese disregardnewspaper ethics
48	1928/06/24	Peking, 05/23	24	Tsinan's fall laid to Chang Chin – yao
49	1928/06/24	Changchun	SM5	Manchuria entraps a tragic migration
50	1928/06/25	Peking, 05/30	12	Tsin – tao puts end to crushing taxes
51	1928/06/25	Peking, 05/29	12	Jubilant Japanese inflame Chinese
52	1928/07/05	Peking, 07/04	14	Mutiny in Tientsin 70 killed inBattle
53	1928/07/08	Peking, 06/05	49	Peking in silence awaits invaders
54	1928/07/10	Peking, 07/09	5	Chinese read note to 20000 dead men
55	1928/07/11	Peking, 07/11	1	Chinese war lords move to conquer all of Manchuria
56	1928/07/14	Peking, 07/13	5	Asks power to go half way on China
57	1928/07/16	Peking, 06/08	12	Nationalists sent youths intoPeking
58	1928/07/21	Peking, 07/20	1	Chinese seek to end treaty with Japan
59	1928/07/29	Peking, 07/15	N11	Hand – picked troops at taking of Peking
60	1928/08/08	Peking, 07/06	40	Chinese railways stripped of cars
61	1928/08/11	Peking, 07/16	4	Protests in China on old famine fund

序号 Order	刊载日期 Posting Date	电头 Dateline	版位 Page	主标题 Main Title
62	1928/08/12	Peking, 07/16	N4	Wars shrink profits of China's railways
63	1928/08/12	Peking, 07/16	N10	Chiang – Feng break predicted in China
64	1928/08/12	Peking, 07/09	N8	Marshal Fang may visit this country
65	1928/08/13	Peking, 07/15	12	Old Peking names and Habits banned
66	1928/08/18	Peking, 08/17	1	Tools found in Gobi 150000 years old
67	1928/08/19	Peking, 07/06	32	Murray's aide knows his China
68	1928/08/21	Peking, 08/20	6	Buriat tribesmen join Mongol raids
69	1928/08/26	Peking, 07/24	19	Grandiose plans dazzle Chinese
70	1928/08/29	Peking, 07/30	28	Nationalists give Peking new spirit
71	1928/09/09	Peking, 08/06	58	Missionary heads take stock of loss
72	1928/09/14	Tientsin, 09/13	11	Southern Chinese put foes to flight
73	1928/09/16	Peking, 08/08	60	Invalid real ruler of Nanking regime
74	1928/09/17	Peking, 08/19	10	New era in China held very fragile
75	1928/09/19	Dairen, 09/18	21	Japan asks capital to enter Manchuria
76	1928/09/19	Dairen, 09/18	1	Powerful Chinese plotting to upset Nanking in October
77	1928/09/21	Harbin, 09/20	14	Manchurian revolt nipped by arrests
78	1928/09/22	Harbin, 09/21	7	Northern remnant of Chinese yields
79	1928/09/23	Peking, 08/22	N3	Maligning of Japan by China charged

序号 Order	刊载日期 Posting Date	电头 Dateline	版位 Page	主标题 Main Title
80	1928/09/23	Peking, 08/22	N3	Ignorant of Chinese woman cheers attack
81	1928/09/25	Mukden, 09/24	20	Foiled potters move against Nanking again
82	1928/09/27	Mukden, 09/26	12	Chang opens door to foreign capital
82	1928/10/14	Peking, 09/07	E1	China faces winter of great hardship
84	1928/10/22	Mukden, 09/25	4	Manchurian ruler broken by intrigue
85	1928/10/28	Harbin, 09/21	58	Manchuria offers field for capital
86	1928/10/28	Harbin, 09/26	51	Visitors To Harbin find expenses high
87	1928/11/06	Dairen, 09/29	8	Once might Chang poor and hunted
88	1928/11/11	Seoul, 10/10	53	Failure inKorea puzzles Japanese
89	1928/11/17	Tientsin, 11/16	5	12, 000 starving; China asks for aid
90	1928/11/21	Tientsin, 11/15	5	Chinese insecurity paralyzes trade
91	1928/11/25	Peking, 10/19	E1	Suspicion weakens Kuomintang's hold
92	1928/11/25	Peking, 11/18	4	Foreigners in China divided on relief
93	1928/11/25	Peking, 10/15	E8	Dowager empress was buried in gems
94	1928/11/25	Peking, 10/23	N2	Nanking's critics use foreign press
95	1928/12/09	Peking, 10/31	E7	Chiang's royal aims are laid to his wife
96	1928/12/16	Peking, 11/06	E7	Peking yearning for lost glories

1929 年（120 篇）

序号 Order	刊载日期 Posting Date	电头 Dateline	版位 Page	主标题 Main Title
1	1929/01/14	Mukden，01/13	5	Mukden seething over Yang's death
2	1929/02/10	Peking，01/05	56	Shantung problem difficult to solve
3	1929/02/17	Mukden，01/20	2	Manchuria fears new Barga rising
4	1929/02/18	Mukden，01/19	8	Manchurian army raised to 450，000
5	1929/02/20	Peking，02/19	6	China likely to try to deport critics
6	1929/02/23	Peking，02/22	5	Thousands die daily in Chinese famine
7	1929/02/24	Peking，01/22	58	Manchuria's riches source of trouble
8	1929/02/26	Peking，02/25	6	15，000 join rebel in Shantung revolt
9	1929/03/01	Peking，02/28	6	Chang announces rebel government
10	1929/03/03	Peking，03/02	13	Peking troops rise but are suppressed
11	1929/03/03	Peking，01/21	E6	Mukden folk live in restrained panic
12	1929/03/05	Peking，03/04	24	Troops lay waste 9 Chinese villages
13	1929/03/06	Peking，03/05	9	Defeat for Nanking in Hunan reported
14	1929/03/10	Mukden，03/09	17	Manchurian grain for famine relief
15	1929/03/10	Peking，01/30	60	China's hope hangs on her war lords
16	1929/03/12	Peking，03/11	9	New fighting looms inChina this week
17	1929/03/15	Peking，03/14	4	170，000 armed foes line up inChina
18	1929/03/16	Peking，03/15	5	Kuomintang begins with martial law

序号 Order	刊载日期 Posting Date	电头 Dateline	版位 Page	主标题 Main Title
19	1929/03/17	Peking, 02/05	E6	Russia and Japan Manchuria friends
20	1929/03/17	Peking, 03/16	N3	Chiang sends army by ship to Kiukiang
21	1929/03/17	Peking, 02/18	N3	Say " Peking man " is new primitive type
22	1929/03/19	Peking, 03/18	7	Chinese flee fury of Chang's rebels
23	1929/03/20	Peking, 03/19	7	Hankow rebels win a victory in Hunan
24	1929/03/21	Tientsin, 03/20	11	60, 000 troops turn on Nanking traitor
25	1929/03/24	Tientsin	155	Our troops still stand guard inChina
26	1929/03/31	Peking, 02/23	53	SaysChina should admit inferiority
27	1929/04/07	Peking, 03/03	E8	Legation quarter police strike
28	1929/04/08	Peking, 03/09	5	Politics has part in Chinese famine
29	1929/04/14	Peking, 03/15	61	Kemmerer finds disrupted China
30	1929/04/15	Tsing – tao	6	Tsing – tao passes to Nanking's rule
31	1929/04/16	Tsing – tao	6	3 – sidedfight looms to win Shantung
32	1929/04/20	Tsinan – fu	5	40, 000 nationalists approach Tsinan – Fu
33	1929/04/21	Peking, 03/11	58	Would haveChina out of the league
34	1929/04/21	Tsing – tao, 04/20	5	Chiang and Feng agree on Shantung
35	1929/04/23	Tsing – tao, 04/22	6	Feng won't share rule of Shantung
36	1929/04/25	Tsinan – fu	9	Chief quit Chiang in favor of Feng

序号 Order	刊载日期 Posting Date	电头 Dateline	版位 Page	主标题 Main Title
37	1929/05/12	Peking, 05/11	6	Fear for millions in Chinese famine
38	1929/05/18	Peking, 05/17	5	New war imminent in northernChina
39	1929/05/30	Peking, 05/24	10	Feng proclaims war on Chiang Kai－shek
40	1929/06/09	Peking, 05/17	E8	"Escape" made easy for Chinese rebels
41	1929/06/14	Peking, 05/10	6	Nanking to conduct world propaganda
42	1929/06/23	Peking, 05/15	N2	Foreigners easier on rights in China
43	1929/07/15	Peking, 06/14	4	Praises Chinese rule of Shantung province
44	1929/07/21	Tientsin, 6/15	52	China now no place for foreign money
45	1929/07/26	Dairen, 07/25	3	China in dilemma over rail seizure
46	1929/07/27	Mukden, 07/26	5	Chinese explain clash reported at Manchuli
47	1929/07/29	Changchun, 07/28	4	Mediation in China held not needed
48	1929/08/03	Hailar	3	Panic signs multiply onManchuria border
49	1929/08/05	Dairen, 08/04	5	Nanking restricts two more papers
50	1929/08/12	Shanghai, 08/11	5	Rail seizure by reds forecast inShanghai
51	1929/08/15	Shanghai, 08/14	3	China to give in, Nanking reports
52	1929/08/25	Peking, 07/22	E8	Peking man ranked as oldest human
53	1929/08/27	Shanghai, 08/26	5	China stands firm on railway issue
54	1929/08/28	Shanghai, 08/27	7	Russian peace offer reported by Nanking

序号 Order	刊载日期 Posting Date	电头 Dateline	版位 Page	主标题 Main Title
55	1929/09/01	Tsingtao, 08/07	E8	Shantung railroad earns good profit
56	1929/09/01	Shanghai, 08/31	6	China executes five as warning to youths
57	1929/09/01	Tsingtao, 08/07	E8	Strikes and taxes paralyze Tsingtao
58	1929/09/08	Shanghai, 09/07	26	6 more Chinese ships seized by Russians
59	1929/09/19	Shanghai, 09/18	8	Anti – Nanking plot denied by Chinese
60	1929/09/22	Shanghai, 09/21	5	Chinese civil war breaks out anew
61	1929/09/24	Shanghai, 09/23	12	Fear for outsiders in Chinese revolt
62	1929/09/25	Shanghai, 09/24	5	Ally quits Chiang as revolt grows
63	1929/09/26	Shanghai, 09/25	10	Nanking reports revolt is broken
64	1929/09/27	Shanghai, 09/26	9	Removal of Chiang sought by enemies
65	1929/09/29	Shanghai, 09/28	9	Rebel army's defeat reported by Nanking
66	1929/10/01	Shanghai, 09/30	5	Nanking tells Hu Shin to cease criticizing
67	1929/10/03	Shanghai, 10/02	11	Chinese civil war clouded in mystery
68	1929/10/04	Shanghai, 10/03	34	Nanking seeks funds as rebellion grows
69	1929/10/05	Shanghai, 10/04	5	Rebel danger over, Nanking reports
70	1929/10/08	Shanghai, 10/07	10	Americans seek aid in mutiny at Ichang
71	1929/10/09	Shanghai, 10/08	3	Nanking is jubilant as rebellion falls
72	1929/10/12	Shanghai, 10/11	26	Feng worries Nanking as he gathers forces

序号 Order	刊载日期 Posting Date	电头 Dateline	版位 Page	主标题 Main Title
73	1929/10/13	Shanghai, 10/12	6	Rebellion in China takes serious turn
74	1929/10/13	Shanghai, 09/04	S11	Mongols vanishing missionary reports
75	1929/10/14	Shanghai, 10/13	5	Nanking confronted by wide rebellion
76	1929/10/16	Shanghai, 10/15	10	Yen astoundsChina by capturing Feng
77	1929/10/17	Shanghai, 10/16	4	Feng's arrest seen as trap for Nanking
78	1929/10/17	Shanghai, 10/17	5	Red raid distracts Chinese attention
79	1929/10/20	Shanghai, 10/19	5	Battles reported on Chinese fronts
80	1929/10/22	Shanghai, 10/21	11	Chengchow falls to Chinese rebels
81	1929/10/23	Shanghai, 10/22	9	Rebel wins 3 cities on Chinese front
82	1929/10/24	Shanghai, 10/23	10	Yen to be neutral in Chinese revolt
83	1929/10/25	Shanghai, 10/24	10	Rival sides claim victories in China
84	1929/10/27	Shanghai, 10/26	10	Nanking stronger as rebellion lags
85	1929/10/29	Shanghai, 10/28	7	Leaders in Foochow rebel against Nanking
86	1929/10/29	Shanghai, 10/30	12	Rebels extend war on Chinese fronts
87	1929/10/31	Shanghai, 10/30	10	Chiang at Hankow to head his troops
88	1929/11/01	Shanghai, 10/31	12	Major engagement under way in China
89	1929/11/02	Shanghai, 11/01	7	Nationalist suffer reverses in China
90	1929/11/03	Shanghai, 11/02	8	Shanghai Chinese order martial law

序号 Order	刊载日期 Posting Date	电头 Dateline	版位 Page	主标题 Main Title
91	1929/11/05	Shanghai, 11/04	11	Chiang hard pressed by advancing rebels
92	1929/11/06	Shanghai, 11/05	16	Hankow imperiled byChinese rebels
93	1929/11/07	Shanghai, 11/06	7	Shanghai newspaper barred form mails
94	1929/11/08	Shanghai, 11/07	4	Nanking abandons offensive in-Honan
95	1929/11/09	Shanghai, 11/08	6	Yen now see to hold key to China's revolt
96	1929/11/10	Shanghai, 11/09	5	Decisive battle under way in China
97	1929/11/11	Shanghai, 11/10	7	Nanking's foes gain in fierce fighting
98	1929/11/13	Shanghai, 11/12	7	Yen asksarmistice in Chinese revolt
99	1929/11/14	Shanghai, 11/13	4	Chiang quits front, keep move secret
100	1929/11/17	Shanghai, 11/16	5	Shanghai uneasy as rebels drive on
101	1929/11/18	Shanghai, 11/17	6	Nanking repulsed in Tengfeng attack
102	1929/11/20	Shanghai, 11/19	6	China balks parley on Shanghai court
103	1929/11/20	Shanghai, 11/19	6	Drive by rebels imperils Hankow
104	1929/11/21	Shanghai, 11/20	12	Rebel " ironsiders " threaten Canton
105	1929/11/22	Shanghai, 11/21	7	Chiang wins loyang but loses in south
106	1929/11/23	Shanghai, 11/22	8	Chiang quits front to offer reforms
107	1929/11/26	Shanghai, 11/25	4	Chiang in Nanking proclaims victory
108	1929/11/28	Shanghai, 11/27	22	Chiang rushes aid to protect-Canton

序号 Order	刊载日期 Posting Date	电头 Dateline	版位 Page	主标题 Main Title
109	1929/11/29	Shanghai, 11/28	4	Canton fears rebels, Honan back to normal
110	1929/12/02	Shanghai, 12/01	6	Nanking still hopes power will act
111	1929/12/03	Shanghai, 12/03	5	Americans appeal for aid at Kanchow
112	1929/12/04	Shanghai, 12/03	2	Fighting resumed in southernChina
113	1929/12/07	Canton, 12/06	4	Panic grips canton as rebels close in
114	1929/12/08	Canton, 12/07	28	Rebel forces near Canton
115	1929/12/10	Canton, 12/09	4	Canton despairs fearing betrayal
116	1929/12/17	Tsingtao, 12/16	4	Shantung hostile to Nanking rule
117	1929/12/18	Mukden, 12/17	4	Wars weaken rule of Chang in-Mukden
118	1929/12/22	Tientsin, 12/20	9	North China insists Chiang must quit
119	1929/12/29	Peking, 12/28	17	War lords' power on rise in China
120	1929/12/29	Shanghai, 11/27	E6	Territorial crisis threatens in China

1930 年 (130 篇)

序号 Order	刊载日期 Posting Date	电头 Dateline	版位 Page	主标题 Main Title
1	1930/01/02	Shanghai, 01/01	3	End of alien rights findsShanghai calm
2	1930/01/03	Shanghai, 01/02	7	Chinese revenue up $42394000 on year
3	1930/01/05	Shanghai, 12/02	E9	Shanghai despairs of "united China"
4	1930/01/05	Shanghai, 12/29	3	Chinese mob wrecks a Shantung mission

序号 Order	刊载日期 Posting Date	电头 Dateline	版位 Page	主标题 Main Title
5	1930/01/07	Shanghai, 01/06	6	Silver crisis curbs Shanghai business
6	1930/01/09	Shanghai, 01/08	4	Chinese rebel flees troops go to another
7	1930/01/10	Shanghai, 01/09	6	Score us for sale of planes to China
8	1930/01/11	Shanghai, 01/10	6	Nanking repudiates Soviet – Mukden pact
9	1930/01/12	Canton, 12/09	60	Canton improved but disillusioned
10	1930/01/19	Shanghai, 12/14	58	Gunfire no novelty to foreigners in China
11	1930/01/24	Shanghai, 01/24	7	China fears war on extensive scale
12	1930/01/26	Shanghai, 01/25	9	Missionaries fear setback in China
13	1930/01/29	Shanghai, 01/28	5	New envoy to China arrives at Shanghai
14	1930/02/04	Shanghai, 02/03	6	Chiang will lead drive on rebels
15	1930/02/05	Shanghai, 02/04	6	Reports China ends airline contract
16	1930/02/16	Shanghai, 01/23	8	Chiang to get auto costing ＄47,000
17	1930/02/16	Peking, 02/15	8	Chinese war lords meet in seclusion
18	1930/02/19	Peking, 02/18	8	Holds Chiang plans to attack north
19	1930/02/21	Dairen, 02/20	5	Wide alliance forms to war on Chiang
20	1930/02/23	Shanghai, 01/24	58	Hesitancy causing Chinese decadence
21	1930/02/23	Shanghai, 01/20	58	China fears loss of barga region
22	1930/02/26	Peking, 02/22	7	See Yen committed tofight Nanking

序号 Order	刊载日期 Posting Date	电头 Dateline	版位 Page	主标题 Main Title
23	1930/02/27	Shanghai, 02/26	7	Yen tries to avert civil war inChina
24	1940/03/04	Shanghai, 03/03	7	Finds militarism hold China back
25	1930/03/06	Shanghai, 03/05	6	Nanking foes split, war danger lessens
26	1930/03/09	Shanghai	88	Chinese cities that float on the water
27	1930/03/09	Shanghai, 01/30	61	China has 2, 000, 000 troops under arms
28	930/03/09	Shanghai, 01/31	61	Tells ofcaptivity by Chinese bandits
29	1930/03/13	Shanghai, 03/12	8	Nanking organizes for unity by peace
30	1930/03/16	Shanghai, 02/12	E7	Johnson wins China on return as envoy
31	1930/04/13	Shanghai, 03/15	60	Nanking is faced by difficult choice
32	1930/04/13	Shanghai, 03/15	60	China hails books as cultures basis
33	1930/04/20	Shanghai, 03/14	27	Germanmilitarism a problem in China
34	1930/05/18	/	E4	China' s new civil war may herald break – up
35	1930/06/01	/	E4	Books for trouble china in place of bullets
36	1930/06/18	Shanghai, 06/17	7	Chiang routs reds will drive on north
37	1930/06/19	Shanghai, 06/18	7	Chinese rebels cut Tsinan – Pukow road
38	1930/06/20	Shanghai, 06/19	10	Intervention looms on Chinese imports
39	1930/06/21	Shanghai, 06/20	8	Chiang will bar Tientsin shipping
40	1930/06/22	Shanghai, 06/21	10	Place given Chang in Nanking force

序号 Order	刊载日期 Posting Date	电头 Dateline	版位 Page	主标题 Main Title
41	1930/06/22	/	E4	Rising red power in China
42	1930/06/24	Shanghai, 06/23	11	Japanese support is seen for Chiang
43	1930/06/25	Shanghai, 06/24	10	Nanking advances in major battle
44	1930/06/26	Shanghai, 06/25	8	Northerners seize Shantung capital
45	1930/07/02	Tsingtao, 07/02	8	Northerners hold most of Shantung
46	1930/07/16	Shanghai, 07/15	12	China faces division from indecisive war
47	1930/07/18	Shanghai, 07/17	9	Victory in 20 days promised to Chiang
48	1930/07/22	Shanghai, 07/21	10	Chiang is rushing force to Shantung
49	1930/07/23	Shanghai, 07/22	11	Missionaries free in relief of Pochow
50	1930/07/24	Shanghai, 07/23	27	China mission schools likely to be closed
51	1930/08/02	Peking, 08/01	2	Peking not happy over red
52	1930/08/08	Shanghai, 08/07	4	Reds push activity north of Yangtse
53	1930/08/10	Shanghai, 08/09	5	Chiang troops gain in Shantung drive
54	1930/08/12	Shanghai, 08/11	7	Retaking of Tsian by Chiang is likely
55	1930/08/15	Shanghai, 08/14	6	Red rioting feared in Hankow today
56	1930/08/17	Shanghai, 08/16	6	Chiang now plans a winning thrust
57	1930/08/18	Shanghai, 08/17	4	Chinese rebels plan line north of Tsinan
58	1930/08/19	Shanghai, 08/18	4	Flight in the north stirs Peking clash

序号 Order	刊载日期 Posting Date	电头 Dateline	版位 Page	主标题 Main Title
59	1930/08/20	Shanghai, 08/19	7	Chiang shifts men for fresh attacks
60	1930/08/21	Shanghai, 08/20	3	Hard fighting near Lanfeng
61	1930/08/22	Shanghai, 08/21	6	Kiukiang menaced again by the reds
62	1930/08/23	Shanghai, 08/22	4	2 Chinese capitals seize red plotters
63	1930/08/24	Shanghai, 08/23	6	Rebels urge Chang to aid as last hope
64	1930/08/26	Shanghai, 08/25	7	600 slain by reds in raid on Yukiang
65	1930/08/27	Shanghai, 08/26	8	Chang to aid Peking with Mukden forces
66	1930/08/28	Shanghai, 08/27	8	Peking is bombed by Nanking planes
67	1930/08/29	Shanghai, 08/28	9	Huge fire razes part of Chungking
68	1930/08/30	Shanghai, 08/29	5	Changsha may fall to red army again
69	1930/08/31	Shanghai, 08/30	10	Mukden troops sent to hold Peking area
70	1930/09/02	Shanghai, 09/01	13	Peking government is formed by rebels
71	1930/09/03	Shanghai, 09/02	12	Chiang to be asked by mukden to quit
72	1930/09/04	Shanghai, 09/03	6	Compromise peace now likely in China
73	1930/09/05	Shanghai, 09/04	9	Dispatches troops to save Changsha
74	1930/09/06	Shanghai, 09/05	5	Mukden to decide war stand in week
75	1930/09/07	Shanghai, 09/06	2	Martial law again rules in Shanghai
76	1930/09/09	Shanghai, 09/08	10	Manchurian ruler may assist-Nanking

序号 Order	刊载日期 Posting Date	电头 Dateline	版位 Page	主标题 Main Title
77	1930/09/10	Shanghai, 09/09	9	Peking tries to bind Mukden by threat
78	1930/09/11	Shanghai, 09/10	9	Nanking holds war only course open
79	1930/09/12	Shanghai, 09/11	10	Moscow is behind drive on Changsha
80	1930/09/13	Shanghai, 09/12	6	Manchurian stand now more obscure
81	1930/09/14	Shanghai, 09/13	3	Yen plans new drive onShantung capital
82	1930/09/16	Shanghai, 09/15	12	Mukden now likely remain neural
83	1930/09/18	Shanghai, 09/17	6	Nanking drive puts Feng in great peril
84	1930/09/19	Shanghai, 09/18	8	Civil war is won, Nanking asserts
85	1930/09/20	Shanghai, 09/19	9	Chiang spurs drive to crush rebels
86	1930/09/21	Shanghai, 09/20	29	Nanking planning debt settlement
87	1930/09/23	Shanghai, 09/22	7	Nanking gives rule of north toMukden
88	1930/09/24	Shanghai, 09/23	7	Political reforms are facingNanking
89	1930/09/25	Shanghai, 09/24	10	Mukden moves stir uneasiness in China
90	1930/09/26	Shanghai, 09/25	8	Chiang will fight rebels to finish
91	1930/09/27	Shanghai, 09/26	6	End of war in China seen in fortnight
92	1930/09/28	Shanghai, 09/27	9	Nanking reassured on Mukden moves
93	1930/09/30	Shanghai, 09/29	20	Soong to meet Chang in move toward amity
94	1930/10/01	Shanghai, 09/30	8	Nanking reports Feng has resigned

序号 Order	刊载日期 Posting Date	电头 Dateline	版位 Page	主标题 Main Title
95	1930/10/04	Shanghai, 10/03	7	Nanking again replays abolition of likin tax
96	1930/10/05	Shanghai, 10/04	8	Foreigners stirred by Simpson's fate
97	1930/10/06	Shanghai, 10/05	7	Feng's power weakens with his army at bay
98	1930/10/08	Shanghai, 10/07	10	Chiang routs army of Feng in north
99	1930/10/10	Shanghai, 10/09	11	Yen and Feng quarrel as Chiang hails peace
100	1930/10/12	Shanghai, 10/11	12	China's war at end after seven months
101	1930/10/13	Shanghai, 10/12	10	Chiang gives plan for reviving China
102	1930/10/14	Shanghai, 10/13	16	Nanking faction in row over plans
103	1930/10/15	Shanghai, 10/14	14	Soong resign post in Nanking's cabinet
104	1930/10/16	Shanghai, 10/15	12	See action to end Changsha menace
105	1930/10/17	Shanghai, 10/16	14	Nanking to reject Soong resignation
106	1930/10/18	Shanghai, 10/17	10	Nanking is uneasy over Chiang's aim
107	1930/10/25	Shanghai, 10/24	8	Chang won't fight, see lasting peace
108	1930/11/01	Shanghai, 10/28	6	China's fate hangs on Peking parleys
109	1930/11/02	Shanghai, 10/04	E8	Urge wide reform in Chinese finance
110	1930/11/05	Peking, 10/30	15	Strong newcoalition forms in north China
111	1930/11/08	Shanghai, 11/07	8	Chinese warlords to meet at Nanking
112	1930/11/09	Shanghai, 11/08	8	Chiang act to gain tight trip on China

序号 Order	刊载日期 Posting Date	电头 Dateline	版位 Page	主标题 Main Title
113	1930/11/10	Shanghai, 11/09	8	More Nanking troops keep check onMukden
114	1930/11/11	Shanghai, 11/10	8	Americans fleeing red drive inChina
115	1930/11/16	Shanghai, 11/15	14	Foreigners confer inNanking on debts
116	1930/11/17	Shanghai, 11/16	9	China adopts plans to ease big burden
117	1930/11/18	Shanghai, 11/17	12	Chinese red rally for new attack
118	1930/11/21	Shanghai, 11/20	13	All north China conceded to Chang
119	1930/11/23	Shanghai, 10/24	56	Manchuria plans trade expansion
120	1930/11/23	Shanghai, 11/22	9	Four Chinese planes fight over Taiyuanfu
121	1930/11/26	Shanghai, 11/25	14	Red sway in China gathers new force
122	1930/11/29	Shanghai, 11/28	9	New red eruption is feared in China
123	1930/12/17	Shanghai, 12/16	10	Terrorism by reds unabated in China
124	1930/12/19	Canton, 12/18	13	South a problem to Nanking still
125	1930/12/24	Shanghai, 12/23	5	Reds kill and loot in 3 Chinese cities
126	1930/12/28	Shanghai, 12/27	21	1930 is worst year for boats on Yangtse
127	1930/12/28	Shanghai	X5	Chinese talker
128	1930/12/30	Shanghai, 11/29	9	Purging of party wings favor inChina
129	1930/12/30	Shanghai, 12/29	2	Chiang will enforce new tariffs Jan. 1
130	1930/12/31	Shanghai, 12/30	6	China's new tariff dismays business

1931 年（203 篇）

序号 Order	刊载日期 Posting Date	电头 Dateline	版位 Page	主标题 Main Title
1	1931/01/01	Shanghai, 12/31	6	New revolt rises in southern China
2	1931/01/07	Shanghai, 01/06	12	Silver now lowest in China's history
3	1931/01/08	Shanghai, 01/07	9	Provinces of China deny likin abolition
4	1931/01/10	Shanghai, 01/09	8	Chinese reds trap big punitive force
5	1931/01/11	Shanghai, 12/02	60	Bandit – red menace stirs centralChina
6	1931/01/12	Shanghai, 01/12	30	China cold to plan for silver loan aid
7	1931/01/14	Shanghai, 01/13	7	Nanking is menaced by strife in interior
8	1931/01/15	Shanghai, 01/14	7	Chang ends reign asMukden lord
9	1931/01/16	Shanghai, 01/15	6	Mukden announces end of likin tax
10	1931/01/17	Shanghai, 01/16	7	Chinese bandits hold general for ransom
11	1931/01/18	Shanghai, 01/17	13	Nanking beats reds in fierce fighting
12	1931/1/20	Shanghai, 01/19	11	Chinese anti – redcampaign faces disaster; desertions and hostile peasants balk moves
13	1931/01/23	Shanghai, 01/22	26	Baroness's suicide stirs Shanghai; society prominent Briton named in marital tragedy
14	1931/01/24	Shanghai, 01/23	11	Crane will advise on foreign affairs
15	1931/01/27	Shanghai, 01/26	7	New disaffections threatenNanking
16	1931/01/28	Shanghai, 01/27	10	Chiang to put 100000 in field against ends
17	1931/01/29	Shanghai, 01/28	6	Taxes in China drive into great confusion

序号 Order	刊载日期 Posting Date	电头 Dateline	版位 Page	主标题 Main Title
18	1931/01/30	Shanghai, 01/29	8	Nanking progresses on anti-red campaign
19	1931/01/31	Shanghai, 01/30	8	China intensifies drive against reds
20	1931/02/02	Shanghai, 02/01	8	Urges loan to China from reparations
21	1931/02/03	Shanghai, 02/02	13	Nanking routs reds after week's fight
22	1931/02/04	Shanghai, 02/03	10	Rebels in Kwangsi recapture capital
23	1931/02/05	Shanghai, 02/04	10	Kwangsi coup halts Nanking drive on reds
24	1931/02/08	Shanghai, 01/06	56	Empires the stake insino-Russian row
25	1931/02/15	Shanghai, 01/18	54	Chinese mill men upset by new law
26	1931/02/22	Shanghai, 01/21	47	Stolen plum game near causing war
27	1931/03/10	Shanghai, 03/09	9	Chinese red clinchhold on the Yangtse
28	1931/03/11	Shanghai, 03/10	10	NewChinese war looms in Szechwan
29	1931/03/12	Shanghai, 03/11	16	China trade saved by foreign natives
30	1931/03/15	Shanghai, 02/12	52	Sinkiang province warns of Russian
31	1931/03/16	Shanghai, 03/15	8	Sees hope for China to balance budget
32	1931/03/18	Shanghai, 03/17	9	Chiang ready to begin drive on Kiangsi reds
33	1931/03/19	Shanghai, 03/18	10	French bare plot of Shanghai guard
34	1931/03/20	Shanghai, 03/19	12	Rebellion feared in southwestChina
35	1931/03/24	Shanghai, 03/23	10	Peiping-Hankow road is cleared of reds

序号 Order	刊载日期 Posting Date	电头 Dateline	版位 Page	主标题 Main Title
36	1931/03/27	Shanghai, 03/26	8	Chiang gives order for drive on reds
37	1931/03/28	Shanghai, 03/27	8	Nanking and Japan halt treaty talk
38	1931/04/01	Shanghai, 03/31	11	China faces delay in people's parley
39	1931/04/05	Shanghai, 04/04	10	Anti – redvictories claimed by Nanking
40	1931/04/07	Shanghai, 04/07	13	Civil war breaks out in Chinese province
41	1931/04/09	Shanghai, 04/08	6	New move in China to free missioners
42	1931/04/11	Shanghai, 04/10	6	China threatens us with ending parley
43	1931/04/12	Shanghai, 03/07	E8	War lords benefit from opium trade
44	1931/04/17	Shanghai, 04/16	9	Japanese molested by Manchurian police
45	1931/04/18	Shanghai, 04/17	9	Riots mark polls in Chinese cities
46	1931/04/19	Shanghai, 04/28	60	Szechuan province runs own affairs
47	1931/04/21	Shanghai, 04/20	3	Guarding Hankow in fear of red coup
48	1931/04/22	Shanghai, 04/21	8	Hope of league aid increases inChina
49	1931/04/22	Shanghai, 04/21	9	China views reds as main problem
50	1931/04/23	Shanghai, 04/22	13	Hankow executes reds to avert coup
51	1931/04/25	Shanghai, 04/24	8	Expert bars changes in Shanghai's rule
52	1931/04/25	Shanghai, 04/24	8	Harbin is placed under martial law
53	1931/04/26	Shanghai, 03/30	N1	China's perils seen on trip Yangtse

序号 Order	刊载日期 Posting Date	电头 Dateline	版位 Page	主标题 Main Title
54	1931/04/26	Shanghai, 04/25	11	2 more missionaries are captured in China
55	1931/04/29	Shanghai, 04/28	10	1800 reds beheaded by Nanking troops
56	1931/04/30	Shanghai, 04/29	7	Air of rebellion pervades allChina
57	1931/05/02	Shanghai, 05/01	3	South China rebels move to fightNanking; Manchurian coup against Chang is reported
58	1931/05/05	Shanghai, 05/04	10	Nanking votes end of foreign rights
59	1931/05/06	Shanghai, 05/05	12	People's congress opens in Nanking
60	1931/05/07	Shanghai, 05/06	11	Canton mobilizes its troops for war
61	1931/05/08	Shanghai, 05/07	10	Chinese move to end foreign rights now
62	1931/05/10	Shanghai, 05/09	17	Rebel cause loses strength in China
63	1931/05/10	Shanghai, 04/20	E4	Alien – owned mines menaced in China
64	1931/05/12	Shanghai, 05/11	9	Armies on move for war in China
65	1931/05/13	Shanghai, 05/12	8	New constitutionadopted by Nanking
66	1931/05/14	Shanghai, 05/13	10	Nanking congress ask treaties' end
67	1931/05/15	Shanghai, 05/14	9	Cantonese rebels split by a revolt
68	1931/05/16	Shanghai, 05/15	5	Mutinies spread in Cantonese camp
69	1931/05/17	Shanghai, 04/15	60	Chungking is gate to China's far west
70	1931/05/23	Shanghai, 05/22	10	Reds in southChina pressing forward

序号 Order	刊载日期 Posting Date	电头 Dateline	版位 Page	主标题 Main Title
71	1931/05/24	Shanghai	SM10	Old and new customs in Chinese stores
72	1931/05/25	Shanghai, 05/24	7	Outbreak occurs on Chinese island
73	1931/05/28	Shanghai, 05/27	7	Nanking bonds fall with war certain
74	1931/05/31	Shanghai, 05/30	11	New railway minister appointed by Nanking
75	1931/05/31	Shanghai, 04/24	E8	Mukden cases stir foreigners in China
76	1931/06/01	Shanghai, 05/31	7	Nanking ready to pay 12500000 on loans
77	1931/06/07	Shanghai, 06/06	14	Plans for vast war involve all of China
78	1931/07/07	Shanghai, 05/08	E8	China is studying silver note issues
79	1931/06/12	Shanghai, 06/11	9	Two divisions join Nanking in south
80	1931/06/13	Shanghai, 06/12	7	Canton rebel rift aids Nanking cause
81	1931/06/16	Shanghai, 06/15	9	Mukden troops move aids Nanking bonds
82	1931/06/17	Shanghai, 06/16	9	Urges foreigners to hold Shanghai
83	1931/06/18	Shanghai, 06/17	6	Nationalists fiery in attack on Chen
84	1931/06/20	Shanghai, 06/19	2	Chinese eastern deal defended by Nanking
85	1931/06/21	Shanghai, 05/22	56	Censors to pass on Chinese news
86	1931/06/27	Shanghai, 06/26	8	500, 000 to attack red army in China
87	1931/07/01	Shanghai, 06/30	10	Ask silver parley after debt pacts
88	1931/07/05	Shanghai, 07/04	7	Rebel coup canton reported to Shanghai

序号 Order	刊载日期 Posting Date	电头 Dateline	版位 Page	主标题 Main Title
89	1931/07/06	Shanghai, 07/06	10	Bandit chief raids large area in China
90	1931/07/08	Shanghai, 07/07	8	Chiang forces ends to retreat in China
91	1931/07/09	Shanghai, 07/08	7	Chinese reds abandon many towns in Kiangsi
92	1931/07/11	Shanghai, 07/10	5	China budget show 87% goes to arm
93	1931/07/12	Nanking, 07/12	E8	Chiang Kai – Shek says three million are not too many soldiers for China
94	1931/07/12	Shanghai, 07/11	13	Chinese act to boycott Japan for Korean riots; will meet tomorrow to denounce killings
95	1931/07/14	Shanghai, 07/13	12	Wide move in China to boycott Japan
96	1931/07/15	Shanghai, 07/14	8	Nanking to protest to Japanese again
97	1931/07/21	Shanghai, 07/21	9	Chang puts Peiping under martial law
98	1931/07/23	Shanghai, 07/22	8	North China rebels in rift
99	1931/07/23	Shanghai, 06/22	12	New Canton rift; one leader quits
100	1931/07/24	Shanghai, 07/24	8	Two likely to die in attack on Soong
101	1931/07/27	Shanghai, 07/26	8	Chiang links Japan with reds in China
102	1931/07/28	Shanghai, 07/27	12	Sharp battle open in the Peiping area
103	1931/07/29	Shanghai, 07/28	10	Manchurians lose city to rebel army
104	1931/07/31	Shanghai, 07/29	8	15, 000 in Mid – China drowned by flood
105	1931/07/31	Shanghai, 07/30	9	Rebels storming town near-Peiping

序号 Order	刊载日期 Posting Date	电头 Dateline	版位 Page	主标题 Main Title
106	1931/08/01	Shanghai, 07/31	4	Manchurians halt advance of rebels
107	1931/08/03	Shanghai, 08/02	9	Manchurians see full victory soon
108	1931/08/04	Shanghai, 08/03	10	Revolt collapses in northern China
109	1931/08/05	Shanghai, 08/04	8	Chang to stay on as aNanking ally
110	1931/08/06	Shanghai, 08/05	11	Beaten rebels join new China leader
111	1931/08/07	Shanghai, 08/06	9	China forgets war as famine menaces
112	1931/08/08	Shanghai, 08/07	4	China seeks funds for flood victims
113	1931/08/09	Shanghai,	46	Many taxes killing trade on Yangtse
114	1931/08/09	Shanghai, 07/25	50	Chinese women try new powers
115	1931/08/15	Dairen, 08/14	6	Manchurian crisis arouses Japanse
116	1931/08/16	Mukden, 08/15	15	Anger of Japanese growing in Mukden
117	1931/08/19	Seoul, 08/19	14	Mukden land rule in flames Koreans
118	1931/08/20	Port Arthur, 08/19	8	25 Japanese hurt in Tsingtao riots
119	1931/08/23	Shanghai, 07/27	E8	Berates Nanking's neglect of north
120	1931/09/01	Peking, 08/31	6	Chinese gain peace in flood disaster
121	1931/09/04	Peking, 09/03	7	Manchurians urge inquiry by league
122	1931/91/12	Tsing – tao, 09/11	7	Shantung tension alarms Japanese
123	1931/09/13	Tsinan – fu, 09/12	N1	Lull likely to last in Chinese fighting

序号 Order	刊载日期 Posting Date	电头 Dateline	版位 Page	主标题 Main Title
124	1931/09/14	Shanghai, 09/13	2	Canton pressing Nanking to fight
125	1931/09/16	Shanghai, 09/15	10	Shanghai condemns war amidst flood
126	1931/09/17	Shanghai, 09/16	19	Nanking repulses 50, 000 insurgents
127	1931/09/20	Nanking, 09/19	12	Lindberghs alight on lake at Nanking
128	1931/09/21	Nanking, 09/20	8	Lindbergh offers to aid flood relief
129	1931/09/22	Nanking, 09/21	3	Lindberghs chart flood area in China
130	1931/09/22	Nanking, 09/21	9	China asks league to act in Manchuria
131	1931/09/23	Nanking, 09/22	9	Lindberghs survey east of flood area
132	1931/09/23	Nanking, 09/22	3	Japanese occupy new zone in China
133	1931/09/24	Nanking, 09/22	4	Janpan curbs troops in Manchurian areas
134	1931/09/24	Nanking, 09/23	16	New flood victims found by Lindbergh
135	1931/09/24	Nanking, 09/23	4	AllChina mourns Japan's aggression
136	1931/09/25	Nanking, 09/24	3	Anger of Chinese now at high pitch
137	1931/09/25	Nanking, 09/24	13	Lindberghs compile data on China flood
138	1931/09/26	Nanking, 09/25	10	Lingdberghs guests of Chiang and wife
139	1931/09/26	Nanking, 09/25	9	Manchuria is quiet, Japanese declare
140	1931/09/27	Shanghai, 08/25	E8	Missionaries' act called cowardly
141	1931/09/27	Nanking, 09/26	22	China is depressed by league's action

序号 Order	刊载日期 Posting Date	电头 Dateline	版位 Page	主标题 Main Title
142	1931/09/28	Nanking, 09/27	12	Lingberghs to map other flood-areas
143	1931/09/29	Nanking, 09/28	12	Chinese students ask war on Japan
144	1931/10/02	Shanghai, 10/01	10	SZE rejects post in Nanking cabinet
145	1931/10/03	Shanghai, 10/02	9	Nanking and Canton to unite in new rule
146	1931/10/04	Seoul, 08/24	60	Koreans demand Japan's protection
147	1931/10/04	Shanghai, 10/03	17	Two Soviet forces mass in Manchuria
148	1931/10/05	Shanghai, 10/04	8	Nanking accepts pledges of Japan
149	1931/10/06	Shanghai, 10/05	9	Disorders growing in Manchurian areas
150	1931/10/07	Shanghai, 10/06	7	China fears Japan plans coast attack
151	1931/10/08	Shanghai, 10/07	10	New stake likely in northern China
152	1931/10/08	Shanghai, 10/08	3	Lindberghs sail from Shanghai for home due in Seattle on Oct. 20; plane will follow
153	1931/10/11	Shanghai, 09/13	E8	Millions fighting for life in China
154	1931/10/11	Shanghai, 10/10	19	Chiang enforces quiet on holiday
155	1931/10/12	Shanghai, 10/11	2	12 killed , 100 hurt in rioting in China
156	1931/10/16	Shanghai, 10/15	2	Japanese continue Manchurian drive
157	1931/10/17	Dairen, 10/16	2	2 Chinese armies clash at Tsitsihar
158	1931/10/19	Shanghai, 10/18	2	See Japanese set for winter in China

序号 Order	刊载日期 Posting Date	电头 Dateline	版位 Page	主标题 Main Title
159	1931/10/20	Shanghai, 10/19	2	Chinese factions talk peace today
160	1931/10/21	Shanghai, 10/20	2	New rebel forces rise in Manchuria
161	1931/10/22	Shanghai, 10/21	2	Pacific talks open with sign of amity
162	1931/10/22	Shanghai, 10/21	2	Denies China yields on Tokyo demand
163	1931/10/23	Shanghai, 10/23	2	Japanese planes again bomb Chinese
164	1931/10/24	Shanghai, 10/23	2	Hold Tokyo likely to quit the league
165	1931/10/26	Shanghai, 10/25	2	China's unification reaches deadlock
166	1931/10/27	Shanghai, 10/26	2	Hunger and cold stalk Manchuria
167	1931/10/31	Shanghai, 10/30	8	Mukden's freedom planned for Nov. 16
168	1931/11/01	Shanghai, 10/05	56	Chinese editorials score government
169	1931/11/04	Mukden, 11/03	13	Japan to send force into Russian zone
170	1931/11/05	Changchun, 11/04	16	Massacre of 10000 laid to Manchurians
171	1931/11/08	Shanghai, 10/12	E4	Manchuria likened to tail of a tiger
172	1931/11/08	Harbin, 11/07	2	Chinese seen laying trap for Soviet aid
173	1931/11/11	Shanghai, 11/10	3	Chinese mass troops, threatening new clash with Japanese
174	1931/11/14	Mukden, 11/13	10	Honjo says Japan will not withdraw
175	1931/11/15	Mukden, 11/14	2	Tokyo's stand buoys troops
176	1931/11/16	Mukden, 11/15	2	Mukden Japanese ask troops to stay

序号 Order	刊载日期 Posting Date	电头 Dateline	版位 Page	主标题 Main Title
177	1931/11/17	Mukden, 11/16	13	Holds rail rights are vital to Janpan
178	1931/11/18	Mukden, 11/17	4	Japan rebuffs Ma; big conflict looms
179	1931/11/19	Mukden, 11/15	3	Advance by Japanese on Tsitsi-har precipitates a new crisis in-Manchuria
180	1931/11/21	Mukden, 11/20	2	Japanese threaten new military move
181	1931/11/22	Mukden, 11/21	2	New battle likely in south Man-churai
182	1931/11/23	Mukden, 11/22	10	Japanese prepare for attack by Ma
183	1931/11/30	Mukden, 11/29	2	Mukden hopeful of period of quiet
184	1931/12/01	Mukden, 11/30	3	New warlike moves laid to the Chinese
185	1931/12/03	Mukden, 12/02	18	Skirmishes flare up again in-Manchuria
186	1931/12/04	Mukden, 12/03	18	Chinese troop move denied by observers
187	1931/12/05	Mukden, 12/04	10	Japanese report Mukden men-aced
188	1931/12/07	Mukden, 12/05	29	Troops at Mukden await an ex-plosion
189	1931/12/07	Mukden, 12/06	4	Japanese in clash with 5500 Chinese
190	1931/12/09	MuKden, 12/08	4	Hear 400 are slain by Chinese bandits
191	1931/12/11	Mukden, 12/10	5	Rogers at Mukden looking for a war
192	1931/12/11	Mukden, 12/10	5	Japanese harassed on Manchu-ria road
193	1931/12/12	Mukden, 12/11	10	Tokyo cabinet fall is held aid to army

序号 Order	刊载日期 Posting Date	电头 Dateline	版位 Page	主标题 Main Title
194	1931/12/15	Mukden，12/14	25	Chingchow control demanded by Honjo
195	1931/12/15	Mukden，12/15	17	Tsang Hsih – Yi heads new-Mukden rule
196	1931/12/16	Mukden，12/15	17	Scattered fighting flares in Manchuria
197	1931/12/23	Shanghai，12/22	13	Wide Japanese drive continues in Manchuria
198	1931/12/24	Shanghai，12/24	4	Swing to the left now seen in China
199	1931/12/25	Shanghai，12/24	2	Chiang' aid asked by the new regime
200	1931/12/27	Shanghai，12/26	22	Marines in Shanghai lionize will rogers
201	1931/12/27	Harbin，12/26	46	War on Russian seen as aim of Japanese
202	1931/12/28	Shanghai，12/28	10	Japanese reach Tientsin
203	1931/12/29	Shanghai，12/28	9	Sun Fo is premier in Nanking regime

1932 年（147 篇）

序号 Order	刊载日期 Posting Date	电头 Dateline	版位 Page	主标题 Main Title
1	1932/01/01	Dairen，12/31	19	Japanese admit aim to hold Manchuria
2	1932/01/02	Mukden，01/01	6	Bandit war to continue
3	1932/01/03	Mukden，12/04	E4	Chinese in Mukden have orgy of vice
4	1932/01/05	Mukden，01/04	3	Japan minimizes beating of consul
5	1932/01/05	Mukden，01/04	3	Japanese in drive south of Chinchow
6	1932/01/06	Mukden，01/06	12	Japanese uneasy over our attitude

序号 Order	刊载日期 Posting Date	电头 Dateline	版位 Page	主标题 Main Title
7	1932/01/06	Mukden, 01/05	12	Raids near Mukden trouble Japanese
8	1932/01/09	Mukden, 01/08	9	Our move causes dismay in Mukden
9	1932/01/19	Peking, 01/18	12	Usual spring war expected in China
10	1932/01/21	Peking, 01/20	11	Chinese reds gain; Kuomintang losing
11	1932/01/24	Shanghai, 12/28	E8	Scientists report finds in Szechuan
12	1932/01/25	Tsinan, 01/24	4	Shantung is busy preparing for war
13	1932/01/29	Shanghai, 01/28	2	Shanghai presents scenes of turmoil
14	1932/01/31	Mukden, 12/20	E8	Japan is extending sphere of interest
15	1932/02/01	Shanghai, 01/31	3	China's woes reach climax at Shanghai
16	1932/02/08	Shanghai, 02/07	8	Joint action in China urged by Shiozawa
17	1932/02/10	Shanghai, 02/09	16	China rejects plan for neutral zones
18	1932/02/12	Shanghai, 02/11	3	Nomura indicates spread of fighting
19	1932/02/16	Shanghai, 02/16	10	Reds seize capital of Kiangsi province
20	1932/02/23	Shanghai, 02/27	10	Japanese progress slow, tour shows
21	1932/02/24	Shanghai, 02/23	15	Tour behind lines shows Chinese gain
22	1932/03/03	Shanghai, 02/02	4	Refugees inpanic rush to settlement
23	1932/03/04	Shanghai, 03/03	4	Anger24 sweepsChina at Chiang's "failure"
24	1932/03/05	Shanghai, 03/05	9	Chinese charge foes launch new drive

序号 Order	刊载日期 Posting Date	电头 Dateline	版位 Page	主标题 Main Title
25	1932/03/07	Shanghai, 03/06	3	Loyang now hails Shanghai defense
26	1932/03/08	Shanghai, 03/08	4	Chinese open drive on foes near Liuho
27	1932/03/10	Shanghai, 03/10	14	Japan asks Chinese to confer on peace
28	1932/03/11	Shanghai, 03/11	12	China set terms for peace parley
29	1932/03/12	Shanghai, 03/11	8	Accord stilldelayed
30	1932/03/15	Shanghai, 03/15	4	League board at Shanghai
31	1932/03/17	Shanghai, 03/17	8	Japanese general foresees trouble
32	1932/03/19	Shanghai, 03/18	5	Delay on armistice by Japan irks China
33	1932/03/19	Shanghai, 03/19	8	Japan asks Change in armistice terms
34	1932/03/20	Shanghai, 03/19	5	Accord in Shanghai is likely tomorrow
35	1932/03/23	Shanghai, 03/23	12	China upsets move for Shanghai peace
36	1932/03/24	Shanghai, 03/24	4	New peace parley is set in Shanghai
37	1932/03/27	Shanghai, 03/26	13	Peace talks show gains at Shanghai
38	1932/03/28	Shanghai	6	China in grave fear of new civil wars
39	1932/03/30	Shanghai, 03/29	10	Chinese criticized on parley
40	1932/03/31	Shanghai, 03/31	8	Conference is deadlocked
41	1932/04/02	Shanghai, 04/01	8	No title
42	1932/04/05	Shanghai, 04/05	10	Governing party in China is split

序号 Order	刊载日期 Posting Date	电头 Dateline	版位 Page	主标题 Main Title
43	1932/04/07	Shanghai, 04/07	4	Chinese would end armistice parley
44	1932/04/10	Shanghai, 03/16	E8	More war feared in far eastarena
45	1932/04/20	Changchun, 04/19	7	Coming of Koo attacked
46	1932/04/24	Shanghai, 03/27	E8	Manchuria regime pure dictatorship
47	1932/04/27	Shanghai, 04/25	6	600 Japanese rule Manchoukuo regime
48	1932/05/03	Shanghai, 05/02	7	Chinese jail official of French-Catholics
49	1932/05/06	Shanghai, 05/05	3	Shanghai armistices signed in hospital
50	1932/05/06	Shanghai. 05/06	4	Nanking step to end boycott draws ire
51	1932/05/08	Shanghai, 04/02	E8	Chen sees Japanese planning war on us
52	1932/05/13	Shanghai, 05/13	6	Big Japanese army rushes into battle
53	1932/05/13	Dairen, 05/16	7	Japan to rush work on Manchurian lines
54	1932/05/15	Dairen, 05/17	30	Japanese widening Manchuria fishery
55	1932/05/16	Mukden, 04/18	4	Honjo insists Japan wants Soviet amity
56	1932/05/17	Shanghai, 04/19	5	Manchuria pledges new foreign policy
57	1932/05/18	Shanghai, 05/18	6	Nanking again wins Shantung's backing
58	1932/05/20	Shanghai, 05/19	6	Nanking split seen; reds in wide raids
59	1932/05/22	Shanghai, 05/19	E8	Far east keeps eye on outer Mongolia
60	1932/05/22	Harbin, 04/21	14	Japan seeking hold on Chinese eastern

续表

序号 Order	刊载日期 Posting Date	电头 Dateline	版位 Page	主标题 Main Title
61	1932/05/23	Changchun, 04/21	4	Shanghai strike curbs Japan's withdrawal
62	1932/05/24	Shanghai, 05/23	8	Japan is absorbing trade in Manchuria
63	1932/05/25	Mukden, 04/23	4	Manchukuo would bar the Japanese
64	1932/05/25	Shanghai, 05/25	4	North China defies Nanking on strike
65	1932/05/27	Shanghai, 05/27	7	Chinese reds take 2Nanking division
66	1932/05/31	Shanghai, 05/31	3	Reds lose 3 cities 2000 slain inChina
67	1932/06/09	Shanghai, 06/08	7	China wants Russia to block Japanese
68	1932/06/19	Shanghai, 06/13	6	Former foes join regime in-Nanking
69	1932/06/21	Shanghai, 06/20	6	Manchuria parley urged byNanking
70	193206/23	Shanghai, 06/22	8	Writers' controversy nears end
71	1932/07/06	Shanghai, 07/05	5	Peiping fears raid by Japanese force
72	1932/07/09	Shanghai, 07/08	6	Chiang to lead war on the communists
73	1932/07/13	Shanghai, 07/12	8	Settlement ends canton civil war
74	1932/07/15	Shanghai, 07/15	7	Deposits fund for bonds
75	1932/07/17	Shanghai, 06/19	E5	Plan to tax opium strongly oppose
76	1932/07/20	Shanghai, 07/19	6	Chinese circle are alarmed
77	1932/07/21	Shanghai, 07/21	3	Japan is concerned at Peiping parley
78	1932/07/22	Shanghai, 07/21	10	Hears China rushes army

序号 Order	刊载日期 Posting Date	电头 Dateline	版位 Page	主标题 Main Title
79	1932/07/23	Shanghai, 07/23	5	Chinese mobilize to defend Jehol
80	1932/07/24	Shanghai, 07/24	12	Postal relations served
81	1932/07/27	Shanghai, 07/26	10	Chinese customs drop, debt default feared
82	1932/07/30	Shanghai, 07/29	2	North China tense at invasion threat
83	1932/07/31	Shanghai, 11	E5	Investors in China seek labor peace
84	1932/08/03	Shanghai, 08/02	7	Manchurians start big new rebellion
85	1932/08/04	Shanghai, 08/04	7	Rising in Manchuria spreading swiftly
86	1932/08/05	Shanghai。08/05	5	Japan threatens drive into China
87	1932/08/07	Shanghai, 07/12	E5	Shanghai interests urge court reform
88	1932/08/07	Shanghai, 08/06	12	Japan puts troops below great wall
89	1932/08/08	Shanghai, 08/08	9	Chang to quit China in face of Charges
90	1932/08/09	Shanghai, 08/09	5	Chang drops plan toyield his power
91	1932/08/10	Shanghai, 08/09	9	Chang's policy assailed
92	9132/08/12	Shanghai, 09/11	2	Chiang as dictator forecast inChina
93	1932/08/13	Shanghai, 08/12	8	Attack upon Jehol ordered by Japan
94	1932/08/16	Shanghai, 08/16	5	Chang is replaced as Peiping leader
95	1932/08/18	Shanghai, 08/18	5	Manchukuo restricts Russians
96	1932/08/21	Shanghai, 07/25	E5	Conditions in China worse than in 1931

序号 Order	刊载日期 Posting Date	电头 Dateline	版位 Page	主标题 Main Title
97	1932/08/23	Shanghai, 08/22	8	Japanese quit city they took in Jheol
98	1932/08/27	Shanghai, 08/26	2	Chinese in panic flee from Chapei
99	1932/08/28	Shanghai, 07/27	E5	Nanking and Tokyo fear league report
100	1932/09/01	Shanghai, 09/01	6	Shanghai alarmed at Japanese moves
101	1932/09/02	Shanghai, 09/01	2	Residents flee Chapei in fear of new clash
102	1932/09/03	Shanghai, 09/02	5	Manchukuo warns China of an attack
103	1932/09/04	Shanghai, 09/03	5	Japanese protest arrest of marines
104	1932/09/10	Shanghai, 09/10	4	Famous Chinese army balks at fighting reds
105	1932/09/11	Shanghai, 08/20	E5	Nanking red drive ending in a draw
106	1932/09/13	Shanghai, 09/12	13	Nanking threatens war onManchukuo
107	1932/09/14	Shanghai, 09/14	11	China to ask league to boycott Japan
108	1932/09/15	Shanghai, 09/14	10	Shanghai takes precautions
109	1932/09/17	Shanghai, 09/17	32	Chinese are at odds in action onJapan
110	1932/09/28	Shanghai, 08/22	E5	China's position seen as nearly hopeless
111	1932/09/18	Shanghai, 09/17	7	Shantung plunged into new civil war
112	1932/09/19	Shanghai, 09/18	4	Loss of Manchuria mourned by Chinese
113	1932/09/20	Shanghai, 09/20	8	Chiang acts to end war inShantung
114	1932/09/22	Shanghai, 09/21	6	Armored motor boats rout Chinese reds

序号 Order	刊载日期 Posting Date	电头 Dateline	版位 Page	主标题 Main Title
115	1932/09/25	Shanghai, 09/24	6	Chang's ships seize, a port in Shantung
116	1932/10/02	Shanghai, 09/03	E5	Sees Land reform as China's big need
117	1932/10/03	Shanghai, 10/03	11	Chinese are pleased by Lytton findings
118	1932/10/04	Shanghai, 10/03	5	Chinese divided on Lytton report
119	1932/10/05	Shanghai, 10/04	11	Chinese bitterness over report grows
120	1932/10/06	Shanghai, 10/05	4	Szechuan factions plunged into war
121	1932/10/07	Shanghai, 10/06	4	300,000 are thrown intoSzechuan war
122	1932/10/08	Shanghai, 10/08	4	War flames flare in 4 areas ofChina
123	1932/10/09	Shanghai, 10/08	11	Szechwan invaded by 20,000 Tibetans
124	1932/10/09	Shanghai, 09/09	E7	China is extending its trade boycott
125	1932/10/13	Shanghai, 10/12	7	5 factional wars under way inChina
126	1932/10/16	Shanghai, 09/17	E7	Heavy shows check war on world roof
127	1932/10/23	Shanghai, 09/23	E7	Shantung trouble worryingNanking
128	1932/10/23	Shanghai, 10/22	5	Japan may give up third of Manchuria
129	1932/10/25	Shanghai, 10/24	7	Farmers in revolt invade Chinese city
130	1932/10/30	Shanghai, 10/1	E7	New Nanking law frees child slaves
131	1932/11/13	Shanghai, 10/17	E7	Gen. Feng descends from sacred hill
132	1932/11/15	Shanghai, 11/14	5	Surrender of 10,000 to Japan reported

序号 Order	刊载日期 Posting Date	电头 Dateline	版位 Page	主标题 Main Title
133	1932/11/20	Shanghai, 11/19	16	Students in China to renew protests
134	1932/11/22	Shanghai, 11/21	4	Chinese indignant at Japan's defense
135	1932/11/26	Shanghai, 11/28	8	Orders general shot for defeat by reds
136	1932/11/27	Shanghai, 11/26	27	Big defeated army is "exiled" in China
137	1932/11/30	Shanghai, 11/29	4	Chinese confesses slaying American
138	1932/12/02	Shanghai, 12/01	8	60,000 men rushed into Szechwan war
139	1932/12/04	Shanghai, 11/14	E7	Improvement seen in parts of China
140	1932/12/10	Shanghai, 12/09	6	North China clash settled amicably
141	1932/12/14	Shanghai, 12/13	4	China is delighted over Soviet accord
142	1932/12/15	Shanghai, 12/14	6	Kuomintang meets at Nanking today
143	1932/12/20	Shanghai, 12/19	10	Action by powers in China predicted
144	1932/12/23	Shanghai, 12/22	13	Americanjournal is curbed China
145	1932/12/25	Shanghai, 12/25	E7	Calls famine aid task for Chinese
146	1932/12/28	Shanghai, 12/27	4	Jehol seeks assistance
147	1932/12/31	Shanghai, 12/31	5	Fighting in Jehol points to a drive

1933 年 (109 篇)

序号 Order	刊载日期 Posting Date	电头 Dateline	版位 Page	主标题 Main Title
1	1933/01/05	Shanghai, 01/05	3	Chang rejects Talks

序号 Order	刊载日期 Posting Date	电头 Dateline	版位 Page	主标题 Main Title
2	1933/01/08	Nanking	X5	Chinese film standards
3	1933/01/16	Peking, 01/11	6	Peiping shivers in cold and panic
4	1933/01/17	Tientsin, 01/17	10	Nakamura warnsChina of war unless army moves to Jehol end
5	1933/01/24	Mukden, 12/15	8	South Manchuria shows big gains
6	1933/02/02	Shanghai, 02/01	11	Armies suffering in northernChina
7	1933/02/06	Shanghai, 02/05	23	See trade for us in Yangtse valley
8	1933/02/20	Shanghai, 02/19	5	Blockade by Japan feared by Shanghai
9	1933/02/21	Shanghai, 02/20	3	Crisis is speeding unity of Chinese
10	1933/02/24	Shanghai, 02/23	5	Refugees in panic swarm inTientsin
11	1933/02/27	Shanghai, 02/26	6	Chinese guard Tientsin area
12	1933/03/01	Shanghai, 02/28	3	China considering supervision plan
13	1933/03/03	Shanghai, 03/02	4	Planes rake lines; kill many Chinese
14	1933/03/04	Shanghai, 03/03	7	Abandon Tientsin, Japanese demand
15	1933/03/05	Peking, 01/22	E8	China threatened from every side
16	1933/03/07	Tientsin, 03/06	9	Bank crisis hurts our trade inChina
17	1933/03/08	Tsinan, 03/08	11	Han may succeed Chang
18	1933/03/12	Shanghai, 02/15	E8	Red peril checks Chinese civil war
19	1933/03/14	Tientsin, 03/13	12	Japan loses many in fight at wall

序号 Order	刊载日期 Posting Date	电头 Dateline	版位 Page	主标题 Main Title
20	1933/03/15	Tientsin, 03/14	12	Neural zone idea rejected by China
21	1933/03/16	Tientsin, 03/15	12	China sees moves to capture north
22	1933/03/17	Dairen, 03/16	12	Resistance is seen as peril toChina
23	1933/03/18	Tientsin, 03/18	6	North China's fears increase
24	1933/03/19	Shanghai, 02/25	E8	Admirers in China offended by Shaw
25	1933/03/21	Tientsin, 03/20	7	Japan is unlikely to press invasion
26	1933/03/22	Shanghai, 03/21	10	Tension is revived in Tientsin region
27	1933/03/28	Tientsin, 03/27	10	Japan again talks of seizing Peiping
28	1933/04/05	Shanghai, 04/04	8	Foes seek to oust Chiang
29	1933/04/10	Shanghai, 04/09	7	Red drives imperil wide area in China
30	1933/04/11	Shanghai, 04/10	13	Japanese seek Chabar
31	1933/04/12	Shanghai, 04/12	12	Rail dispute is acute
32	1933/04/13	Shanghai, 04/12	10	Talks with Japan opposed in China
33	1933/04/14	Shanghai, 04/14	9	Japanese advance after stiff fight
34	1933/04/17	Shanghai, 04/17	5	Japanese sailors landed
35	1933/04/21	Shanghai, 04/20	11	Missions in China protest bombings
36	1933/04/26	Tientsin, 04/25	7	Japanese advance on road toPeiping
37	1933/04/30	Tientsin, 04/29	19	North China troops rebellions

序号 Order	刊载日期 Posting Date	电头 Dateline	版位 Page	主标题 Main Title
38	1933/05/07	Tientsin, 05/06	27	Peace move seen in China
39	1933/05/10	Tientsin, 05/09	9	Japanese in drive crosslawn river
40	1933/05/11	Tientsin, 05/11	8	Japanese rush on; pass former goal
41	1933/05/12	Tientsin, 05/11	10	Advance on Peiping planned
42	1933/05/14	Shanghai, 04/08	E3	Chang Hsiao – Liang cause of scandals
43	1933/05/15	Tientsin, 05/14	6	Chinese plotters swarm in Tientsin
44	1933/05/17	Tientsin, 05/17	10	North China war suddenly halted
45	1933/05/18	Tientsin, 05/17	8	Chinese retreat nearing Tientsin
46	1933/05/20	Tientsin, 05/19	7	Agreement is denied
47	1933/05/21	Shanghai, 04/25	E2	Proposed meeting perturbs Chinese
48	1933/05/22	Tientsin, 05/21	7	Big Chinese army at mercy of foes
49	1933/05/25	Tientsin, 05/25	10	Chinesehold lines outside of Peiping
50	1933/05/27	Tientsin, 05/27	6	North China's rule by board forecast
51	1933/05/30	Tientsin, 05/30	6	New force rushed to China by Japan
52	1933/06/02	Tientsin, 06/01	8	Chinese retiring under armistice
53	1933/06/06	Peking, 06/05	7	Japanese retiring form north-China
54	1933/06/07	Peking, 06/06	11	Invasion is an aid to unity of-China
55	1933/06/11	Peking, 06/10	26	Chinese now fear seizure of Chahar

序号 Order	刊载日期 Posting Date	电头 Dateline	版位 Page	主标题 Main Title
56	1933/06/28	Shanghai, 06/27	5	Japan minimizes Manchurian raids
57	1933/07/01	Shanghai, 06/30	30	Chinese general killed by a shot
58	1933/07/09	Shanghai	SM16	The busy streetthat is Soochow creek
59	1933/07/18	Shanghai, 07/18	5	Large – scale fight feared in Chahar
60	1933/07/21	Shanghai, 07/21	36	No title
61	1933/07/22	Shanghai, 07/21	4	Pressure on Feng eased by Nanking
62	1933/07/23	Shanghai, 07/23	7	Gen. Feng retires from Dolon Nor
63	1933/07/23	Shanghai, 07/01	E2	Nanking prepares to check Canton
64	1933/08/08	Shanghai, 08/07	3	Americans flee fighting in China
65	1933/08/16	Shanghai, 08/16	13	Yellow river flood diminishes its force
66	1933/08/17	Shanghai, 08/17	12	Dikes torn again by yellow river
67	1933/08/18	Shanghai, 08/18	7	1, 500, 000 suffer in Chinese floods
68	1933/08/19	Shanghai, 09/18	9	New areas swept by floods in China
69	1933/08/20	Shanghai	XX2	Yellow river's story marked by disasters
70	1933/08/21	Shanghai, 08/21	8	Flood threatens new area in China
71	1933/08/25	Shanghai, 08/24	18	Soong cautioned by Japan's envoy
72	1933/08/27	Shanghai, 08/27	23	Flood is menacing Shantung capital
73	1933/08/29	Shanghai, 08/28	7	Dike cutting laid toHonan official

序号 Order	刊载日期 Posting Date	电头 Dateline	版位 Page	主标题 Main Title
74	1933/09/10	Tientsin	XX9	Japanese garrisons take risks in China
75	1933/09/17	Shanghai，08/26	E2	Japanese tighten hold Shanghai
76	1933/09/26	Shanghai，09/25	17	Japanese advance on Chinese rebels
77	1933/09/28	Shanghai，09/27	18	Rebels in retreat in northern China
78	1933/10/05	Shanghai，10/04	15	China will issue bonds
79	1933/10/12	Shanghai，10/11	10	Chinese rush plan for anti – red drive
80	1933/10/14	Shanghai，10/13	4	Chinese reds flee threat of a drive
81	1933/10/15	Shanghai，09/27	E8	Chinese awaiting next move by Feng
82	1933/11/11	Shanghai，11/10	9	Losses are heavy in China's red war
83	1933/11/12	Shanghai，11/12	E8	Anniversary finds China pessimistic
84	1933/11/15	Shanghai，11/14	8	Chinese reported in new secession
85	1933/11/16	Shanghai，11/16	16	China tries to end secession moves
86	1933/11/19	Shanghai，10/21	E8	Chiang extending blockade of reds
87	1933/11/21	Shanghai，11/21	13	New war in China is held inevitable
88	1933/11/22	Shanghai，11/21	12	Rebels takes over office in Fukien
89	1933/11/24	Shanghai，11/23	13	Chinese rebellion seen on the wane
90	1933/11/25	Shanghai，11/25	11	Fukienese battle Cantonese forces
91	1933/11/26	Shanghai，11/25	11	Fukienese strew mines in Harbors

序号 Order	刊载日期 Posting Date	电头 Dateline	版位 Page	主标题 Main Title
92	1933/11/27	Shanghai，11/27	8	Planes threaten to bombFoochow
93	1933/11/28	Shanghai，11/27	10	More troops rush to south ofChina
94	1933/11/30	Shanghai，11/30	34	Ultimatum is sent to Fukien rebels
95	1933/12/03	Shanghai，12/02	7	Big Cabinet change demanded inChina
96	1933/12/05	Shanghai，12/05	11	Nanking waiting for war in south
97	1933/12/07	Shanghai，12/06	12	China's ultimatum ignored by rebels
98	1933/12/08	Shanghai，12/08	8	Firm here to build airplanes in China
99	1933/12/09	Peking，12/08	6	Reds are included inFukien forces
100	1933/12/10	Shanghai，12/10	24	Japan sends ships to watch Fukien
101	1933/12/10	Shanghai，11/09	E8	Nanking has army no one will admit
102	1933/12/11	Shanghai，12/11	13	Chiang threatens to wipe out rebels
103	1933/12/12	Shanghai，12/11	9	Nanking's forces clash with rebels
104	1933/12/17	Shanghai，12/17	32	Fighting is begun in Fukien revolt
105	1933/12/24	Shanghai，12/23	8	Chinese reds push Nanking unit back
106	1933/12/27	Shanghai，12/26	9	Airplane bombings continue in China
107	1933/12/28	Shanghai，12/27	6	Nanking prepared for big offensive
108	1933/12/29	Shanghai，12/29	9	Nanking capture of Amoy reported
109	1933/12/31	Shanghai，12/05	E8	Russian situation disturbs far east

1934 年 (35 篇)

序号 Order	刊载日期 Posting Date	电头 Dateline	版位 Page	主标题 Main Title
1	1934/01/01	Shanghai, 01/01	16	Nanking sees end of Fukien revolt
2	1934/01/03	Shanghai, 01/02	14	Nanking is gaining in war on rebles
3	1934/01/04	Shanghai, 01/04	9	Fukien rebels win 2 Chekiang towns
4	1934/01/05	Shanghai, 01/05	11	Fighting is heavy in southern China
5	1934/01/07	Shanghai, 01/07	1	Nanking forces in sweeping gains
6	1934/01/08	Shanghai, 01/07	11	Nanking's forces nearing Foochow
7	1934/01/09	Shanghai, 01/09	13	Foochow in panic as Nanking gains
8	1934/01/11	Shanghai, 01/11	10	Nanking is warned by Japan on drive
9	1934/01/12	Shanghai, 01/12	14	Rebel army near collapse in China
10	1934/01/14	Shanghai, 01/14	1	Capital of rebels seized by Nanking
11	1934/01/17	Shanghai, 01/17	11	Cantonese in rush for Fukien cities
12	1934/02/11	Shanghai, 01/17	E8	Critical situation prevails in Honan
13	1934/02/14	Shanghai, 02/18	5	War peril wanes in southern China
14	1934/03/01	Shanghai, 02/06	3	Ruler held eager for his old empire
15	1934/03/02	Shanghai, 03/01	10	Chinese denounce Manchu emperor
16	1934/03/03	Shanghai, 03/03	5	China would fight "rebel Manchukuo"
17	1934/03/10	Shanghai, 03/10	7	Nanking gains aid of Canton rivals
18	1934/03/23	Shanghai, 03/23	15	Nanking toextend control at Canton

序号 Order	刊载日期 Posting Date	电头 Dateline	版位 Page	主标题 Main Title
19	1934/04/08	Shanghai	XX5	Rural China near collapse as its load keeps growing
20	1934/4/11	Shanghai, 04/10	10	China act to bar Japan from loans
21	1934/4/20	Shanghai, 04/20	1	China is enraged by Tokyo warning
22	1934/5/03	Shanghai, 05/02	6	Nanking rushing big army to south
23	1934/05/05	Shanghai, 05/04	4	Chinese profess concern
24	1934/05/06	Shanghai, 04/07	E6	Reds still worryKiangsi province
25	1934/05/11	Shanghai, 05/10	13	300 are slain in Manchurian farm revolt; Japanese suffer 50 causalities ending it
26	1934/05/27	Shanghai, 05/01	E2	Our loan to China is disappointing
27	1934/05/27	Shanghai, 05/26	22	Mongols building self – ruler state
28	1934/06/13	Shanghai, 06/12	1	Japanese warning is sent to-Nanking
29	1934/06/14	Shanghai, 06/14	1	Japan consul found by Nanking
30	1934/06/19	Shanghai, 06/19	9	No tile
31	1934/06/28	Shanghai, 06/28	13	Japanese attack police in Shanghai
32	1934/07/08	Shanghai, 06/10	E8	Nanking losing north China grip
33	1934/09/09	/	E1	Developments in Szechuen mean Chinese realignment
34	1934/12/14	Shanghai, 12/14	16	Chinese reds kill American couples
35	1934/12/16	Shanghai, 12/15	N13	China is hard hit by loss of silver

1935 年〔78 篇〕

序号 Order	刊载日期 Posting Date	电头 Dateline	版位 Page	主标题 Main Title
1	1935/01/20	Shanghai, 01/19	1	Battle in Chahar expected to-day; Japanese advance
2	1935/01/24	Shanghai, 01/24	1	Japanese attack towns in Cha-har
3	1935/01/25	Shanghai, 01/25	1	Far drive by Japan in China expected
4	1935/01/31	Shanghai, 01/31	1	Japan is exerting pressure on China for an "alliance"
5	1935/02/02	Shanghai, 02/10	1	Japan bids China accept her policy or face attacks
6	1935/02/15	Shanghai, 02/15	11	Japan bids China settle all issues
7	1935/02/21	Shanghai, 02/20	11	Nanking forecasts accord with Japan
8	1935/03/02	Shanghai, 03/01	4	Japan welcomes U. S. help on China
9	1935/03/07	Shanghai, 03/06	3	China pessimistic over relief loan
10	1935/03/10	Shanghai, 03/08	29	China finds loan is her only hope
11	1935/03/23	Shanghai, 03/22	9	Chinese fearful of Japanese move
12	1935/04/07	Shanghai, 04/06	36	China fear Japan plans a new move
13	1935/04/23	Shanghai, 04/22	1	Huge Soviet force near Man-chukuo
14	1935/05/25	Shanghai, 05/24	6	4 American firms collapse in China
15	1935/05/29	Shanghai, 05/28	2	Japanese demands on China reported
16	1935/05/31	Shanghai, 05/31	2	Military inconference
17	1935/06/06	Shanghai, 06/05	6	Demands on China widened by Japan
18	1935/06/08	Tientsin, 06/07	1	Japan reinforcing troops in Tientsin

续表

序号 Order	刊载日期 Posting Date	电头 Dateline	版位 Page	主标题 Main Title
19	1935/06/09	Peking	E5	Face – saving plan sought in the east
20	1935/06/11	Tientsin, 06/10	1	Warning against evasion
21	1935/06/14	Tientsin, 06/13	4	New demands are denied
22	1935/06/15	Tientsin, 06/14	6	Japan bids China shun all evasion
23	1935/06/16	Tientsin, 06/15	21	Japanese remain ready to advance
24	1935/06/17	Tientsin, 06/16	6	Tientsin aroused by Japanese "war"
25	1935/06/18	Tientsin, 06/17	11	Japan cuts army in China by half
26	1935/06/20	Tientsin, 06/19	7	Chinese reforms sought by Japan
27	1935/07/24	Shanghai, 06/23	7	Japan threatens war against China
28	1935/07/25	Shanghai, 07/24	1	Japan plans no drastic step
29	1935/07/27	Shanghai, 07/26	3	Gen. Chiang shuns issues with Japan
30	1935/08/11	Shanghai	E5	Hu shin sees signs of a unified China
31	1935/08/23	Shanghai, 08/22	9	Japan dissatisfied with Chinese policy
32	1935/09/11	Shanghai, 09/10	10	Japan to combat China communism
33	1935/09/15	Shanghai	E12	Chiang will shift Nanchang air base
34	1935/09/21	Shanghai, 09/20	2	China fears move by Japan in crisis
35	1935/09/29	Shanghai, 09/28	29	Tokyo naval body landed in Swatow
36	1935/10/03	Shanghai, 10/02	9	Japanese vexed by Chian's course

序号 Order	刊载日期 Posting Date	电头 Dateline	版位 Page	主标题 Main Title
37	1935/10/04	Shanghai，10/03	12	Envoys to ignore north China issue
38	1935/10/17	Canton，10/16	1	South China drive by Japan is seen
39	1935/10/29	Shanghai，10/28	15	Japan would war on reds in China
40	1935/10/30	Shanghai，10/29	9	Chinese dismayed by Japanese note
41	1935/10/31	Shanghai，10/30	9	Japanese army threatening
42	1935/11/02	Shanghai，11/02	1	Wang's assassin struck at Japan
43	1935/11/04	Shanghai，11/03	1	Chinese abandon silverstandard, note issue unified
44	1935/11/07	Shanghai，11/06	4	Foreign banks in China balk
45	1935/11/10	Shanghai，11/10	1	Japanese troops invade Shanghai to avenge killing
46	1935/11/13	Shanghai，11/12	1	Japanese Children stoned in Shanghai
47	1935/11/14	Shanghai，11/13	11	Shanghai Japanese active
48	1935/11/15	Shanghai，11/14	1	Chinese are ready to fight Japanese, people still flee
49	1935/11/16	Shanghai，11/16	6	Shanghai anxious exodus continues
50	1935/11/21	Shanghai，11/20	13	Delay angers Japanese army
51	1935/11/23	Shanghai，11/22	1	China talks war if north secedes
52	1935/11/24	Shanghai，11/23	32	Tokyo gives order to envoy in China
53	1935/11/25	Shanghai，11/25	1	New state set up in northern China in pro – Tokyo coup
54	1935/11/27	Shanghai，11/27	8	China seeks deal to bar new splits

序号 Order	刊载日期 Posting Date	电头 Dateline	版位 Page	主标题 Main Title
55	1935/11/28	Shanghai, 11/27	22	Break with Tokyo predicted
56	1935/11/29	Shanghai, 11/28	1	China seeks way to curb Japan
57	1935/11/30	Shanghai, 11/30	1	Chiang files toSzechwan
58	1935/12/01	Shanghai, 12/01	1	Chinese in north give up, concede autonomy plan will detach −2 provinces
59	1935/12/02	Shanghai, 12/01	13	Sanctions plea is held likely
60	1935/12/03	Shanghai, 12/03	16	Offer by Nanking balksJapan a-new
61	1935/12/05	Shanghai, 12/05	21	Japan's envoy gets assurances
62	1935/12/06	Shanghai, 12/05	16	Japanese demand Ho leavePeiping
63	1935/12/07	Shanghai, 12/06	8	Japan doubts use of force in China
64	1935/12/10	Shanghai, 12/09	14	China expects berating spell
65	1935/12/14	Tsingtao, 12/13	1	Shantung move forecast
66	1935/12/15	Tsinan, 12/14	37	Starving Shantung millions bar autonomy: 5, 000, 000 homeless in vast river floods
67	1935/12/16	Tientsin, 12/16	1	Autonomists seizeTientsin's seaport by routing troops
68	1935/12/17	Tientsin, 12/16	18	North China plans its own currency
69	1935/12/18	Tientsin, 12/17	14	North China universities may move inland to escape curbs of a Japanese regime
70	1935/12/19	Tientsin, 12/18	16	Japanese to rule north China state
71	1935/12/20	Tientsin, 12/19	17	Japanese see war with Russia near

续表

序号 Order	刊载日期 Posting Date	电头 Dateline	版位 Page	主标题 Main Title
72	1935/12/21	Tientsin, 12/20	7	North China sees " autonomy" flaw
73	1935/12/22	Tientsin, 12/21	21	Tada bars immediate merger
74	1935/12/25	Shanghai, 12/25	1	Ports of Shanghai under army role as rioting mounts
75	1935/12/26	Shanhgai, 12/26	1	Pro – Tokyo official slain in Shanghai; Japanese on guard
76	1935/12/27	Shanghai, 12/26	1	China is fearful of a grave crisis
77	1935/12/28	Shanghai, 12/27	4	Young pupils block railways
78	1935/12/29	Shanghai, 12/29	21	Japan rules out deal with China

1936 年（97 篇）

序号 Order	刊载日期 Posting Date	电头 Dateline	版位 Page	主标题 Main Title
1	1936/01/07	Shanghai, 01/06	5	Japan plans raids anew, Chinese say
2	1936/01/11	Shanghai, 01/10	3	Japanese "Joker" seen
3	1936/01/27	Peking, 01/26	11	Japanese push policy onChina
4	1936/02/02	Peking, 02/01	34	Submission by Nanking seen
5	1936/02/09	Shanghai	E7	Free press cry inChina
6	1936/02/27	Shanghai, 02/27	14	Rebels held yielding
7	1936/02/28	Shanghai, 02/28	14	Troops swarming hourly intoTokyo
8	1936/03/03	Shanghai, 03/02	15	Japan now milder in views on China
9	1936/03/04	Shanghai, 03/03	16	Shansi reds bring Nanking problem

序号 Order	刊载日期 Posting Date	电头 Dateline	版位 Page	主标题 Main Title
10	1936/03/05	Nanking, 04/04	17	Japanese demand China "cooperate"
11	1936/03/06	Nanking, 03/06	14	Accord with Japan desired by China
12	1936/03/07	Shanghai, 03/06	7	Japan is accused of plot in Fukien
13	1936/06/13	Shanghai, 06/12	5	Nanking making stand
14	1936/06/16	Shanghai, 06/16	19	China much weakened
15	1936/06/17	Shanghai, 06/17	19	Negotiations under way
16	1936/06/18	Shanghai, 06/18	13	Civil war danger is waning in China
17	1936/06/22	Shanghai, 06/22	10	Civil war held certain
18	1936/06/24	Nanking, 06/23	1	China claims proof Japan aids rebels
19	1936/06/25	Nanking, 06/24	5	War peril in China assailed by Chiang
20	1936/06/26	Shanghai, 06/26	7	700, 000 troops in field
21	1936/06/27	Shanghai, 06/26	3	Chinese now face new Tokyo action
22	1936/07/01	Shanghai, 07/01	4	China's complications grows
23	1936/07/02	Shanghai, 07/02	12	Advances are reported
24	1936/07/05	Shanghai	E5	Nanking softens cable censorship
25	1936/07/07	Shanghai, 07/06	6	South China ready with a peace plan
26	1936/07/08	Shanghai, 07/08	10	13 planes, 32 pilots flee from Canton
27	1936/07/09	Shanghai, 07/09	1	Kwangtung quits anti – Nanking block

序号 Order	刊载日期 Posting Date	电头 Dateline	版位 Page	主标题 Main Title
28	1936/07/11	Shanghai, 07/11	30	Japanese is killed in Shanghai street
29	1936/07/14	Shanghai, 07/14	7	Canton is rebuked, prepares for war
30	1936/07/15	Shanghai, 07/14	6	Japan doubtful of unity
31	1936/07/16	Shanghai, 07/16	1	War considered likely
32	1936/07/17	Shanghai, 07/16	8	Chinese warfare held inescapable
33	1936/07/18	Shanghai, 07/18	1	Cantonese leader flees from China; rising collapses
34	1936/07/19	Shanghai, 07/18	1	Canton collapse adds 200000 men to Nanking forces
35	1936/07/21	Shanghai, 07/21	5	War danger subsides
36	1936/07/29	Shanghai, 07/29	2	China is prepared to crush Kwangsi
37	1936/07/31	Shanghai, 07/30	4	China to blockade mutinous province
38	1936/08/02	Shanghai, 08/02	28	New revolt begun in southern China
39	1936/08/03	Shanghai, 08/03	4	Nanking holds up march on Kwangsi
40	1936/08/04	Shanghai, 08/04	5	Kwangsi's rebels push toward sea
41	1936/08/05	Shanghai, 08/05	5	North China ruler rebuffs Japanese
42	1936/08/11	Shanghai, 08/11	3	Chiang goes to south to settle dispute
43	1936/08/18	Shanghai, 08/18	4	Rebels in Kwangsi get final warning
44	1936/08/23	Shanghai, 08/22	N2	North China unity still Japan's aim
45	1936/08/25	Shanghai, 08/24	5	Japan bids China seize 200 Koreans

序号 Order	刊载日期 Posting Date	电头 Dateline	版位 Page	主标题 Main Title
46	1936/08/28	Dairen, 08/27	3	Two sides are reinforcing
47	1936/08/30	Dairen, 08/29	N2	Japanese plan to control the yellow river; begin preliminary work on 20 - year project
48	1936/09/01	Hsinking, 08/31	17	Japan says Chiang has tie with red
49	1936/09/03	Harbin, 09/03	6	Manchuria armies now total 300000
50	1936/09/05	Shanghai, 09/05	3	Harsh terms expected
51	1936/09/12	Canton, 09/11	1	Anti - Japan accord suspected in China
52	1936/09/15	Shanghai, 09/15	32	Kwangsi insistent on fighting Japan
53	1936/09/16	Shanghai, 09/16	17	Worships gather near Pakhol
54	1936/09/19	Shanghai, 09/18	6	Japanese officer attacked in China
55	1936/09/21	Shanghai, 09/27	12	Japanese warships sail
56	1936/09/24	Shanghai, 09/24	1	Shanghai area occupied by Japanese naval force after killing of a sailor
57	1936/09/25	Shanghai, 09/25	1	Shanghai tension lessons
58	1936/09/26	Shanghai, 09/26	9	Japanese reduce force in Shanghai
59	1936/09/27	Shanghai, 09/27	35	Japan may land troops
60	1936/09/28	Shanghai, 09/28	1	Tokyo terms spell China's vassalage
61	1936/09/30	Shanghai, 09/30	8	China moving troops
62	1936/10/01	Shanghai, 10/01	1	China gives her own terms

序号 Order	刊载日期 Posting Date	电头 Dateline	版位 Page	主标题 Main Title
63	1936/10/02	Shanghai, 10/02	16	Shanghai Chinese fleeing Japanese
64	1936/10/03	Shanghai, 10/03	8	Press caution Chinese
65	1936/10/06	Shanghai, 10/06	18	Chinese will open talks with Japan
66	1936/10/09	Shanghai, 10/09	14	China, Japan gain hope from talks
67	1936/10/14	Shanghai, 10/14	6	Japan, China fail to reach accord
68	1936/10/19	Shanghai, 10/19	13	Chinese to reject Japan's demands
69	1936/11/06	Shanghai, 11/06	14	Japanese is wounded
70	1936/11/08	Shanghai, 11/07	N4	China stays firm on Tokyo's terms
71	1936/11/12	Shanghai, 11/12	1	Chinese beat back allies of Japanese
72	1936/11/12	Shanghai, 11/14	6	3 airplane bomb town in Mongolia
73	1936/11/19	Shanghai, 11/19	8	Menace in Shuiyuan arouses all China
74	1936/11/23	Shanghai, 11/23	9	Wider operations expected
75	1936/11/24	Shanghai, 11/24	12	Suiyuan invaders are outnumbered
76	1936/11/28	Shanghai, 11/28	4	China offers bait to get deserters
77	1936/12/03	Shanghai, 12/02	15	Japan – China break this week likely
78	1936/12/04	Shanghai, 12/04	21	China's stand is strong
79	1936/12/07	Shanghai, 12/07	11	Japanese present Tsingtao demands

序号 Order	刊载日期 Posting Date	电头 Dateline	版位 Page	主标题 Main Title
80	1936/12/13	Shanghai, 12/13	1	Chiang Kai – Shek is prisoner of mutinous Shensitroops, demanding war on Japan
81	1936/12/14	Shnnghai, 12/14	1	Troops rushing to rescue Gen. Chiang from rebels; Japanese navy on guard
82	1936/12/14	/	16	He held able aide of Chiang Kai – Shek
83	1936/12/15	Shanghai, 12/15	1	Dictator's wife notified
84	1936/12/16	Shanghai, 12/16	1	Slaying broadcast
85	1936/12/17	Shanghai, 12/17	1	New peril for generalissimo
86	1936/12/18	Shanghai, 12/18	1	Chang pleads for parleys
87	1936/12/19	Shanghai, 12/19	1	Chiang expecting to be free today, bars compromise
88	1936/12/20	Shanghai, 12/27	N1	Rare 4 – pound "Giant" panda to arrive in New York soon
89	1936/12/21	Shanghai, 12/21	1	Nanking's troops advance near Sian to rescue leader
90	1936/12/22	Shanghai, 12/22	1	Kansu joins rebellion of Chang in north China; ransom for Chiang
91	1936/12/23	Shanghai, 12/23	1	Mrs. Chiang in Sian to help dictator
92	1936/12/24	Shanghai, 12/24	1	China extends truce to Christmas as governors enter negotiations
93	1936/12/25	Shanghai, 12/25	1	China bids rebels free Chiang today or face conquest
94	1936/12/26	Shanghai, 12/26	1	GEN. Chiang freed, arrives in Nanking, ex – captor on way
95	1936/12/27	Shanghai, 12/27	1	Leniency is asked by Nanking leader for rebels chiefs

序号 Order	刊载日期 Posting Date	电头 Dateline	版位 Page	主标题 Main Title
96	1936/12/28	Shanghai, 12/28	1	Sian rebels free 9 more officials; Japan is worried
97	1936/12/30	Shanghai, 12/30	1	Gen. Chiang quits for second time

1937 年（58 篇）

序号 Order	刊载日期 Posting Date	电头 Dateline	版位 Page	主标题 Main Title
1	1937/01/07	Shanghai, 01/06	10	China opens drive against 2 capitals
2	1937/01/09	Nanking, 01/08	2	Conflict renewed inShansi province
3	1937/01/13	Nanking, 01/13	8	China begs Chiang to quell conflict
4	1837/01/16	Shanghai, 01/16	2	U. S. envoy in Sian to aid Americans
5	1937/01/23	Shanghai, 01/22	9	Ultimatum given to Chinese rebels
6	1937/01/25	Shanghai, 01/24	3	Sian rebels make peace with Chiang
7	1937/01/31	Shanghai, 01/31	20	Chinese rebels balk at accord
8	1937/04/19	Canton, 04/18	1	China war council plans resistance to Tokyo threats
9	1937/06/20	Shanghai, 06/07	20	China sees no – hope of a Tokyo accord
10	1937/07/04	Tientsin	32	Tientsin a heaven for the smuggler
11	1937/07/09	Shanghai, 07/09	1	Fight dies down
12	1937/07/10	Shanhgai, 07/09	1	Tokyo lists terms in north China row
13	1937/07/12	Shanghai, 07/12	1	Hostilities rage on Peiping's edge, China warns foes
14	1937/07/15	Tientsin, 07/15	4	War is in balance, view at Tientsin

序号 Order	刊载日期 Posting Date	电头 Dateline	版位 Page	主标题 Main Title
15	1937/07/17	Tientsin, 07/16	6	U. S. army guards Tientsin station
16	1937/07/18	Tientsin, 07/18	3	Americans expect losses at-Tientsin
17	1937/07/20	Tientsin, 07/20	16	Japanese toavoid battle at Pei – ping
18	1937/07/22	Tientsin, 07/22	1	Chinese hold fast to theirpositions, reinforcing them
19	1937/07/26	Tientsin, 07/26	1	Japanese planes bomb the Chinese in new outbreak
20	1937/07/27	Tientsin, 07/27	1	Tientsin Chinese differ on course
21	1937/07/28	Tientsin, 07/28	3	Chinese lose wide territory
22	1937/07/31	Tientsin, 07/31	1	Japanese troops cut off in-Peiping, many killed , Toyko plans stern action
23	1937/08/07	Tientsin, 08/03	5	Nanking soldiers in Kalgan region
24	1937/08/09	Tientsin, 08/09	6	Flood halts rush of Tokyo's troops
25	1937/08/13	Tientsin, 08/12	8	Katsuki says China is inviting a war
26	1937/08/19	Shanghai, 08/18	1	Scenes of ruin along Whangpoo lie before Tokyo navel squadrons
27	1937/08/20	Shanghai, 08/19	1	Military settlement onChina, Now held only possible accord
28	1937/08/22	Shanghai, 08/21	3	Foreign area held safe in Shanghai
29	1937/08/24	Shanghai, 08/23	1	Two Times correspondents injured in bombing of department stores
30	1937/08/30	Shanghai, 08/29	2	Japanese pressing domination over civilian life in north China
31	1937/08/31	Shanghai, 08/31	1	Japanese promise not to bomb civilians "at the present time"

序号 Order	刊载日期 Posting Date	电头 Dateline	版位 Page	主标题 Main Title
32	1937/09/02	Shanhgai, 09/02	1	Vast areas railed
33	1937/09/03	Shanghai, 09/02	1	Yarnell plans aid
34	1937/09/08	Shanghai, 09/08	1	Chinese pressing Shanghai attack, remove civilians
35	1937/09/08	Shanghai, 09/07	2	Bomb kills patient and doctors in American hospital inChina
36	1937/09/16	Shanghai, 09/15	9	Japanese queried on Shanghai trade
37	1937/09/19	Shanghai, 09/18	35	AllChina realls "Mukden incident"
38	1937/09/28	Shanghai, 09/28	1	Timed toavoid Americans
39	1937/10/09	Shanghai, 10/09	2	Japan confident of early victory
40	1937/10/10	Shanghai,	136	Death stalks Shanghai
41	1937/10/10	Shanghai, 10/10	1	Japanese launched greatest attack innorthern China
42	1937/10/12	Shanghai, 10/12	2	Matsui grieved by world views
43	1937/10/18	Shanghai, 10/17	6	Nanking gets guns on Indo – China line
44	1937/11/13	Shanhgai, 11/13	1	6 Japanese drives spur Chinese rout
45	1937/11/21	Shanghai, 11/21	1	Japanese threat to Nanking grows as defense open
46	1937/11/26	Shanghai, 11/26	1	Japanese driving nearer to Nanking
47	1937/11/27	Shanghai, 11/27	1	Japan takes over mail and wireless in all of Shanghai
48	1937/12/03	Shanhgai, 12/03	1	Grenade Scatters Japanese in Shanghai victory march
49	1937/12/09	Shanghai, 12/09	4	Japan lays gains to massing of foe

序号 Order	刊载日期 Posting Date	电头 Dateline	版位 Page	主标题 Main Title
50	1937/12/11	Shanghai, 12/11	33	Treason charged by Chinese chiefs
51	1937/12/13	Shanghai, 12/13	1	Nanking invested
52	1937/12/16	Shanghai, 12/16	1	Admiral punished
53	1937/12/17	Shanhgai, 12/17	1	Japan in 3 drives on Chinese lines
54	1937/12/28	Shanghai, 12/26	1	Japanese rush on to takeShantung; Chinese in flight
55	1937/12/29	Shanghai, 12/29	2	Grenades imperilShanghai's rights
56	1937/12/30	Shanghai, 12/29	3	Chiang's prestige remains unshaken
57	1937/12/30	Shanghai, 12/30	1	Razing of Tsingtao begun by Chinese; reprisal is likely
58	1937/12/31	Shanhgai, 12/31	1	Japanese set trap for 20, 000 of foe in Shantung drives

1938 年（36 篇）

序号 Order	刊载日期 Posting Date	电头 Dateline	版位 Page	主标题 Main Title
1	1938/01/05	Shanghai, 01/05	8	Tientsin to oust two concessions
2	1938/01/10	Shanghai, 01/10	6	300, 000 Chinese back line in north
3	1938/01/28	Shanhgai, 01/26	12	Resign of disorder goes on in-Nanking, suggests a mutiny
4	1938/06/25	Shanghai, 01/24	1	Diplomat slapped by Tokyo soldier
5	1938/01/30	Shanghai	61	Cost of "scorched earth" put at 500, 000, 000 for China
6	1938/01/31	Shanghai, 01/31	4	Nanking disorder reported waning
7	1938/02/05	Shanghai, 02/05	1	Uprising inCanton is quickly crushed

序号 Order	刊载日期 Posting Date	电头 Dateline	版位 Page	主标题 Main Title
8	1938/02/13	Shanghai	121	Japan moves on, but can she conquer China
9	1938/02/20	Shanghai, 02/19	8	Japanese refuse missionaries' plea
10	1938/03/06	Shanghai	56	Captive China feels blight of war
11	1938/03/22	Shanghai, 03/21	6	2 Japanese armies push upon-Suchow
12	1938/03/27	Shanghai, 03/26	28	Shanghai turned toward Japanese
13	1938/04/20	Shanghai, 04/20	14	Japanese in lini; 60,000 push drive
14	1938/05/27	Shanghai, 05/27	1	Shanghai si shocked
15	1938/05/29	Shanghai, 05/29	1	7,000 are trapped in Lanfeng battle by Chinese attack
16	1938/06/06	Shanghai, 06/06	7	Seizure of Hankow is expected soon
17	1938/06/19	Hongkong, 06/18	1	Victory for China seen by officials, Japan's funds cut
18	1938/07/24	Shanghai	53	China's war loss is huge
19	1938/07/26	Shanghai, 07/26	13	Kiukiang claimed by Japanese army
20	1938/07/31	Shanghai, 07/13	26	Japan's invasion aids reds in China
21	1938/08/25	Shanghai, 08/25	6	Japanese change drive for Hankow
22	1938/08/28	Canton	E5	Canton unyielding though paralyzed
23	1938/08/30	Shanghai, 08/30	7	Japanese driving in big semicircle
24	1938/09/05	Shanghai, 09/05	5	3 Chinese centersappear near fall
25	1938/10/19	Shanghai, 10/19	11	Japanese report victories

续表

序号 Order	刊载日期 Posting Date	电头 Dateline	版位 Page	主标题 Main Title
26	1938/10/24	Shanghai, 10/24	1	Invader are nearer goal
27	1938/10/26	Shanghai, 10/26	1	Japanese report Hankow capture; vast fires raging
28	1938/10/28	Shanghai, 10/28	13	Japanese push on, Teian is captured
29	1938/11/09	Tsingtao, 11/08	20	U. S. reopen Tsinan consulate
30	1938/11/12	Mukden, 11/11	7	Japanese leader doubts mediation
31	1938/11/14	Hsinking, 11/13	1	Manchukuo fears clash with Soviet; border is guarded
32	1938/11/20	Harbin, 11/20	31	Manchukuo wins in bluffing Soviet
33	1938/11/24	Peking, 11/23	21	Chinese collapse predicted
34	1938/12/04	Shanghai, 12/03	50	Japanese demand full rule in China
35	1938/12/21	Shanghai, 12/21	1	Tokyo threatens reprisal on those who assist China
36	1938/12/31	Shanghai, 12/31	4	Ex – premier Wang urges peace with Japan in message to Chiang

1939 年（69 篇）

序号 Order	刊载日期 Posting Date	电头 Dateline	版位 Page	主标题 Main Title
1	1939/01/01	Shanghai, 12/31	19	China's weakness puzzles experts
2	1939/01/04	Shanghai, 01/03	4	Japanese object to note publicity
3	1939/01/10	Shanghai, 01/09	13	Japanese to ease grip onShanghai
4	1939/01/14	Shanghai, 01/13	6	Japan holds fund due on China loan
5	1939/01/25	Shanghai, 01/24	8	Shanghai attacks likely Saturday

序号 Order	刊载日期 Posting Date	电头 Dateline	版位 Page	主标题 Main Title
6	1939/02/08	Shanghai，02/07	16	Japan said to need big force in China
7	1939/02/12	Shanghai，02/11	1	Japanese rushing to Soviet border, quit China fronts
8	1939/02/19	Hong Kong, 02/19	31	Japan to free carriers for Soviet waters by using Hainan as base for China air raids
9	1939/02/26	Shanghai	69	Japan finds Chinese hard to win
10	1939/03/03	Shanghai，03/02	10	Peiping announces currency control
11	1939/03/05	Shanghai，03/04	34	U. S. Britain make Shanghai protest
12	1939/03/12	Shanghai，02/21	36	A "new" disorder' brought to China
13	1939/03/13	Shanghai，02/21	5	Shanghai a center of soaring grime
14	1939/03/14	Shanghai，02/21	8	Japan is gaining monopoly in China
15	1939/03/15	Shanghai，02/21	12	War brings riches to Chinese banks
16	1939/03/16	Shanghai，03/15	13	Chinese offensive to begin in April
17	1939/03/16	Peking, 02/24	12	Money confusion makes north-China
18	1939/03/17	Canton, 02/26	10	Japan is reviving Canton business
19	1939/03/19	Shanghai，03/19	43	China's efficiency bolstered by war
20	1939/03/21	Hong kong, 02/28	10	Hong Kong defense rushed by-Britain
21	1939/03/22	Shanghai，03/01	11	Millions in China wander home-less
22	1939/03/22	Shanghai，03/22	11	Japanese report widespread gains

序号 Order	刊载日期 Posting Date	电头 Dateline	版位 Page	主标题 Main Title
23	1939/03/23	Shanghai, 03/06	12	Moves for peace gain in China war
24	1939/03/25	Shanghai, 03/24	7	Wucheng victory reported by Japan
25	1939/03/27	Shanghai, 03/27	1	Japanese smash way to Nanchang
26	1939/03/28	Shanghai, 03/28	10	Nanchang is empty as invaders enter
27	1939/04/12	Peking, 04/11	9	Japanese reportvictories in Shanghai
28	1939/04/24	Shanghai, 04/24	5	Japanese deny defeats
28	1939/04/26	Shanghai, 04/25	11	End of offensive predicted
30	1939/04/30	Shanghai, 04/30	34	Japanese in shift on China currency
31	1939/05/03	Shanghai, 05/02	13	Japan threatens neutral Shanghai
32	1939/05/06	Shanghai, 05/05	4	Japanese explain damage
33	1939/05/07	Shanghai, 05/07	32	Japanese hostile to Tientsin areas
34	1939/05/09	Shanghai, 05/08	12	Japan will reject protests on raid
35	1939/05/12	Shanghai, 05/11	13	Shanghai will bar political activity
36	1939/05/13	Shanghai, 05/12	4	Japanese invade a concession area
37	1939/05/14	Shanghai, 05/13	69	Chinese ready for long war
38	1939/05/18	Shanghai, 05/18	10	Japanese yield at Amoy
39	1939/05/19	Shanghai, 05/19	1	Power grid to bar any Shanghai coup
40	1939/05/20	Shanhgai, 05/19	1	Yen value topped by Chinese dollar on Shanghai mart

序号 Order	刊载日期 Posting Date	电头 Dateline	版位 Page	主标题 Main Title
41				Worried over accord
42	1939/05/28	Shanghai, 05/28	16	Japanese accuse U. S. missionaries
43	1939/06/22	/	10	Japanese won only a ruined city at Swatow; their daily airplane raid had destroy it
44	1939/06/23	/	10	Young army group is defying-Tokyo
45	1939/07/06	/	7	Wang's following is small
46	1939/09/05	Shanghai, 09/04	26	Stress on Britain relieved in o-rient
47	1939/09/14	Shanghai, 09/14	8	New defense plan in view inS-hanghai
48	1939/09/18	Shanghai, 09/18	13	Japanese disclaim Soviet pact plans
49	1939/09/30	Shanghai, 09/29	5	Japanese stress ban on media-tion
50	1939/10/03	Shanghai, 10/02	1	Soviet reported pouring men in-toChina, menacing either British Indian or Japan
51	1939/10/10	Shanghai, 10/09	12	Spokesman admits Japanese re-treat
52	1939/10/18	Shanghai, 10/17	11	Neutrals in China get new pled-ges
53	1939/10/22	Shanghai, 10/22	16	3 die in Shanghai in another clash
54	1939/10/22	Shanghai, 10/21	70	Chinese are adamant
55	1939/10/23	Shanhgai, 10/23	7	Fight in Shanghai imperils pup-pet
56	1939/10/24	Shanghai, 10/23	10	Services of Wang toJapan im-paired
57	1939/11/02	Shanghai, 11/01	1	Army's hand seen in Tokyo re-versal on talk with U. S.
58	1939/11/07	Shanghai, 11/06	10	Threat by U. S. denied

序号 Order	刊载日期 Posting Date	电头 Dateline	版位 Page	主标题 Main Title
59	1939/11/14	Shanghai，11/13	10	Japanese see concession
60	1939/11/16	Shanghai，11/15	9	Attack was expected
61	1939/11/17	Shanghai，11/16	10	U. S. said to admit "realities" in Asia
62	1939/11/25	Shanghai，11/24	1	Nanning captured, Japanese report; new push awaited
63	1939/12/12	Shanghai，12/11	14	Pressure on China brought by Soviet
64	1939/12/12	Shanghai，12/11	14	Japanese seizure of customs feared
65	1939/12/21	Shanghai，12/20	16	Japanese in hurry to talk with U. S.
66	1939/12/22	Shanghai，12/21	11	Delay on Yangtze laid tomilitary
67	1939/12/23	Shanghai，12/22	5	Japanese division seen dangered
68	1939/12/26	Shanghai，12/28	10	Japanese pushing propaganda work
69	1939/12/29	Shanghai，12/26	7	Tokyo fliers bomb Lanchow 3D day

1940 年（61 篇）

序号 Order	刊载日期 Posting Date	电头 Dateline	版位 Page	主标题 Main Title
1	1940/01/23	Shanghai，01/22	11	Wang puppet rule in China in danger
2	1940/01/25	Shanghai，01/25	6	Wang takes Sname of Chiang regime
3	1940/01/26	Shanghai，01/26	9	Plot on U. S. envoy is laid to Chinese
4	1940/01/28	Shanghai，01/28	17	Wang to control trade on Yangtze
5	1940/01/30	Shanghai，01/29	13	Japan – Soviet rift hinted inShanghai

序号 Order	刊载日期 Posting Date	电头 Dateline	版位 Page	主标题 Main Title
6	1940/02/04	Shanghai, 02/04	22	Japanese report gains on vast line
7	1940/03/26	Swatow, 03/25	2	Japanese control in Swantow feeble
8	1940/03/29	Shanghai, 03/28	8	Japanese in China mass transports
9	1940/04/06	Shanghai, 04/05	4	Japan backs Wang in attack on hull
10	1940/04/07	Shanghai, 04/06	72	Nanking regime severe with us
11	1940/04/18	Shanghai, 04/17	6	Japanese reveal plan at Shanghai
12	1940/04/20	Shanghai, 04/20	7	Soong riches kept in Europe, foe says
13	1940/04/22	Shanghai, 04/04	8	China may revised by Soviet posters
14	1940/05/12	/	115	Seacraft of China
15	1940/05/15	Shanghai, 05/14	8	Shanghai doubts Italy will fight
16	1940/05/19	Shanghai, 04/27	33	Japan is plotting to win Burma aid
17	1940/06/04	Shanghai, 06/03	8	Italians prepare in China
18	1940/06/11	Shanghai, 06/11	16	U. S. marines guard Shanghai streets
19	1940/06/14	Shanghai, 06/14	7	Allies and Italy told to quit China
20	1940/06/18	Shanghai, 06/17	10	Move by Japanese on Indo – China seen
21	1940/06/20	Shanghai, 06/20	6	Japanese menace Shanghai French
22	1940/06/27	Shanghai, 06/26	24	Japan increasing far east tension
23	1940/06/28	Shanghai, 06/28	13	Fear of Nazis seen Checking Japanese

序号 Order	刊载日期 Posting Date	电头 Dateline	版位 Page	主标题 Main Title
24	1940/07/10	Shanhgai, 07/10	7	Sentiment is inflamed
25	1940/07/11	Shanghai, 07/10	7	Japanese foment anti – Americanism
26	1940/07/17	Shanghai, 07/16	12	Dictatorship isforeseen
27	1940/07/18	Shanghai, 07/17	14	Shanghai marines again denounced
28	1940/07/20	Shanghai, 07/20	6	Shanghai assassin slays journalist
29	1940/07/21	Shanghai, 07/20	19	Shanghai guards American writers
30	1940/07/23	Shanghai, 07/22	9	Japanese impedes Shanghai meeting
31	1940/07/24	Shanghai, 07/24	8	"Quit Asia" threat given Americans
32	1940/07/25	Shanghai, 07/24	6	Japanese minimize Shanghai attacks
33	1940/07/27	Shanghai, 07/27	5	Japan increases peril at Shanghai
34	1940/08/03	Shanghai, 08/02	5	Japanese deny slaying
35	1940/08/10	Shanghai, 08/09	6	British retreat stuns Shanghai; U. S. forces in serious position
36	1940/08/11	Shanghai, 08/10	55	Japan threatens others' colonies
37	1940/08/11	Shanghai, 08/11	28	Threat to Alaska seen in red force
38	1940/08/23	Shanghai, 08/21	7	Hitler said to barJapan's expansion
39	1940/09/30	Shanghai, 09/29	4	Shanghai worried by our firmness
40	1940/09/27	Shanghai, 09/27	4	Japan undeterred by U. S. embargo

序号 Order	刊载日期 Posting Date	电头 Dateline	版位 Page	主标题 Main Title
41	1940/10/01	Shangahi, 10/01	7	Shanghai tension gets new impetus
42	1940/10/07	Shanghai, 10/06	4	Japanese puppets assail U. S. policy
43	1940/10/09	Shanghai, 10/08	5	Shanghai alarmed over U. S. "advice"
44	1940/10/10	Shanghai, 10/09	4	Shanghai guards against outbreak
45	1940/10/13	Shanghai, 10/13	71	Value of Burma road to China is cut down
46	1940/10/23	Manila, 10/22	4	U. S. rearming alarms Japanese course in Asia offers dilemma
47	1940/10/30	Singapore, 10/29	3	Front against axis said to be forming
48	1940/10/31	Singapore, 10/30	4	Italian's raid on Bahrein oil wells failed because Americans had shift gas flares
49	1940/11/11	Singapore, 11/10	8	Singapore awaits deal on navy base
50	1940/11/16	Batavia, 11/15	5	Netherlans Indies solid in backing British; donates £ 650000 for bombers and fighters
51	1940/11/17	Singapore, 11/16	34	Singapore arming for a threat soon
52	1940/11/21	Singapore, 11/20	4	China will spurn Tokyo peace plan
53	1940/11/25	Singapore, 11/24	9	Chinese confident of more Soviet aid
54	1940/11/29	Singapore, 11/28	10	Light on talks in indies
55	1940/12/01	Singapore, 11/08	3	Big aviation force guardsSingapore
56	1940/12/02	/	4	Japan has given up China peace hopes

续表

序号 Order	刊载日期 Posting Date	电头 Dateline	版位 Page	主标题 Main Title
57	1940/12/08	Singapore	134	The great American exodus fromthe orient
58	1940/12/27	Batavia，12/26	6	East Indies firm on oil for Japan
59	1940/12/29	Manila，12/28	5	Japanese advance into Thailand seen
60	1940/12/30	Batavia，12/26	10	New nation rising in the east indies
61	1940/12/31	Manila，12/30	2	Oil base in Borneo heavily fortified

参考文献

● 哈雷特·阿班本人著述

Hallett E. Abend. *Tortured China*, Ives Washburn, Inc., 1930.

Hallett E. Abend. *Can China Survive?* I. Washburn, Inc., 1936.

Hallett E. Abend. *Chaos in Asia*, Bodley Head, 1940.

Hallett E. Abend. *Japan Unmasked*, Ives Washburn, 1941.

Hallett E. Abend. *Ramparts of the Pacific*, Doubleday, 1942.

Hallett E. Abend. *My Life in China* 1926 – 1941, Harcourt Brace, 1943.

Hallett E. Abend. *PacificCharter*: *Our Destiny in Asia*, Double-day, Doran & Co., 1943.

Hallett E. Abend. Reconquest, Its Results and Responsibilities, Doubleday & Co., 1946.

Hallett E. Abend. The God From The West A Biography of Frederick Townsend Ward, Garden City, N. Y. Doubleday & Co., 1947.

Hallett E. Abend. *Half Slave*, *Half free*: *This Divided World*, Bobbs – Merrill, 1950.

● 《纽约时报》研究著述

[美] 伯杰:《纽约时报 100 年》,何毓衡译,新闻天地社 1968年版。

[美] 苏珊·帝夫特、亚历克斯·琼斯:《报业帝国:纽约时

报背后的家族传奇》，吕娜、陈小全译，华夏出版社 2007 年版。

［美］哈雷特·阿班：《民国采访战——〈纽约时报〉驻华首席记者阿班回忆录》，杨植峰译，广西师范大学出版社 2008 年版。

李子坚：《纽约时报的风格》，长春出版社 1999 年版。

郑曦原：《帝国的回忆——〈纽约时报〉晚清观察记（1854—1911）》，当代中国出版社 2007 年版。

●档案文献、资料汇编及回忆录

《中华民国史档案资料汇编》第 3 辑"外交"，中国第二历史档案馆，江苏古籍出版社 1991 年版。

《中国近代对外关系中资料选辑 1840—1949》下卷，第二分册，复旦大学中国近代史教研组编，上海人民出版社 1977 年版。

《日军占领时期的上海》，上海市档案馆，上海人民出版社 2007 年版。

吴景平、郭岱君编著：《宋子文与战时中国》，复旦大学出版社 2008 年版。

陶菊隐：《大上海的孤岛岁月》，中华书局 2005 年版。

陈存仁：《抗战时代生活史》，广西师范大学出版社 2007 年版。

［美］鲍威尔：《鲍威尔对华回忆录》，邢建榕、薛明扬、徐跃译，知识出版社 1994 年版。

［美］费正清：《费正清对华回忆录》，知识出版社 1991 年版。

［美］白修德：《中国抗战秘闻：白修德回忆录》，河南人民出版社 1988 年版。

历史、社会文化及国际政治学著述

陈旭麓：《近代中国社会的新陈代谢》，上海社会科学院出版社 2006 年版。

蒋廷黻：《中国近代史》，上海古籍出版社 2004 年版。

葛兆光：《中国思想史》，复旦大学出版社 2007 年版。

费成康：《中国租界史》，上海社会科学院出版社 1991 年版。

王绳祖：《国际关系史》，世界知识出版社 1995 年版。

王玮、戴超武：《美国外交思想史（1975—2005 年）》，人民出版社 2007 年版。

黄仁宇：《中国大历史》，九州出版社 2007 年版。

杨念群主编：《新史学：感觉、图像、叙事》，中华书局 2007 年版。

曹卫东：《思想的他者》，北京大学出版社 2006 年版。

顾长声：《传教士与近代中国》，上海人民出版社 1991 年版。

乐黛云：《跨文化对话》，江苏人民出版社 2007 年版。

王立新：《美国传教士与晚清中国现代化》，天津人民出版社 2008 年版。

朱耀伟：《当代西方批评论述的中国图像》，中国人民大学出版社 2006 年版。

王岳川：《发现东方：西方中心主义走向终结和中国形象的文化重建》，北京图书出版社 2003 年版。

王立新：《意识形态与美国外交政策：以 20 世纪美国对华政策为个案的研究》，北京大学出版社 2007 年版。

《近代中国的国家形象与国家认同》，复旦大学历史系中外现代化进程研究中心编，上海古籍出版社 2003 年版。

姜智芹：《镜像后的文化冲突与文化认同：英美文学中的中国形象》，中华书局 2008 年版。

周宁：《天朝遥远——西方的中国形象研究》，北京大学出版社 2006 年版。

［美］费正清编：《剑桥中国民国史（1912—1949 年）》（上、下卷），中国社会科学出版社 1994 年版。

［美］徐中约：《中国近代史：中国的奋斗（第 6 版）》，世界图书出版公司 2008 年版。

［美］塞缪尔·亨廷顿：《文明的冲突与世界秩序的重建》，新华出版社 2002 年版。

［法］托克维克：《论美国的民主》（上、下卷），商务印书馆 1988 年版。

［美］爱德华·W. 萨义德：《文化与帝国主义》，三联书店 2003 年版。

［美］爱德华·W. 萨义德：《东方学》，三联书店 1999 年版。

［美］史景迁：《文化类同与文化利用——世界总体对话中的中国形象》，北京大学出版社 1990 年版。

［美］鲁斯·本尼迪克特：《菊花与刀》，九州出版社 2007 年版。

［德］尤根·哈贝马斯：《交往行为理论》（第一卷），上海人民出版社 2004 年版。

［美］哈罗德·罗伊生：《美国的中国形象》，中华书局 2006 年版。

［美］M. G. 马森：《西方的中国籍中国人观念》，中华书局 2006 年版。

［英］约·罗伯茨：《十九世纪西方人眼中的中国》，中华书局 2006 年版。

［美］E. A. 罗斯：《变化的中国人》，中华书局 2006 年版。

［英］雷蒙·道森：《中国变色龙：对于欧洲中国文明观的分析》，中华书局 2006 年版。

［美］孔华润：《美国对中国的反映：中美关系剖析》，复旦大学出版社 1989 年版。

［美］彼得·卡赞斯坦：《地区构成世界：美国帝权中的亚洲和欧洲》，北京大学出版社 2007 年版。

［美］迈克尔·H. 亨特：《意识形态与美国外交政策》，世界知识出版社 1999 年版。

［美］赫伯特·比克斯：《真相——裕仁天皇与侵华战争》，新

华出版社 2014 年版。

[美] 约翰·托兰：《日本帝国的衰亡：（1936—1945）》，新星出版社 2008 年版。

● **新闻传播领域类著述**

方汉奇：《中国近代报刊史》，山西人民出版社 1981 年版。

赖光临：《中国近代报人与报业》，台湾商务印书馆 1979 年版。

戈公振：《中国报学史》，上海古籍出版社 2003 年版。

秦绍德：《上海近代报刊史论》，复旦大学出版社 1993 年版。

赵敏恒：《外人在华的新闻事业》，中国太平洋国际学会，1932 年。

张功臣：《外国记者与近代中国》，新华出版社 1999 年版。

张功臣：《历史现场：西方记者眼中的现代中国》，新世界出版社 2005 年版。

张功臣：《洋人旧事：影响中国近代历史的外国人》，新华出版社 2008 年版。

李彬：《全球新闻传播史（公元 1500—2000 年）》，清华大学出版社 2009 年版。

关世杰：《国际传播学》，北京大学出版社 2004 年版。

程曼丽：《国际传播学教程》，北京大学出版社 2006 年版。

刘继南、周积华：《国际战争中的大众传播》，北京广播学院出版社 2004 年版。

张咏华：《媒介分析：传播技术的神话解读》，复旦大学出版社 2002 年版。

黄旦：《传者图像：新闻专业主义的建构与消解》，复旦大学出版社 2005 年版。

马凌：《共和与自由：美国近代新闻史研究》，复旦大学出版社 2007 年版。

雕岩：《西方记者报道中国作品评价》，新华出版社 1985 年版。

张昆：《中国国家形象传播》，复旦大学出版社 2005 年版。

潘志高：《〈纽约时报〉上的中国形象：政治、历史及文化成因》，河南大学出版社 2003 年版。

李辉：《封面中国——美国〈时代〉周刊讲述的中国故事（1923—1946）》，东方出版社 2007 年版。

刘继南、何晖：《镜像中国——世界主流媒体中的国家形象》，中国传媒大学出版社 2006 年版。

乔木：《鹰眼看龙：美国媒体的中国报道和中美关系》，中共中央党校出版社 2006 年版。

何晖、刘鹏等：《新媒体环境中国家形象的建构与传播》，外文出版社 2008 年版。

蔡国芬、刘笑盈的：《事实与建构：国际新闻的理论与实践》，中国传媒大学出版社 2008 年版。

金勇：《客观与偏见：美国主流报纸台海问题报道研究》，中国传媒大学出版社 2008 年版。

张巨岩：《权力的声音》，生活·读书·新知三联书店 2004 年版。

［美］彼得·兰德：《走进中国：美国记者的冒险与磨难》，文化艺术出版 2001 年版。

［日］松本重治：《上海时代》，上海书店出版社 2005 年版。

［美］迈克尔·艾默里、埃温德·艾默里、南希·L. 罗伯茨：《美国新闻史：大众传播媒介解释史》，中国人民大学出版社 2004 年版。

［美］韦尔伯·施拉姆：《大众传播媒介与社会发展》，华夏出版社 1991 年版。

［法］加布里埃尔·塔尔德著，［美］特里·N. 克拉克编：《传播与社会影响》，中国人民大学出版社 2005 年版。

[英] 诺曼·费尔克拉夫：《话语与社会变迁》，华夏出版社2003年版。

[加拿大] 文森特·莫斯可：《传播政治经济学》，华夏出版社2000年版。

[法] 阿芒·马特拉：《世界传播与文化霸权：思想与战略的历史》，中央编译出版社2001年版。

[英] 达雅·屠苏：《国际传播：延续与变革》，新华出版社2004年版。

[美] 劳伦斯·纽曼：《社会研究方法：定性和定量的取向（第五版）》，中国人民大学出版社2007年版。

[美] 麦克尔·辛格尔特里：《大众传播研究：现代方法与应用》，华夏出版社2000年版。

[英] 安德斯·汉森：《大众传播研究方法》，新华出版社2004年版。

[美] W. 兰斯·班尼特：《新闻：政治的幻想》，当代中国出版社2005年版。

[美] 托德·吉特林：《新左派运动的媒介镜像》，华夏出版社2007年版。

[美] 罗伯特·哈克特、赵月枝：《维系民主：西方政治与新闻客观性》，清华大学出版社2005年版。

[美] 盖伊·塔奇曼：《做新闻》，华夏出版社2008年版。

[美] 理查德·布茨：《美国受众成长记》，华西出版社2007年版。

[美] 伦纳德·小唐尼、罗伯特·G. 凯泽：《美国人和他们的新闻》，中信出版社2003年版。

[英] 苏珊· L. 卡拉瑟斯：《西方传媒与战争》，新华出版社2002年版。

[美] 斯诺：《西行漫记》，生活·读书·新知三联书店1980年版。

［美］埃德加·斯诺：《斯诺文集》，新华出版社 1984 年版。

［美］史沫特莱：《史沫特莱文集》，新华出版社 1985 年版。

［美］斯特朗：《千千万万中国人：1927 年中国中部革命》，中国社会科学出版社 1985 年版。

• **工具书**

《近代来华外国人名辞典》，中国社会科学出版社 1987 年版。

《民国人物大辞典》，河北人民出版社 1991 年版。

《中华民国史大辞典》，江苏古籍出版社 2002 年版。

《近代上海大事记》，汤志钧主编，上海辞书出版社 1989 年版。

• **学术论文**

［美］麦金农：《美国记者与战时中国（1937—1945）》，载张文宪《民国档案与民国学术讨论会文集》，档案出版社 1988 年版。

王立诚：《从宋子文与亚朋德的交往看抗战前民国政府与英美记者的关系》，载吴景平《宋子文与战时中国（1937—1945）》，复旦大学出版社 2008 年版。

李金铨：《建制内的多元——美国精英媒体对华政策的论述》，《超越西方霸权》，Hongkong：Oxford University Press 2004 年版。

黄美珠：《美国纽约时报有关中国的新闻报道及言论态度之研究》，硕士学位论文，中国文化大学政治研究所，1985 年，"台湾国家图书馆""全国博硕士论文资讯网"，http：//etds. ncl. edu. tw/theabs/site/sh/detail_ result. jsp。

梁冠凯：《〈纽约时报〉报道中华民国形象之研究》，硕士学位论文，中国文化大学新闻研究所，1985 年，"台湾国家图书馆""全国博硕士论文资讯网"，http：//etds. ncl. edu. tw/theabs/site/sh/detail_ result. jsp。

周宁：《西方的中国形象史：问题与领域》，《东南学术》2005

年第 1 期。

黄万华：《战时中国：现代中国形象完整呈现的开端》，《社会科学辑刊》2002 年 04 期。

李希光：《"妖魔化"中国的背后——美国媒体是如何讲政治的》，《国际新闻界》1996 年第 5 期。

张继涛、朱丽霞：《它山之石：从〈纽约时报〉的视角看晚清废除科举的必要》，《济南大学学报》（社会科学版）2004 年第 5 期。

刘学洙：《〈纽约时报〉里的晚清旧闻》，《新闻窗》2004 年第 4 期。

钟勇华：《域外视点：从〈纽约时报〉的视角看晚清政治转型的必要》，《社会纵横》（新理论版）2007 年第 1 期。

新午：《〈纽约时报〉晚清观察及——美国人眼中的光绪慈禧》，《纪实》2007 年第 6 期。

刘康：《国际传播对中国报道的"话题设计"——兼论美国媒体对"法轮功"事件的报道》，《国际新闻界》2001 年第 1 期。

熊蕾：《从两家美国媒体对江泽民的采访看两种新闻观》，《国际新闻界》2001 年第 1 期。

陈寒溪：《美国媒体如何"塑造"中国形象——以"中美撞机事件为例"》，《国际新闻界》2001 年第 3 期。

申家宁：《新闻传媒与中国的国际形象》，《国际政治研究》2001 年第 2 期。

邱林川：《多重现实：美国三大报对李文和的定型与争辩》，《新闻与传播研究》2002 年第 1 期。

黄爱萍、李希光：《影响美国媒体如何报道中国的主要因素——对美国媒体如何塑造中国国家形象的分析》，《中国记者》2002 年第 3 期。

杨雪燕、张娟：《90 年代美国大报上的中国形象》，《外交学院学报》2003 年第 1 期。

熊长论：《美国新闻杂志中的中国形象分析》，硕士学位论文，中国人民解放军外国语学院，2003 年，中国知网（http：//dlib. edu. cnki. net/kns50/detail. aspx？ QueryID = 669&CurRec = 20）。

宋豫：《将观点隐藏在新闻之中——从〈时代〉2003 年涉华报道看意识形态在传媒中的表现》，《中国记者》2004 年第 3 期。

宁曙光：《2005 年上半年西方主流媒体涉华报道分析》，《国际新闻界》2005 年第 6 期。

武曼兮：《试析美国媒体塑造的中国形象及对策思路》，《洛阳师范学院学报》2005 年第 4 期。

朱怡岚：《论〈时代〉周刊的中国形象建构（1992—2004）》，硕士学位论文，武汉大学，2005 年，中国知网（http：//dlib. edu. cnki. net/kns50/detail. aspx？ QueryID = 1296&CurRec = 19）。

司国安、苏金远：《2006 中国国家形象——基于〈纽约时报〉涉华报道的文本分析》，《新闻知识》2007 年第 5 期。

张咏华、殷玉倩：《框架理论透视下的国外主流媒体涉华报道——以英国〈卫报〉2005 年关于中国的报道为分析样本》，《新闻记者》2006 年第 8 期。

周宁：《美国四大日报涉华报道分析》，《新闻记者》2007 年第 11 期。

张健：《美国主流媒体涉华报道分析》，《国际观察》2007 年第 1 期。

靖明、袁志宏：《西方媒体报道与中国形象塑造》，《当代传播》2007 年第 2 期。

陈勇、张昆：《对于美国媒体关于西藏问题报道的思考》，《新闻记者》2008 年第 8 期。

邓建国：《行为者与观察者：西方媒体对华报道中的基本归因错误原因分析及对策》，《新闻大学》2008 年第 2 期。

郭镇之：《关于大众传播的议程设置功能》，《国际新闻界》

1997 年第 3 期。

卜卫:《方法论的选择:定性还是定量》,《国际新闻界》1997
年第 5 期。

刘海龙:《议程设置的第二层次与媒体政治——从〈事关重要
的新闻〉说起》,《国际新闻界》2004 年第 2 期。

潘忠党:《架构分析:一个亟需理论澄清的领域》,《传播与社
会学刊》2006 年第 1 期。

●外文著述及论文

Benson Lee Crayson, ed. , The American Image of China. New
York: Frederick Ungar Publishing Co. , 1979.

Bennett, Amanda. "American Reporter in China: Romantics and
Cynics", in Chin – Chuan Lee, ed. , Voices of China: The Interplay of
Politics and Journalism. New York: The Guilfood Press, 1990.

Bennett Amanda. "American Reporter in China: Romantics and
Cynics", in Chin – Chuan Lee, ed. , Voice of China: the Interplay of
Politics and Journalism. New York: the Guilfood Press. (1990)

Becker, Jasper. "Ideological Bias In Reporting China", in Robin
Porter, ed. , Reporting News From China. London: Royal Institute of
International Affairs. (1992)

Clubb, O. Edmund. 20th Century China. New York: Columbia U-
niversity Press, 1964.

Cressy – Marcks, Violet. Journey into China. London: Hodder &
Stoughton, 1940.

Conroy, Hilary. "Introduction", in Jonathan Goldstein, Jerry Isra-
el and Hilary Conroy, eds. , America Views China: American Images of
China the past and Now. Berhlehen: Lehigh University Press. (1991)

Edward L. Dreyer, China at War 1901 – 1949, New York: Long-
man Publishing, 1995.

Fairbank, John King. The United States and China. Cambridge, Massachusetts: Harvard University Press, 1983.

Fu. N. C. "Reporting on China from Washington: some observation and reflections", in Chin – Chuan Lee, ed. , Voice of China: the Interplay of Politics and Journalism. New York: the Guilford Press. (1990)

Jesperse, T. Christopher. American Images of China, 1931 – 1949. Stanford University Press, 1996.

John Gittings. "A History View of Western Reporting on China", China Media Research, January, 2007, Vol. 3 No. 1.

James W. Chesebro, Jung Kyu Kim, and Donggeol Lee. "Strategic Transformations in Power and the Nature of International Communication Theory" . China Media Research, 2007 (3) .

Huhenberg, John. Foreign Correspondence: The Great Reporters and Their Times. New York: Columbia University Press, 1964.

Hudder, Rupert. China and the World: Perception and Analysis. Pacific Review; Mar, 1999, Vol. 12 Issue 1.

Howard & Falk, Richard Friel. Record of The Paper: How the New York Times Misreport US Foreign Policy. Verso, NY, 2004.

Morris, M. W. , & Peng, K. , Culture and Cause: American and Chinese Attributions for Social and Physical Events. Journal of Personality & Social Psychology (76) (1994) .

Pollock, John. "Becoming a Foreign Correspondent on East – West Conflict", in Gertrude J. Robinson, ed. , Assessing the New World Information Order Debate: Evidence and Proposals. New Brunswick, New Jersey: Transaction, 1982.

Qing, Cao. "Reporting China: A Critical Review", China Media Research, January, 2007, Vol. 3.

Rand, Peter. China Hands. New York: Simon and Schuster, 1995.

Rozanski, Mordechai, "American Journalists in Chinese – American Relations, 1900 – 1923." Ph. D. diss. , Columbia University, 1974.

Scheufele, D. A. Agenda – Setting, Priming, and Framing Revisited: Another Look at Connitive Effects of Political Communication. Mass Communication & Society, 2000 (3) .

Stephen R. MacKinnon and Oris Friesen. China Reporting. Berkeley: University of California Press, 1987.

Stephen R. Machinnon, Dianna Lary and Ezra F. Vogel (ed.), China at War: Regions of China 1937 – 45, California: Stanford University Press, 2007.

Sun. Henry H. International Political Marketing: A Case Study of Its Application in China, Journal of Public Affairs. Nov, 2007, Vol. 7.

Weaver, D. , McCombs, M. E. , & Shaw, D. L. . Agenda – setting Research: Issue, attributes and influences. In L. L. Kaid (ed.) . Handbook of Political Communication Research. Mahwah, NJ: Erlbaum. (2004)

Interview Hallett E. Abend. Saturday Evening Post, 8/9/1939, Vol. 212 Issue 8, P84 – 84, 1/3p.

Among Other Things, Saturday Evening Post; 1/10/1942, Vol. 214 Issue 28, p4 – 4, 1/6p.

后　记

　　这本书是在 2011 年我的博士毕业论文的基础上完成的，倏然间已经过去 4 年，原本打算 2012 年出版，但总是被拖延症打败，羞愧难当。

　　当初为什么会选择《纽约时报》和哈雷特·阿班这样的研究对象？现在回头想过来，是偶然也是必然。首先，我硕士研究生时期的导师王春泉教授多年执着于中国新闻史学以及传播与社会关系之研究，自己虽然资质平平，但也常年耳濡目染，对史学和社会学总有无限向往，研究问题也总力求从这两个方向切入与思考。其次，博士研究生时又师从于对国际传播深有洞见的张咏华教授，她的智识更加促使我将研究视野放得远大，在历史的、国际的和社会文化的广阔维度中进行探索。再次，从第一次鸦片战争爆发始，西方的来华记者络绎不绝，但自己全部的记忆中除了著名美国的"3S"记者以外却知之甚少，这种缺失激发出了无限的好奇心。

　　但之所以为何会落脚到这家美国大报和这个名不转经传的驻外记者，则应归因于编撰《帝国的回忆——〈纽约时报〉晚清观察记》》的郑曦原先生，以及翻译出版哈雷特·阿班自传《民国采访战——〈纽约时报〉驻华首席记者阿班回忆录》的杨植峰先生，是他们将那些遥远的、被尘封的新闻故事和人物推向了历史的前台，引发出我偶然的关注、凝神的思考和深厚的趣味，并一发不可收拾。

　　书稿虽然已经画上句号，但仍让人意犹未尽。想起当初博士论文答辩之日，几位现场的导师对此文兴趣盎然，频频发问，可我却时时语塞，不能完美作答，因此总想要日后尽善尽美之后再拿出去亮相，不愿积极出版。但几次修改下来，才发现不满意的地方总是有增无减，而且越发地惴惴不安，眼看就要放弃。后来终于明白，无妨。没有瑕疵和纰漏的作品可能是永远难以抵达的终点罢了，况且自己的思想和能力不可能因为隐藏或者公开有所增减，如果能借此听到更多批评和指正的声音，对自己也是大大的好事。

最让我感到安慰的是，研究中所涉及的报道文本都是第一手的材料，虽然满篇皆是密密麻麻的英文，看起来费时费力，甚至还专门购置了一支放大镜在手边才能顺利阅读，但几乎篇篇都让人觉得新鲜有趣，信息富饶。而且一想到这些已经历经半个多世纪的文字能够通过自己被重新发现和解读，更是欣喜万分。不过要对读者坦言的是，我当初对研究问题的设想与今天书稿内容中的呈现还是有不小的差距，尤其是阿班的日记原文没有找到，其人脉关系网络也未能很好地得以梳理和呈现。此外，自己当初想要反映的国际新闻生产的复杂性和多元性也没有得到全面的展现，凡此种种都是遗憾。本人曾经发表文章分析当代西方中国报道研究中存在的问题和不足，批评指摘以报道文本为分析对象的研究方法，但自己最终也未完全逃开这样的研究桎梏和局限，深感惭愧。希望相关的后续研究会弥补这一方面的缺陷，让这样的不足成为我对未来研究的承诺和指针。

非常感谢在论文写作中给予我无限帮助和鼓励的师长、朋友和家人们，是他们给了我前行的不竭动力。特别感谢中国外交部驻外领事馆的郑曦原先生、作家杨植峰先生以及复旦大学历史系的王立诚教授和美国驻上海总领事馆新闻文化处的王蕊寒女士，非常感谢他们给予我研究上的无私协助、建议和鼓励。

春节将至，万象更新，作为自己的第一本专业研究著述的本书也即将付梓出版，希望它会是一个崭新的开始，能够鼓励我在学术研究的道路上继续自信前行。虽然自己不敢奢望著作等身，但不积跬步无以至千里，盼望有机会再与中国社会科学出版社合作，推出更加具有研究新意和价值的作品。

2015 年 2 月 11 日晚